经管文库 · 管理类
前沿 · 学术 · 经典

员工幸福感的形成机制：
理论模型与实践框架

THE FORMATION MECHANISM OF
EMPLOYEE WELL-BEING: THEORETICAL
MODEL AND PRACTICAL FRAMEWORK

曹建巍 著

经济管理出版社
ECONOMY & MANAGEMENT PUBLISHING HOUSE

图书在版编目（CIP）数据

员工幸福感的形成机制：理论模型与实践框架 / 曹建巍著 . — 北京：经济管理出版社，2022.9

ISBN 978-7-5096-8713-0

Ⅰ. ①员… Ⅱ. ①曹… Ⅲ. ①职工—幸福—研究 Ⅳ. ① F241

中国版本图书馆 CIP 数据核字（2022）第 175329 号

组稿编辑：杨国强

责任编辑：杨国强

责任印制：黄章平

责任校对：王淑卿

出版发行：经济管理出版社

（北京市海淀区北蜂窝 8 号中雅大厦 A 座 11 层　100038）

网　　址：www.E-mp.com.cn

电　　话：（010）51915602

印　　刷：唐山玺诚印务有限公司

经　　销：新华书店

开　　本：720mm×1000mm/16

印　　张：15.5

字　　数：278 千字

版　　次：2022 年 11 月第 1 版　　2022 年 11 月第 1 次印刷

书　　号：ISBN 978-7-5096-8713-0

定　　价：98.00 元

目　录

第一章

绪　论

本章围绕家庭支持型主管行为对员工幸福感影响机制的研究主题，具体阐述全书的研究背景、研究目的与研究意义、研究内容与研究结构、研究方法与研究技术路线以及研究创新点。

第一节　研究背景

追求幸福是人类与生俱来、自发形成的本能需求。员工作为既要工作，又要顾家的特殊群体，面临着工作、家庭的双重压力，其幸福感应该受到特别关注。在当前新冠肺炎疫情全球大流行的社会背景下，众多员工的工作、生活普遍受到极大影响，由此引发了焦虑、紧张、恐慌、压抑等诸多不良情绪，他们对幸福的渴望更为强烈。对我国员工而言，幸福还应被赋予特殊的意义。随着我国经济的快速发展、员工收入的稳定增加，物质层面的需求得到极大满足的同时，精神层面的幸福也成为越来越多员工的诉求。如何理解幸福并追求幸福？众多员工存在着认识上的困惑和误区，而空心族、躺平族、啃老族等社会群体的大量出现，已表明我国员工的幸福亟待被定义与提升。

在当今社会，员工幸福感已经成为各类组织人力资源管理无法回避的重要现实议题。组织作为员工工作的基本载体，是员工幸福的主要来源。所有组织的管理者都有责任、有义务提升员工的幸福感。早在2010年，《福布斯》杂志针对2020年人力资源管理趋势的预测报告就指出，提升员工幸福感将成为人力资源部门的首要任务。国内已有众多组织的管理实践表明，培育幸福员工、打造幸福组织的管理理念已经被广泛接受和采纳。例如，致力于打造中国特色"幸福民企"的安徽宣酒集团（书同等，2012）；通过加强组织支持资源供给提升员工幸福感的视睿科技（陈春花等，2014）及腾讯、星巴克（陈春花等，2014）；服务型企业构建员工幸福感的典范——海底捞（刘杨，2016）。上述企业均得益于员工幸福感的培育，在行业内实现了可持续发展，并为社会树立了打造幸福组织的标杆。

近年来，随着积极心理学的兴起，员工幸福感（Employee Well-Being，EWB）已日益成为学术界关注的热点。相比员工满意度（Weiss，2003；刘凤瑜等，2004；Judge 等，2017），员工幸福感更能反映个体对自身经历的心理体验与质量评价。已有众多研究表明，员工幸福感不仅对个体的生活、健康与家庭等个人关注的结果变量具有积极影响（White 等，2009；Culbertson 等，2012；Horváthová 等，2021；等等），而且对个体的工作绩效（Judge 等，2001；黄亮等，2015；石姝莉，2016；Bryson 等，2017；任华亮等，2019）、创新行为（刘林等，2020）、生产力（Oswald 等，2015；Chew 等，2020；Dimaria 等，2020）、职业成功（Boehm 等，2008；Walsh，2018）、建言行为（Duan 等，2020）、旷工（Kuoppala，2008，等等）、离职（Judge，1993；Wright，1998；Wright 等，2007）等组织更为关注的结果变量同样也具有显著的预测作用。因此，员工幸福感对个人和组织均至关重要（Fisher，2010），可以说，在一定程度上员工幸福感是个人与组织关注的共同焦点，追求的共同目标。

影响员工幸福感的前因变量众多且复杂，包括个体因素、组织因素、家庭因素、社会因素等。在我国当前经济社会发展背景下，工作—家庭关系进一步成为影响员工幸福感的关键性因素。我国是世界上劳动力最多的国家，劳动参与率一直保持高位，特别是女性劳动参与率明显领先多数国家，大量家庭面临"双职工"的工作现状。同时，随着人口老龄化的加速，"80 后""90 后"计划生育群体出生的子女，众多的员工都面临"上有老、下有小"的家庭现状。在工作—家庭冲突形势日益加剧的困境下，员工不仅要履行工作职责，还要兼顾履行照顾父母及子女的家庭职责，如何有效地兼顾工作与家庭职责，平衡工作—家庭关系，成为员工面临的两难选择，也成为引发员工不幸福的关键源头。例如，不婚、晚婚、离婚的婚姻现象，不生、晚生、少生的生育现象，空巢老人、留守儿童、夫妻异地的居住现象，追求佛系、主动边缘、躺平不干的工作现象等，一定程度上都与员工面临的高工作—家庭冲突密切相关。如果工作—家庭失衡长期不能得到有效调节，员工幸福感不能得到有效保证，微观层面将会影响员工及其家庭的生活质量，中观层面将会影响组织的绩效与发展，宏观层面将会影响社会的和谐与稳定。因此，通过提升员工幸福感，在对个人、组织带来良好预期收益的同时，也将对整个社会产生积极的溢出效应。基于我国当前的情境，探究通过工作—家庭支持提升员工幸福感的路径和方法，对于员工、组织、社会均具有重要的时代意义和实践价值。

已有多项研究表明，工作—家庭关系作为前因变量，能够正向预测员工幸福感（Grawitch 等，2006；严标宾等，2014）。长期以来，工作—家庭关系一直受到学术界的普遍关注。工作与家庭是员工日常活动的两大场所，也是员工目光聚焦的两大领域。因员工的工作与家庭两大角色兼容难度较大，员工时间、压力、行为方面存在冲突，自我调节力量有限，相对难以有效平衡，外界的支持必不可少（Beutell，1985）。相关研究已表明，员工获得工作—家庭支持正向预测其工作—家庭关系（如李永鑫等，2009；Kelly 等，2014；Wiliams 等，2016；等等）。所以，越来越多的学者将工作—家庭关系的研究重点前移，聚焦工作—家庭支持对工作—家庭关系的影响效果及影响机制等。基于工作—家庭支持的来源和方向，可进一步将工作—家庭支持分为工作对家庭的支持和家庭对工作的支持（王永丽等，2012）。相对家庭对工作的支持，工作对家庭的支持更具普遍性和有效性，受到学者更多的关注。具体而言，员工获得工作对家庭的支持主要有组织的一般性支持和领导的具体性支持（王永丽等，2012）。其中，员工的上级主管作为组织对员工直接管理的代理人和组织家庭支持政策的执行者，对员工工作—家庭支持的效果更为显著（Hammer 等，2007）。基于此，Hammer 等（2009）首次提出家庭支持型主管行为的概念，并将其定义为"主管所展现出的支持员工履行家庭职责的行为"。家庭支持型主管行为的概念一经提出，便受到学术界的广泛关注，越来越多的学者将工作—家庭支持的目光聚焦于家庭支持型主管行为领域，并对家庭支持型行为与结果变量的关系展开了一定的研究，证实了家庭支持型主管行为的部分积极效应。但是，相关研究总体上仍处于前期阶段，特别是涉及家庭支持型主管行为与员工幸福感关系的结论相对较少，有待学术界展开进一步研究。

第二节 研究目的与研究意义

一、研究目的

（一）基于家庭支持型主管行为视角，揭示员工幸福感形成机制的理论模型

机制是协调各部分之间关系，以更好地促进各个部分发挥协同作用的具体运行方式。员工幸福感的形成机制涉及众多前因变量，在探究前因变量对员工幸福感的影响机制时，有必要构建理论模型，厘清模型中各前因变量间的关系。本书基于家庭支持型主管行为的研究视角，以提升员工幸福感为目标导向，在探究家庭支持型主管行为对员工幸福感的影响机制时，进一步回答以下问题："家庭支持型主管行为作为前因变量能否对员工幸福感产生显著的影响？家庭支持型主管行为对员工幸福感影响的中介机制是什么？家庭支持型主管行为对员工幸福感影响的边界条件是什么？"具体而言，本书拟在梳理

前人关于员工幸福感与家庭支持型主管行为研究成果的基础上，采用 Zheng 等（2015）提出的由员工生活幸福感、员工工作幸福感、员工心理幸福感三个维度构成的员工幸福感变量，及 Hammer 等（2009）提出的家庭支持型主管行为变量，在资源保存理论的框架内，构建家庭支持型主管行为对员工幸福感及其各维度影响机制的理论模型，并揭示家庭支持型主管行为对员工幸福感影响的主效应、中介机制与边界条件。

（二）基于家庭支持型主管行为视角，构建提升员工幸福感形成机制的实践框架

家庭支持型主管行为是组织为员工提供工作—家庭支持的重要体现，是平衡员工工作—家庭冲突的关键力量。相比于西方文化背景，我国员工更难以将工作和家庭分割为两个相互独立的生活领域，向我国员工提供家庭支持型主管行为可能有更加积极的效果（马红宇等，2016）。有关家庭支持型主管行为对员工幸福感的影响，虽然在学术界得到了一定的实证检验，但在国内实践领域的推广还处于摸索阶段，远远没有形成规模。众多组织在提升员工幸福感的过程中，对家庭支持型主管行为的认知和实践还存在一定的困惑，例如，家庭支持型主管行为能否提升员工幸福感？家庭支持型主管行为为什么能够提升员工幸福感？怎样才能促使家庭支持型主管行为更好地提升员工幸福感？因此，学术研究有必要回应组织人力资源管理的现实需求和关切，基于家庭支持型主管行为的视角，为组织提升员工幸福感的管理实践提供更为具体的路径和方案。本书拟基于家庭支持型主管行为视角，进一步构建提升员工幸福感的实践框架，以供组织人力资源管理决策参考。

二、研究意义

（一）理论意义

本书的研究进一步揭示了家庭支持型主管行为影响员工幸福感的主效应、中介机制及边界条件，产生的理论意义体现在以下三个方面：

（1）进一步深化了家庭支持型主管行为与员工幸福感关系的研究。本书的研究结论进一步揭示了家庭支持型主管行为对员工幸福感及其各维度影响的主效应、中介机制和边界条件。一是基于家庭支持型主管行为的视角，一定程度上揭示了提升员工幸福感的直接作用路径；二是基于工作增益家庭、家庭增益工作的视角，一定程度上揭示了家庭支持型主管行为对员工幸福感及其各维度影响的中介机制；三是基于工作—家庭边界分割组织供给、工作—家庭边界分割员工偏好的视角，一定程度上揭示了家庭支持型主管行为影响员工幸福感及其各维度的边界条件；四是基于正念的视角，一定程度上进一步揭示了家庭支持型主管行为影响员工幸福感及其各维度的边界条件；五是基于工作专注的视角，一定程度上揭示了正念对家庭支持型主管行为与员工幸福感及其各维度关系发挥调节作用的中介机制；六是基于正念的视角，一定程度上揭示了工作增益家庭、家庭增益工作对家庭支持型主管行为与员工幸福感及其各维度关系发挥中介作用的调节机制。

（2）进一步丰富了资源保存理论的应用范围。本书的研究结论对资源保存理论的应用具有一定贡献，进一步丰富了资源保存理论的应用范围，一定程度上表明资源保存理论对解释家庭支持型主管行为对员工幸福感及其各维度影响机制的有效性。具体而言，本书采用资源获取螺旋效应，揭示了家庭支持型主管行为可显著预测员工幸福感；采用两阶段的资源获取螺旋效应，第一阶段为家庭支持型主管行为对工作增益家庭、家庭增益工作资源的获取螺旋效应，第二阶段为工作增益家庭、家庭增益工作对员工幸福感的资源获取螺旋效应，揭示了工作增益家庭、家庭增益工作在家庭支持型主管行为与员工幸福感及其各维度关系之间的双重中介效应；采用资源排队与通道原则下的资源获取螺旋效应，揭示了工作—家庭边界分割组织供给与工作—家庭边界分割员工偏好对家庭支持型主管行为与员工幸福感及其各维度关系的双重调节效应；采用资源排队与通道原则下的资源获取螺旋效应，揭示正念对家庭支持型主管行为与员工幸福感及其各维度关系的调节效应；采用两阶段的资源获取螺旋效应，第一阶段揭示了正念对工作专注具有显著的影响，第二阶段结合资源排队与通道原则，揭示了工作专注对家庭支持型主管行为与员工幸福感及其各维度关系的调节效应，综合两阶段分析结果进而揭示了工作专注对正念在家庭支持型主管行为与员工幸福感及其各维度之间发挥调节作用的中介机制；采用两阶段资源获取螺旋效应，第一阶段揭示了家庭支持型主管行为正向影响工作增益家庭、家庭增益工作，第二阶段结合资源排队与通道原则，揭示了正念负向调节工作增益家庭、家庭增益工作与员工幸福感及其各维度的关系，综合两个阶段的分析结果进而揭示了正念负向调节工作增益家庭、家庭增益工作对家庭支持型主管行为与员工幸福感及其各维度关系的中介效应。

（3）进一步拓展了资源—获取—发展、工作需求—控制—支持、个体—环境匹配等相关模型的研究领域。具体而言，本书将资源—获取—发展模型用于解释工作增益家庭、家庭增益工作对家庭支持型主管行为与员工幸福感及其各维度关系的双重中介效应；将工作需求—控制—支持模型用于解释工作—家庭边界分割组织供给、工作—家庭边界分割员工偏好对家庭支持型主管行为与员工幸福感及其各维度关系的双重调节效应；将个体—环境匹配模型用于解释正念对家庭支持型主管行为与员工幸福感及其各维度关系的调节效应，工作专注对正念调节家庭支持型主管行为与员工幸福感及其各维度关系的中介效应；将工作需求—控制—支持模型、个体—环境匹配模型用于解释正念对工作增益家庭、家庭增益工作中介家庭支持型主管行为与员工幸福感及其各维度关系的调节效应。

（二）现实意义

本书的研究结论对组织基于家庭支持型主管行为视角构建员工幸福感的实践框架提供了管理依据，具体包括四个方面：

（1）为组织培育家庭支持型主管行为提供了管理依据。本书研究发现，家庭支持型主管行为可显著正向影响员工幸福感及其各维度，且相较员工生活幸福感、员工心理幸福感，对员工工作幸福感的影响效果更为显著。上述研究结论对管理实践的启示：在组织提升员工幸福感特别是员工工作幸福感的实践中，应积极倡导、培育家庭支持型主管行为。

（2）为组织促进工作增益家庭与家庭增益工作提供了管理依据。本书研究发现，工作增益家庭和家庭增益工作双重中介家庭支持型主管行为与员工幸福感及其各维度的关系，且相较家庭增益工作，工作增益家庭对家庭增益工作的中介效应更为明显，相较员工生活幸福感、员工心理幸福感，工作增益家庭、家庭增益工作中介效应对家庭支持型主管行为与员工工作幸福感维度关系的作用效果更为明显，相较员工生活幸福感、员工工作幸福感，工作增益家庭、家庭增益工作对家庭支持型主管行为与员工心理幸福感关系的链式双重中介效应最强。上述研究结论对管理实践的启示：在组织提升员工幸福感的实践中，当实施家庭支持型主管行为时，应通过加强工作增益家庭和家庭增益工作，并优先加强工作增益家庭，及时、有效地促进家庭支持型主管行为的效果转化。

（3）为组织加强组织对工作—家庭边界分割的供给、引导员工降低对工作—家庭边界分割的偏好提供了管理依据。本书研究发现，在高工作—家庭边界分割组织供给、低工作—家庭边界分割员工偏好的边界条件下，家庭支持型主管行为对员工幸福感及其各维度的提升效果最为显著，且相较员工工作幸福感、员工心理幸福感，工作—家庭边界分割组织供给与工作—家庭边界分割员工偏好对家庭支持型主管行为与员工生活幸福感关系的调节效应更强。上述研究结论对管理实践的启示：在组织提升员工幸福感特别是员工生活幸福感的实践中，当实施家庭支持型主管行为时，应同步加强组织对工作—家庭边界分割的供给，并引导员工降低对工作—家庭边界分割的偏好，促进家庭支持型主管行为对高工作—家庭边界分割组织供给、低工作—家庭边界分割员工偏好群体的员工幸福感作用效果最大化。

（4）为组织重点针对低正念员工提供了管理依据。本书研究发现，正念负向调节家庭支持型主管行为与员工幸福感及其各维度的关系，且相较员工生活幸福感、员工工作幸福感，正念对家庭支持型主管行为与员工心理幸福感关系的调节效应更强。上述研究结论对管理实践的启示是：在组织提升员工幸福感特别是员工心理幸福感的实践中，当实施家庭支持型主管行为时，应重点针对低正念员工，有效提升家庭支持型主管行为对低正念群体员工幸福感的作用效果。此外，正念作为一种人格特质，相对难以被识别，也相对难以被改变。本书进一步研究发现，工作专注中介正念对家庭支持型主管行为与员工幸福感及其各维度关系的调节效应，且相较员工生活幸福感、员工心理幸福感，工作专注对正念调节家庭支持型主管行为与员工工作幸福感关系的中介效应更强。上述研究结论对管理实践的启示：在组织提升员工幸福感特别是员工工作幸福感的实践中，当实施家庭支持型主管行为时，应通过低工作专注有效识别并重点针对低正念员工，有效提升家庭支持型主管行为对低工作专注及低正念群体员工幸福感的作用效果。本书研究发现，正念负向调节工作增益家庭、家庭增益工作对家庭支持型主管行为与员工幸福感及其各维度关系的中介效应。上述研究结论对管理实践的启示：组织在提升员工幸福感的实践中，当实施家庭支持型主管行为时，重点促进低正念员工的工作增益家庭、家庭增益工作，更能提升低正念员工的幸福感。

第三节 研究内容与研究结构

一、研究内容

本书基于资源保存理论，结合资源—获取—发展模型、工作需求—控制—支持模型、个体—环境匹配模型，参照员工幸福感、家庭支持型主管行为研究等相关文献，构建家庭支持型主管行为影响员工幸福感及其各维度的研究模型，旨在进一步揭示家庭支持型主管行为对员工幸福感及其各维度的影响机制，并为组织平衡员工工作—家庭关系，提升员工幸福感的管理实践提供一定的思路和借鉴。具体而言，本书主要针对以下六个方面内容展开研究：

（一）家庭支持型主管行为对员工幸福感及其各维度影响的主效应

基于家庭支持型主管行为的视角，揭示家庭支持型主管行为对员工幸福感及其各维度的直接作用路径。本书构建了主效应模型，通过假设检验验证家庭支持型主管行为能否显著提升员工幸福感及其各维度，并对比分析家庭支持型主管行为对员工幸福感各维度影响的主效应。

（二）工作增益家庭与家庭增益工作对家庭支持型主管行为与员工幸福感及其各维度关系的双重中介效应

基于工作增益家庭、家庭增益工作的视角，揭示家庭支持型主管行为影响员工幸福感及其各维度的中介机制。本书构建了单步双重中介效应模型，通过假设检验验证工作增益家庭、家庭增益工作能否分别在家庭支持型主管行为与员工幸福感及其各维度之间发挥中介效应，并对比分析工作增益家庭与家庭增益工作对家庭支持型主管行为与员工幸福感及其各维度关系的单步双重中介效应。本书还构建了链式双重中介效应模型，通过假设检验验证工作增益家庭、家庭增益工作能否依次在家庭支持型主管行为与员工幸福感及其各维度之间发挥中介效应，并对比分析工作增益家庭与家庭增益工作对家庭支持型主管行为与员工幸福感及其各维度关系的链式双重中介效应。

（三）工作—家庭边界分割组织供给与工作—家庭边界分割员工偏好对家庭支持型主管行为与员工幸福感及其各维度关系的双重调节效应

基于工作—家庭边界分割组织供给、工作—家庭边界分割员工偏好的视角，揭示家庭支持型主管行为影响员工幸福感及其各维度的边界条件。本书构建了双重调节效应模型，通过假设检验验证在高工作—家庭边界分割组织供给、低工作—家庭边界分割员工偏好的情形下，家庭支持型主管行为对员工幸福感及其各维度影响效果能否实现最大，并对比分析工作—家庭边界分割组织供给、工作—家庭边界分割员工偏好对家庭支持型主管行为与员工幸福感各维度关系的双重调节效应。

（四）正念对家庭支持型主管行为与员工幸福感及其各维度关系的调节效应

基于正念的人格特质视角，进一步揭示家庭支持型主管行为对员工幸福感及其各维度影响的边界条件。本书构建了调节效应模型，通过假设检验验证正念能否对家庭支持型主管行为与员工幸福感及其各维度关系发挥调节作用，并对比分析正念对家庭支持型主管行为与员工幸福感各维度关系的调节效应。

（五）工作专注中介正念对家庭支持型主管行为与员工幸福感及其各维度关系的调节效应

基于工作专注的视角，揭示正念在家庭支持型主管行为与员工幸福感及其各维度之间发挥调节作用的中介机制。本书构建了有中介的调节模型，通过假设检验验证工作专注能否中介正念在家庭支持型主管行为与员工幸福感及其各维度关系之间发挥调节作用，并对比分析工作专注中介正念对家庭支持型主管行为与员工幸福感各维度关系的调节效应。

（六）正念调节工作增益家庭、家庭增益工作对家庭支持型主管行为与员工幸福感及其各维度关系的中介效应

基于正念视角，揭示工作增益家庭、家庭增益工作在家庭支持型主管行为与员工幸福感及其各维度之间发挥中介作用的边界条件。本书构建了有调节的中介模型，通过假设检验验证正念能否调节工作增益家庭、家庭增益工作对家庭支持型主管行为与员工幸福感及其各维度关系的中介作用。

二、研究结构

本书的研究结构设计遵循实证研究类写作的基本规范。全书共包括八章内容，具体研究结构如图 1–1 所示。

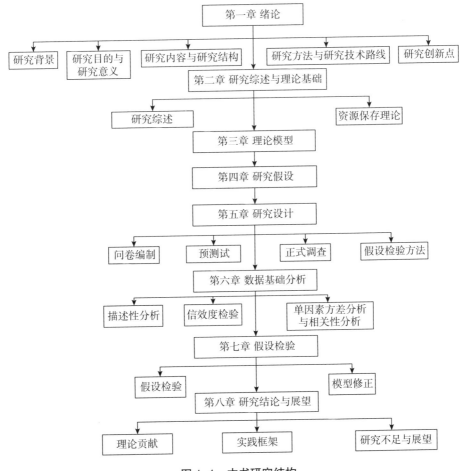

图 1–1 本书研究结构

　　第一章为绪论，主要是本书写作的主旨和内容，具体阐述研究背景、研究目的与研究意义、研究内容与研究结构、研究方法与研究技术路线以及研究创新点。

　　第二章为研究综述与理论基础，主要梳理国内外关于员工幸福感、家庭支持型主管行为研究的相关文献，阐述资源保存理论，以此作为理论模型构建、研究假设提出的文献支持与理论基础。

　　第三章为理论模型，根据资源保存理论，结合资源—获取—发展模型、工作需求—控制—支持模型、个体—环境匹配模型，构建家庭支持型主管行为影响员工幸福感及其各维度影响的理论模型，揭示家庭支持型主管行为影响员工幸福感及其各维度影响的主效应、中介机制与边界条件。

　　第四章为研究假设，共提出9个研究假设，研究假设涉及家庭支持型主管行为影响员工幸福感及其各维度的主效应、单步双重中介效应、链式双重中介效应、双重调节效应、调节效应、有中介的调节效应、有调节的中介效应。

　　第五章为研究设计，首先，根据核心变量量表和人口统计学变量测量维度，编制调查问卷；其次，对调查问卷进行预测试，检验核心变量的信度、效度；再次，在预测试样本的信效度检验通过的基础上，开展大规模正式调查；最后，借鉴权威文献，阐述假设检验的方法。

　　第六章为数据基础分析，具体包括描述性分析、信效度检验（信度检验、效度检验、共同方法偏差检验）、单因素方差分析与相关性分析（为控制变量选取提供依据）。

　　第七章为假设检验，基于正式调查数据，对研究假设依次进行检验，并根据研究假设检验结果修正理论模型。

　　第八章为研究结论与展望，总结研究结论，阐述理论贡献，基于家庭支持型主管行为视角，构建培育员工幸福感的实践框架，提出管理启示，并分析研究存在的局限性，对今后进一步全面、深入展开研究做出展望。

第四节　研究方法与研究技术路线

一、研究方法

（一）文献研究法

文献研究法以全样本文献为对象，可分析已有研究文献的数量及趋势、关键词共现网络、文献互引网络、期刊来源分布、基金资助等（邱均平等，

2008；任红娟等，2009；赵蓉英等，2010；李贺等，2014）。根据研究目的，本书主要采用 Endnote 和 VOSviewer 软件，对员工幸福感、家庭支持型主管行为、资源保存理论的文献总量及趋势，以及员工幸福感、家庭支持型主管行为的关键词共现网络进行分析，从而为研究现状的梳理提供支持和依据。需要说明的是，因国内外文献来源、语言存在差异，难以同时分析，本书分别以国内和国外为视角，对员工幸福感、家庭支持型主管行为、资源保存理论的文献展开具体分析。

（二）实证研究法

实证研究法与规范研究法，共同构成了社会科学的主要研究方法，前者回答的是"实然"的问题，后者回答的是"应然"的问题。实证研究法通过数量分析技术，对有关变量间的相互作用方式和数量关系进行分析和确定，目前已成为组织与管理领域研究的主流方法（李怀祖，2017；陈晓萍等，2018）。本书采用实证研究法，基于调查数据，综合运用 SPSS、AMOS、Process 插件等软件对家庭支持型主管行为影响员工幸福感的机制做出进一步探索。

（三）比较分析法

比较分析法是根据一定的标准，对多种相联系的事物进行观察，以寻找异同、发现规律的过程。本书以结果变量员工幸福感及其员工生活幸福感、员工工作幸福感、员工心理幸福感三个维度作为比较对象，对研究涉及的家庭支持型主管行为的主效应值、工作增益家庭和家庭增益工作的中介效应值、工作—家庭边界分割组织供给与工作—家庭边界分割员工偏好的双重调节效应值、正念的调节效应值、工作专注对正念有中介的调节效应值进行比较分析。

二、研究技术路线

本书技术路线遵循模型构建、假设检验与结论分析三个阶段，对家庭支持型主管行为影响员工幸福感的机制展开具体研究。研究技术路线如图 1-2 所示。

（一）模型构建阶段

模型构建阶段主要阐述理论模型、研究假设及研究设计。首先，基于资源保存理论，参照员工幸福感和家庭支持型主管行为研究相关文献，提出家庭支持型主管行为影响员工幸福感的理论模型。其次，对家庭支持型主管行为影响员工幸福感的主效应、单步双重中介效应、链式双重中介效应、双重调节效应、调节效应、有中介的调节效应、有调节的中介效应进行假设推理。最后，开展研究设计，包括选取权威量表进行翻译，编制问卷，对预测试问卷进行信度、效度检验，通过检验后开展大规模正式调查，并阐述假设检验方法。

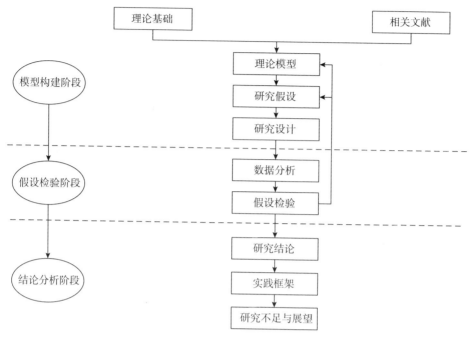

图1-2　本书研究技术路线

（二）假设检验阶段

假设检验阶段主要采用正式调查样本数据，参照假设检验方法，对研究假设及理论模型进行验证。首先，对正式调查样本数据进行基础分析，包括描述性分析、信度分析、效度分析、共同方法偏差检验、单因素方差分析、相关性分析等，旨在为假设检验奠定合理化基础。其次，基于正式调查样本数据，对本书涉及的研究假设依次进行检验。最后，根据检验结果决定是否对研究假设和理论模型进行修正，当检验结果与研究假设、理论模型完全一致时，表明研究假设与理论模型成立；当检验结果与研究假设、理论模型不一致或部分一致时，表明研究假设、理论模型不成立或部分成立，需要根据检验结果对研究假设和理论模型进行进一步修正。

（三）结论分析阶段

结论分析阶段主要是对研究结论进行归纳和总结。首先，根据假设检验结果，整理研究结论，并参照已有文献，对研究结论进行对比分析，梳理本书研究的理论贡献。其次，基于家庭支持型主管行为构建培育员工幸福感的实践框架，为组织提升员工幸福感的管理实践提供具体的对策和建议。最后，从数据采集、变量测量、模型构建等方面分析本书研究中存在的不足，并做出今后的研究展望。

第五节　研究创新点

梳理本书研究结论，并对比已有研究文献，发现本书研究的创新点主要体现在两个方面。

一、理论研究方面，揭示了基于家庭支持型主管行为视角员工幸福感的形成机制

本书基于资源保存理论，结合资源—获取—发展模型、工作需求—控制—支持模型、个体—环境匹配模型，构建了家庭支持型主管行为影响员工幸福感的理论模型，其涉及主效应、单步双重中介效应、链式双重中介效应、双重调节效应、调节效应、有中介的调节效应、有调节的中介效应，进一步揭示了家庭支持型主管行为对员工幸福感的主效应、中介机制和边界条件。

（1）家庭支持型主管行为影响员工幸福感的主效应。员工幸福感是近年来学术研究的热点。学术界对员工幸福感的构念主要有主观幸福感、心理幸福感和整合幸福感三种视角。本书选取 Zheng 等（2015）提出的员工幸福感构念及量表，基于整合幸福感的视角，将员工幸福感分为员工生活幸福感、员工工作幸福感、员工心理幸福感三个维度，其中，员工生活幸福感和员工工作幸福感由员工主观幸福感转化而来。研究表明，员工幸福感受到个人、工作、领导、组织等多种因素交互的影响，特别是工作因素及其衍生的工作—家庭关系作为前因变量，对员工幸福感具有重要的预测作用。研究组织如何通过平衡工作—家庭关系，提升员工幸福感，具有重要的时代意义和实践价值。进一步研究表明，在员工获得的组织支持中，员工的直接上级主管作为组织对员工管理的代理人和组织政策的执行者，相较其他管理者对员工工作—家庭支持的影响效果更强。基于此，家庭支持型主管行为的概念被提出。当前，关于家庭支持型主管行为的研究尚处于早期阶段，实践领域对家庭支持型主管行为的认识也存在诸多盲区。作为工作场所家庭支持的重要来源，家庭支持型主管行为能否对员工幸福感产生显著的影响？影响过程的中介机制及边界条件是什么？学术研究有待进一步揭示家庭支持型主管行为对员工幸福感的影响机制，并为组织提升员工幸福感的管理实践提供更为具体的思路和借鉴。梳理文献发现，已有关于家庭支持型主管行为与员工幸福感关系的文献仅有 2 篇。Matthews 等（2014）将员工主观幸福感分为积极情绪、消极情绪和生活满意度 3 个维度，并研究发现家庭支持型主管行为与员工主观幸福感之间存在正相关关系。宋一晓等（2019）

将员工主观幸福感分为情绪耗竭、工作满意度，并验证了家庭支持型主管行为与员工主观幸福感之间呈正相关关系。在此基础上，本书进一步证明了家庭支持型主管行为正向影响员工幸福感及其各维度，且对员工工作幸福感的影响最大。对比 Matthews 等（2014）和宋一晓等（2019）的研究，本书证明了家庭支持型主管行为正向影响员工主观幸福感（对应本书的员工生活幸福感、员工工作幸福感维度）的同时，进一步证明家庭支持型主管行为可正向影响员工心理幸福感及员工整合幸福感。

（2）家庭支持型主管行为影响员工幸福感的中介机制。已有文献对家庭支持型主管行为影响员工幸福感的中介机制研究相对较少。Matthews 等（2014）研究发现，工作投入在家庭支持型主管行为与员工主观幸福感之间发挥部分中介作用。宋一晓等（2019）研究发现，工作—家庭冲突部分中介家庭支持型主管行为与员工主观幸福感之间的关系。本书进一步构建单步双重中介效应模型和链式双重中介效应模型，验证了工作增益家庭和家庭增益工作对家庭支持型主管行为与员工幸福感及其各维度关系的单步双重中介效应及工作增益家庭和家庭增益工作对家庭支持型主管行为与员工幸福感及其各维度关系的链式双重中介效应。相较家庭增益工作，工作增益家庭的中介效应更为明显；相较员工生活幸福感、员工心理幸福感，工作增益家庭、家庭增益工作对家庭支持型主管行为与员工工作幸福感关系的中介效应更为明显；相较员工生活幸福感、员工工作幸福感，工作增益家庭、家庭增益工作对家庭支持型主管行为与员工心理幸福感关系的链式双重中介效应最强。对比已有研究，上述研究结论一定程度上丰富了家庭支持型主管行为对员工幸福感影响的中介机制。

（3）家庭支持型主管行为影响员工幸福感的边界条件。Matthews 等（2014）与宋一晓等（2019）在研究家庭支持型主管行为与员工幸福感的关系时，并未引入调节变量，其他文献也尚未发现关于家庭支持型主管行为影响员工幸福感边界条件的实证研究。本书构建了双重调节效应、调节效应、有中介的调节效应和有调节的中介效应模型，研究发现，在高工作—家庭边界分割组织供给、低工作—家庭边界分割员工偏好的边界条件下，家庭支持型主管行为对员工幸福感的提升效果更大，且相较于员工工作幸福感、员工心理幸福感，工作—家庭边界分割组织供给与工作—家庭边界分割员工偏好对家庭支持型主管行为与员工生活幸福感关系的调节效应更强；正念负向调节家庭支持型主管行为与员工幸福感及其各维度的关系，且相较员工生活幸福感、员工工作幸福感，正念对家庭支持型主管行为与员工心理幸福感关系的调节效应更强；工作专注中介正念对家庭支持型主管行为与员工幸福感及其各维度关系的调节效应，且相较员工生活幸福感、员工心理幸福感，工作专注对正念调节家庭支持型主管行为与员工工作幸福感关系的中介效应更强；正念负向调节工作增益家庭、家庭增益工作对家庭支持型主管行为与员工幸福感及其各维度关系的中介效应。对比已有研究，上述研究结论在一定程度上拓展了家庭支持型主管行为对员工幸福感影响的边界条件。

二、实践应用方面，提出了基于家庭支持型主管行为视角培育员工幸福感的实践框架

根据研究结论，本书进一步提出了基于家庭支持型主管行为视角培育员工幸福感的实践框架，对各类组织的人力资源管理实践具有一定的借鉴意义和推广价值。

（1）直接作用路径，在组织提升员工幸福感的实践中，应积极倡导、培育家庭支持型主管行为。

（2）中介路径，在组织提升员工幸福感的实践中，当实施家庭支持型主管行为时，应通过加强工作增益家庭和家庭增益工作，并优先加强工作增益家庭，及时、有效地促进家庭支持型主管行为的效果转化。

（3）调节路径，在组织提升员工幸福感的实践中，当实施家庭支持型主管行为时，一方面，应同步加强组织对工作—家庭边界分割的供给，并引导员工降低对工作—家庭边界分割的偏好，促进家庭支持型主管行为对高工作—家庭边界分割组织供给、低工作—家庭边界分割员工偏好群体的员工幸福感作用效果最大化；另一方面，应重点关注低正念的员工，通过低工作专注加以识别低正念的员工，有效促进低正念员工的工作增益家庭，进而提升家庭支持型主管行为对低正念群体员工幸福感的作用效果。

第二章

研究综述与理论基础

本章主要综述研究文献，阐述研究理论。综述研究文献，即对员工幸福感的国内外文献趋势、概念及维度、前因变量以及家庭支持型主管行为的国内外文献趋势、概念及维度、结果变量进行归纳和述评，旨在为后文理论模型的构建和研究假设的提出提供文献支持。阐述理论基础，即分析资源保存理论的国内外文献趋势及"资源"内涵、前提假设、基本原则、主要推论等基本内容，旨在为后文理论模型的构建和研究假设的提出奠定理论基础。

第一节 研究综述

一、员工幸福感

（一）员工幸福感的文献趋势

在外文 Web of Science 平台检索关键词"Employee Well-Being"，截至 2020 年，共计 4104 篇文献，说明国外员工幸福感的研究较为热门。自 Warr（1987）首次将幸福感引入组织研究领域，提出"员工幸福感"的概念以来，有关员工幸福感研究的文献量总体呈上升态势。特别是自 2018 年以来，年文献量呈井喷状态，其中，2018 年 483 篇，2019 年 669 篇，2020 年 772 篇，表明近三年员工幸福感的研究受到了国外学术界的极大关注。Web of Science 中员工幸福感的文献趋势具体如图 2-1 所示。

在中国知网（CNKI）平台搜索关键词"员工幸福感"。截至 2020 年，共有 597 篇中文文献。自 2005 年以来，文献总体呈现逐年上升态势，特别是自 2012 年以来，文献量明显增加，每年文献量均在 52 篇以上，一定程度上表明员工幸福感的研究近年来同样受到了国内学术界的重视。知网中员工幸福感的文献趋势具体如图 2-2 所示。

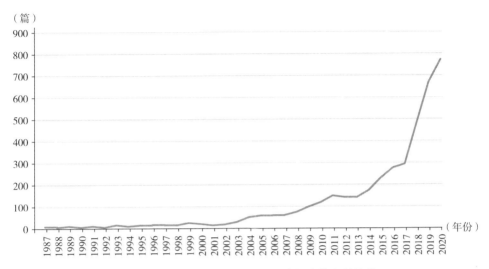

图 2-1　Web of Science 中员工幸福感的文献趋势

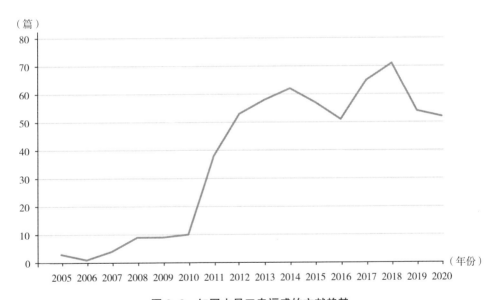

图 2-2　知网中员工幸福感的文献趋势

对比分析国外和国内关于员工幸福感研究的文献，发现近年来学者对员工幸福感的研究均呈现快速增长的趋势，但相比国外，国内的文献数量明显偏少，有待我国学者立足本土实际，对员工幸福感展开进一步研究。

（二）员工幸福感的概念与维度

追求幸福是人性的基本假设（苗元江等，2009），幸福感的研究历史由来已久。但是，目前学术界对员工幸福感的界定尚未达成统一，不同视角下员工幸福感的概念和维度存在明显的差异。总体而言，学者对员工幸福感的研究主要基于主观幸福感（Subjective Well-Being，SWB）、心理幸福感（Psychological Well-Being，PWB）和整合幸福感（Integrated Well-Being，IWB）三大视角展开。

1. 主观幸福感视角

主观幸福感的哲学基础是快乐论，将幸福视为"快乐的主观心理体验"（Diener，1999；陈姝娟等，2003；严标宾等，2004）。作为主观幸福感的代表学者，Diener 等（2003）将员工幸福感定义为"个体在工作中的即刻体验和认知评价的综合"。彭怡等（2010）将员工幸福感视为"个体对工作相关内容的认知评价和情绪体验"，是个体面对工作场所物质性或精神性内容认知所产生的结果。虽然不同学者对主观幸福感的概念表述不同，但都倾向于认为主观幸福感是员工在工作及其相关领域快乐的心理体验，都强调主观幸福感是员工对生活质量所做的情感性和认知性的积极评价。

主观幸福感的维度多与员工的生活满意度与情绪体验相关，包括生活满意度和情感平衡（Diener 等，1985）。多数研究者采纳 Diener（2000）的观点，认为主观幸福感主要包含认知因素、体验积极情感和缺乏消极情感 3 个维度。已有研究证实，高主观幸福感的人对生活比较满意，经常体验到积极的情感，而少有消极情感（张进等，2007）。Diener（2012）进一步指出，员工幸福感应由个体对过去、现在和未来生活的满意度、家庭或健康等其他领域满意度、快乐等积极情绪及焦虑等消极情绪构成。上述观点均关注个体对一般意义上的生活体验评价，适用于包括员工在内所有群体的主观幸福感研究，针对员工这一特殊群体幸福感的有效性有待进一步验证。

部分学者基于主观幸福感视角进一步提出了工作幸福感的概念（王佳艺等，2006；张兴贵等，2012；Xanthopoulou 等，2012；Poggi 等，2015；等等）。孙健敏等（2016）认为，工作幸福感是个体对自身当前所从事工作各方面的积极评价和情感体验。还有学者对工作幸福感的维度进行了研究，例如，时勘等（2020）将工作幸福感分为认知幸福感和情感幸福感维度；Katwyk 等（2000）将工作幸福感分为愉悦—不愉悦情绪、唤醒水平维度。相较一般意义上的员工幸福感，工作幸福感聚焦于员工工作领域特有的心理体验。因此，工作幸福感的维度多与员工在工作场所及由此衍生的心理体验有关。起初，有部分学者将员工幸福感等同于工作幸福感（Wright 等，2004；Kausto 等，2005）。随后，又有学者提出工作幸福感的内涵过于狭窄，员工幸福感不能仅仅关注员工工作上的状态，还应该关注员工非工作方面的所有心理感受与健康状况（Sinikka

等，2006）。例如，Zheng 等（2015）提出员工幸福感既是员工对生活层面与工作层面满意程度的认知与感知，又是员工表现出来的心理体验和情感满足状态。

2. 心理幸福感视角

心理幸福感的哲学基础是现实论，强调幸福是人的一种自我实现活动（Ryff，1989；Ryff 等，1995；陈浩彬等，2012）。作为心理幸福感的代表学者，Ryff（1989）指出，应该从人的发展角度理解幸福，使用个人成长、生活目标等指标来评估幸福水平。张兴贵等（2012）认为，员工心理幸福感是员工在长期工作过程中感知和体验到的自我实现、工作意义和潜能发挥程度。陈建安等（2013）将员工心理幸福感视为"个体对自身工作质量的整体评价"，是个体在工作过程中价值实现和潜能发挥的产物。Cooper（2014）提出，与享乐主义结构相反，工作投入是心理幸福感的结构维度。总之，相较主观幸福感，心理幸福感关注的重点是员工在工作中的自我成长与实现。

心理幸福感的维度多与个体潜能发挥和自我实现相关。Ryff（1989）认为，当个体所从事的工作能够满足员工以下 6 种需求时能提升其心理幸福感：自主、环境驾驭、自我成长、积极关系、意义目标和自我接纳。Ryan 等（2001）将员工心理幸福感分为能力需求、关系需求和自主需求。Dagenais-Desmarai（2012）采用工作人际匹配、工作旺盛、工作胜任感、工作认可知觉和工作卷入意愿等维度划分员工心理幸福感。

3. 整合幸福感视角

主观幸福感和心理幸福感是长期以来员工幸福感研究的两大主流视角，二者的哲学基础完全不同，主观幸福感通常以主观快乐体验为核心构念；心理幸福感通常以内在价值、目的和意义体验为核心构念（Ryan 等，2001；Linley，2009）。随着研究的深入，员工幸福感的内涵和外延得到不断的发展和完善，越来越多的学者们意识到，基于主观幸福感或心理幸福感的单一视角难以充分、准确地理解员工幸福感，并提出应该将员工的主观幸福感、心理幸福感进行有机整合（Keyes 等，2002；苗元江，2003；严标宾等，2004；Schneider 等，2009；邹琼等，2015；Brulé，2017；等等）。Compton 等（1996）通过实证结果证实整合视角的员工幸福感研究具有更高的信度与效度。Dagenais-Desmarais 等（2012）、Slemp 等（2014）研究证实员工主观幸福感和员工心理幸福感具有较强的相关性。Pancheva 等（2020）研究发现，主观幸福感和心理幸福感的两种解释在很大程度上趋于一致。上述研究结论表明，员工整合幸福感的构念存在一定的合理性和可行性。

整合幸福感的维度多综合主观幸福感、心理幸福感的维度。Warr（1994）采用情绪幸福感、工作抱负、胜任感、自主性衡量员工幸福感。亦有学者将员工幸福感视为全新概念并探索其结构维度，如 Horn 等（2004）将员工幸福感分为情绪幸福感、专业幸福感、社会幸福感、认知幸福感和身心幸福感。与以往研究相比，Horn 等（2004）新增了认知幸福感和身心幸福感维度。彭怡等（2010）认为，员工幸福感是个体在工作场所的情感、感知等即时性的主观体验结果和在工作过程中体会到自我实现和满足等持久性的客观评价。赵宜萱（2016）将员工幸福感分为生活满意度、实现幸福、享乐幸福 3 个维度。Page 等（2009）将员工幸福感分为主观幸福感、工作场所幸福感和心理幸福感 3 个维度。

在 Page 等（2009）观点的基础上，Zheng 等（2015）进一步将工作场所幸福感简化为工作幸福感，并将员工幸福感划分为生活幸福感、工作幸福感和心理幸福感 3 个维度，具体研究视角如图 2-3 所示。其中，生活幸福感指个体对其生活整体的满意程度；工作幸福感聚焦于工作场所，指个体对工作相关因素的满意程度；而心理幸福感是指个体对其工作和个人生活的心理体验和满意度。与 Page 等（2009）的研究相比，Zheng 等（2015）认为，员工幸福感维度不包含消极情绪，意义目标归属于生活幸福感而非工作幸福感，工作自主不构成员工幸福感。基于中国调查样本，Zheng 等（2015）进一步提出了员工整合幸福感的构念，并开发了员工整合幸福感的量表，不仅较为全面地反映了员工幸福感的内涵和外延，而且有效地解决了员工幸福感各维度之间的交叉重叠问题。该项研究成果成功发表在组织行为与人力资源管理领域的国际权威杂志——*Journal of Organizational Behavior* 上，目前已被 OBHRM 百科收录为唯一的员工幸福感量表，同时也正在被国内外越来越多的学者所引用。本书借鉴 Zheng 等（2015）提出的员工整合幸福感构念，对家庭支持型主管行为影响员

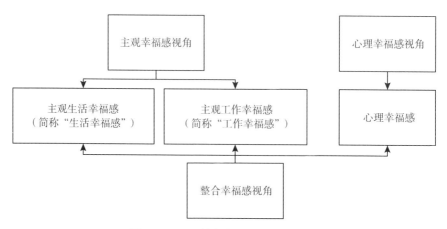

图 2-3   员工整合幸福感的研究视角

工幸福感的机制展开进一步研究。

（三）员工幸福感的关键词网络共现

本书在对外文和中文员工幸福感研究的关键词共现网络分析的基础上，通过逐一阅读、分析相关文献，归纳提出影响员工幸福感前因变量的研究现状。

外文员工幸福感研究的关键词共现网络分析如图 2-4 所示。Web of Science 有关员工幸福感的研究中，涉及共现次数靠前的前因变量关键词为：压力（356 次）、倦怠（291 次）、满意度（278 次）、资源（222 次）、投入（185 次）、工作需求（148 次）、管理（127 次）、领导（111 次）、承诺（96 次）、支持（87 次）、性别（64 次）、自我效能（62 次）、正念（56 次）、工作—家庭冲突（48 次）、人力资源管理（44 次）、领导—成员交换（29 次）等。

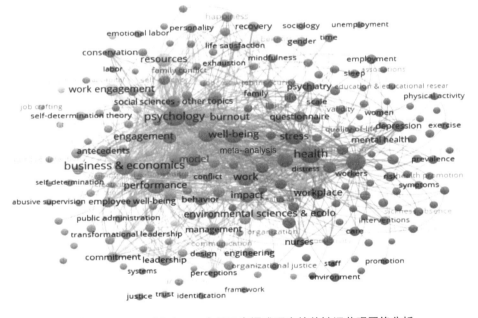

图 2-4　Web of Science 中员工幸福感研究的关键词共现网络分析

中文员工幸福感研究的关键词共现网络分析如图 2-5 所示。知网有关员工幸福感的研究中，涉及共现次数靠前的前因变量关键词为：心理资本（17 次）、人力资源管理（13 次）、工作投入（10 次）、自我效能感（10 次）、工作压力（10 次）、高绩效工作系统（8 次）、工作—家庭冲突（8 次）、组织认同（7 次）、组织支持感（7 次）、组织承诺（6 次）、心理授权（5 次）等。

（四）员工幸福感的研究述评

长期以来，员工幸福感一直是学术界研究的热点，特别是近年来受到了

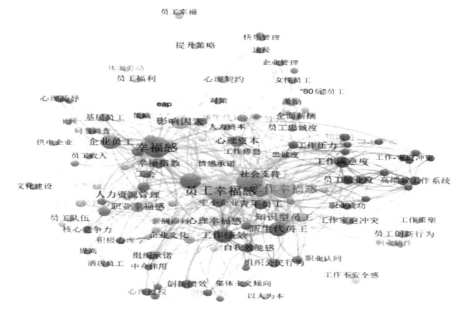

图 2-5　知网中员工幸福感研究的关键词共现网络分析

国内外学者的极大关注。但是，当前学术界仍未就员工幸福感的概念界定、结构维度、测量工具等达成共识。已有研究对员工幸福感的研究主要有三种取向：主观幸福感通常以主观快乐体验为核心概念；心理幸福感通常以内在价值、目的和意义体验为核心构念；整合幸福感兼顾了主观幸福感和心理幸福感的概念和维度，认为员工幸福感是主观体验与自我实现的综合，特别是 Zheng 等（2015）提出的包括生活幸福感、工作幸福感、心理幸福感在内的整合幸福感，更能全面、深入地反映中国情境下员工对幸福的感知程度。不同视角下员工幸福感的概念及维度不同，适用情形也不同（许龙等，2017）。本书认为，主观幸福感是即时性的，相对容易测量与达成，适用于较短时期内的员工幸福感研究，而心理幸福感是历时性的，相对难以测量与达成，适用于较长时期内的员工幸福感研究，整合幸福感兼顾了两者共同的特征和适用情形。选择哪种视角的员工幸福感展开研究，取决于员工幸福感的研究目的、研究对象、研究背景及研究问题等（Wijngaards 等，2021）。总体而言，不同员工幸福感的概念、维度及其适用情形仍有待学术界进一步研究界定。

员工幸福感是近年组织行为与人力资源管理领域学术研究的热点，也是各类组织人力资源管理实践的重要目标。学者们对员工幸福感的前因变量研究做出了积极探索，验证了个体、工作、领导、组织等方面因素均对员工幸福感产生显著的影响。已有研究成果在一定程度上揭示了员工幸福感的形成机制，但针对员工幸福感的影响因素研究仍不够充分，特别是由工作衍生出来的工作—家庭关系因素，是影响员工幸福感的关键性因素，理应成为组织管理者有效干预员工幸福感的人力资源管理实践关注重点。因此，学术界有待基于多个领域、多方视角，对员工幸福感的前因变量及其影响机制展开进一步探索研究。

二、家庭支持型主管行为

（一）家庭支持型主管行为的文献趋势

外文 Web of Science 平台搜索 "Family Supportive Supervisor Behaviors 和 FSSB"，截至 2020 年，共有 86 篇文献，总体呈现逐年上升趋势。最早正式提出家庭支持型主管行为概念的学者是 Hammer 等（2009）。Crain 等（2018）的综述性文献发表，极大地推动了家庭支持型主管行为的研究，2018 年后，年文献量均大于 16 篇。Web of Science 中家庭支持型主管行为研究的文献趋势具体如图 2-6 所示。

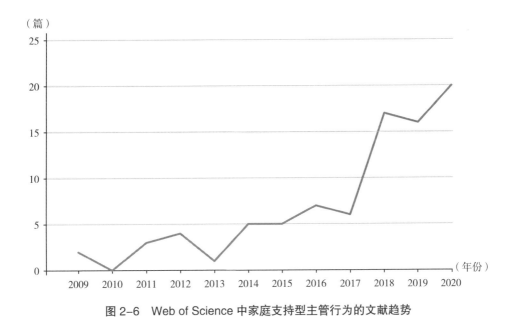

（篇）

图 2-6　Web of Science 中家庭支持型主管行为的文献趋势

中文知网（CNKI）平台搜索关键词"家庭支持型主管行为、家庭支持型领导行为、家庭支持型上司行为"等，截至 2020 年，共有 83 篇中文文献，总体同样呈现逐年上升的态势。最早将家庭支持型主管行为（翻译为"上司支持"）引入国内的学者是孙小舒等（2009）。自马红宇等（2016）、宋一晓等

（2016）两篇综述性文献的发表以来，家庭支持型主管行为的研究热度明显增加，2016年后，年文献量均在8篇以上。知网中家庭支持型主管行为研究的文献趋势具体如图2-7所示。

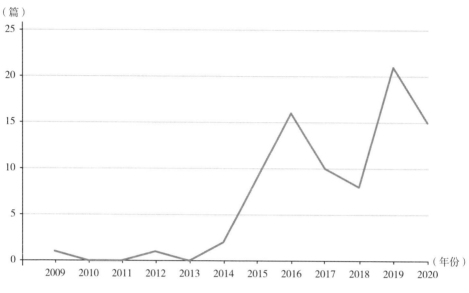

图2-7　知网中家庭支持型主管行为研究的文献趋势

对比分析国外与国内关于家庭支持型主管行为研究的文献，发现近年来国内外学者对家庭支持型主管行为的研究均呈现快速增长的趋势。相比国外研究，国内对家庭支持型主管行为的文献数量基本持平，这在一定程度上也反映了家庭支持型主管行为在我国同样受到学术界的特别关注。但是，总体上来讲，不论是国外，还是国内，对家庭支持型主管行为的研究文献量相对偏少，有待学者们展开进一步研究。

（二）家庭支持型主管行为的概念与维度

随着女性劳动参与率的逐步提升，双职工家庭的大量涌现，员工在工作的同时，对家庭的需求日益旺盛，工作—家庭冲突普遍存在于各个国家和地区。在这种情况下，外部的家庭支持必不可少。外部的家庭支持包括宏观层面的社会支持和微观层面的组织支持。其中，帮助员工履行好家庭责任的目标主要依靠微观层面的组织支持来实现（Hammer等，2007）。工作场所的组织对家庭的支持可以具体划分为正式家庭支持制度、家庭支持型组织氛围和主管支持3个方面（Barbara等，2009）。已有研究表明，组织为员工提供的正式家庭支持制度，并不一定能够有效满足员工差异化的家庭需求（Allen，2001；Kossek

等，2011），而且组织提供的家庭支持制度能否发挥作用往往与员工的直接主管能否有效贯彻执行密切相关。Straub（2012）进一步指出，主管作为组织直接管理员工的代理人，将执行组织家庭支持型政策，促进家庭支持型组织氛围的形成。因此，相较正式家庭支持制度、家庭支持型组织氛围，直接主管对员工的家庭支持更为关键，也受到了越来越多学者的优先关注。

Hammer 等（2007）首次提出了家庭支持型主管行为（Family-Supportive Supervisory Behaviors）的概念，并将其定义为"主管所展现出的支持员工履行家庭职责的行为"。Hammer 等（2009）对家庭支持型主管行为的表述进行了微调，正式确定了家庭支持型主管行为（Family Supportive Supervisor Behaviors，FSSB）的概念，并进一步提炼出家庭支持型主管行为的四个维度，开发了由 14 个题项组成的测量量表。马红宇等（2016）首次对家庭支持型主管行为的维度进行了首次翻译并被普遍采用，具体包括：情感性支持（Emotional Support），指主管关心员工，考虑员工的感受，当员工需要支持时，能够以一种让员工感到舒适的方式与他们交流；工具性支持（Instrumental Support），指主管在日常管理中提供针对性的支持资源和服务来帮助员工履行工作和家庭职责；角色榜样行为（Role Modeling Behaviors），指主管向员工展现出在协调、平衡工作—家庭关系方面的榜样行为；创新式工作—家庭管理（Creative Work-Family Management），指主管主动发起的对工作进行重组的行为（包括工作时间、地点、方式的重大改变），以帮助员工更有效地协调、处理工作和家庭之间的关系。需要特别强调的是，一般性的主管对家庭支持，仅包括单维度的情感性支持（宋一晓等，2016），家庭支持型主管行为是一个反映主管对员工工作—家庭关系支持的综合性概念，不仅涵盖情感性支持维度，还包括工具性支持、角色榜样行为、创新式工作—家庭管理维度。Hammer 等（2013）在 14 个题项中选取了最能代表 4 个维度的 4 个题项，进一步开发了家庭支持型主管行为的单维度量表。不论是四维度的构念，还是单维度的构念，Hammer 提出的家庭支持型主管行为维度和开发的家庭支持型主管行为量表均得到了学术界的普遍认同和广泛采用。

宋一晓等（2016）的综述性研究进一步表明，在中国情境下，家庭支持型主管行为很可能包含与现有划分不同的子维度，各维度之间的区分效度不一定很明显，Hammer 等（2009）提出的四维度家庭支持型主管行为构念不一定有效适用于中国情境。综合国内关于家庭支持型主管行为研究的文献，发现学者们也较多选择 Hammer 等（2013）提出的单维度家庭支持型主管行为构念。因此，本书选取单维度家庭支持型主管行为的构念，对家庭支持型主管行为影响员工幸福感的机制展开进一步研究。

（三）家庭支持型主管行为的关键词网络共现

本书在对外文和中文家庭支持型主管行为研究的关键词共现网络分析的基础上，通过逐一阅读、分析相关文献，归纳提出家庭支持型主管行为的结果变量研究现状。

Web of Science 中家庭支持型主管行为研究的关键词共现网络分析如图 2-8 所示。Web of Science 中有关家庭支持型主管行为的研究中，涉及共现次数靠前的结果变量关键词为：工作绩效（10 次）、工作满意度（9 次）、工作—家庭冲突（8 次）、行为（8 次）、工作投入（7 次）、健康（6 次）、压力（6 次）、承诺（4 次）、领导—成员交换（4 次）等。

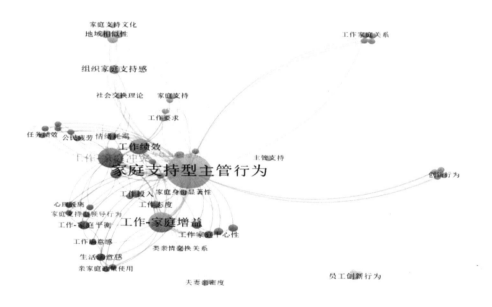

图 2-8　Web of Science 中家庭支持型主管行为研究的关键词共现网络分析

知网中家庭支持型主管行为研究的关键词共现网络分析如图 2-9 所示。知网中有关家庭支持型主管行为的研究中，涉及共现次数靠前的结果变量关键词为：工作—家庭增益（23 次）、工作—家庭冲突（22 次）、工作绩效（13 次）、工作满意度（5 次）、组织家庭支持感（5 次）、领导—成员交换关系（4 次）、工作—家庭平衡（4 次）等。

（四）家庭支持型主管行为的研究述评

家庭支持型主管行为是工作—家庭研究领域的重要议题（林忠等，2013），家庭支持型主管行为研究的兴起为拉近工作—家庭理论研究和管理实践之间的距离提供了全新的视角（马红宇等，2016）。研究表明，相较组织对工作—家

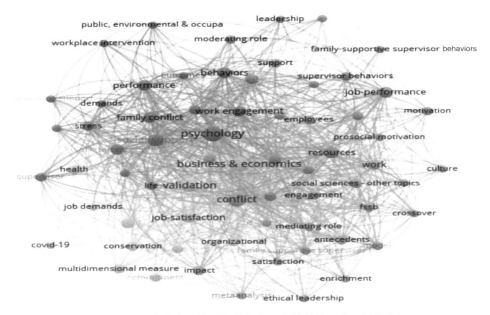

图 2-9　知网中家庭支持型主管行为研究的关键词共现网络分析

庭的一般性支持，主管对工作—家庭的支持作用更为显著（Hammer，2007），家庭支持型主管行为的概念由此提出。目前，学术界对家庭支持型主管行为的概念及维度基本达成一致，较多采用 Hammer 等（2009，2013）的观点，一定程度上表明 Hammer 提出的家庭支持型主管行为构念受到了学术界的普遍接受与采纳。

国内外学者已经就家庭支持型主管行为对结果变量的影响做了有益的探索，验证了家庭支持型主管行为对工作—家庭关系、工作行为和绩效、工作态度和动机、工作满意与健康、领导—成员关系等方面的部分结果变量具有积极的作用。但是，因家庭支持型主管行为的概念提出时间相对较短，文献总量明显偏少，整体研究仍处于起步阶段，特别是涉及家庭支持型主管行为对结果变量影响方面的研究还不够充分。因此，学术界有必要重视并进一步展开对家庭支持型主管行为的研究，特别是进一步加强对家庭支持型主管行为的结果变量及其影响机制的研究。

第二节　资源保存理论

章凯等（2018）提出，自我决定理论、资源保存理论、社会交换理论和情感事件理论，可以解释员工幸福感的形成机制。马红宇等（2016）提出，研究家庭支持型主管行为的作用效果可基于资源保存理论和社会交换理论两大视角展开。Crain 等（2018）通过文献综述发现，学者们在研究家庭支持型主管行为对结果变量的影响时，较多采用资源保存理论。参照上述学者的观点，结合研究目标与内容，本书选择资源保存理论（Conservation of Resources Theory, COR）作为研究假设提出和理论模型构建的理论基础。

一、资源保存理论的文献趋势

在外文 Web of Science 平台检索关键词"conservation of resources"，截至 2020 年，共计 439 篇相关文献，说明国外资源保存理论的研究较为热门。Hobfoll（1989）最早发表了资源保存理论的奠基性文章——*Conservation of resources：A new attempt at conceptualizing stress*（资源保存：定义压力的新尝试），首次提出并全面阐述了资源保存理论。此后，Grandey 等（1999）、Hobfoll（2001a）、Hobfoll 等（2001b）、Hobfoll（2011）、Halbesleben 等（2014）、Neveu 等（2018）发表了资源保存理论的关键性文章，进一步对资源保存理论进行了深化和拓展。自 2018 年以来，有关资源保存理论的年文献量增势明显，其中，2018 年 40 篇，2019 年 47 篇，2020 年 81 篇。Web of Science 中资源保存理论的文献趋势具体如图 2-10 所示。

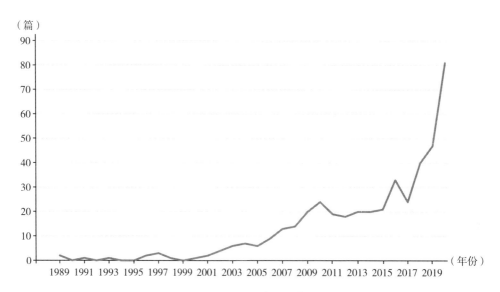

图 2-10　Web of Science 中资源保存理论的文献趋势

在中国知网（CNKI）平台搜索关键词"资源保存理论"，截至2020年，共有145篇中文文献。资源保存理论引入国内相对较晚，最早见于陈晶等（2009）对工作倦怠相关理论的综述性研究论文。近年来，随着曹霞等（2014）、马红宇等（2019）、张毛龙等（2019）、段锦云等（2020）等的综述性文章的发表，极大地推动了资源保存理论在我国的应用和发展。由具体分析可知，自2014年以来，有关资源保存理论的文献量明显增加，每年均在8篇以上。知网中资源保存理论的文献趋势具体如图2-11所示。

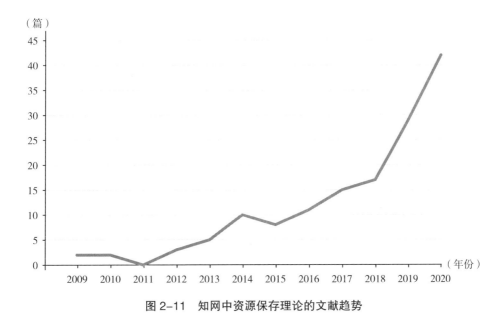

图 2-11　知网中资源保存理论的文献趋势

对比分析国内外关于资源保存理论的相关文献，发现近年来国内外学者对资源保存理论的研究均呈现快速增长的趋势，但相比国外，国内的文献数量明显偏少，表明国内学者仍需立足我国实际，进一步促进资源保存理论本土化应用和发展。

二、资源保存理论的基本内容

李超平、徐世勇（2019）作为主编，组织国内权威学者编写并出版了《管理与组织研究常用的60个理论》一书，其中，收录了马红宇等撰写的《资源保存理论》综述性文章。本书主要借鉴该文章翻译、总结的论点，对资源保存理论的基本内容进行阐述。

（一）"资源"内涵

Hobfoll（1989）最早将资源保存理论中的"资源"分为四种类型：一是物质资源，如车、房子等；二是条件资源，如婚姻、工作等；三是个人特质资源，如自信、乐观等；四是能量资源，如时间、金钱等。Halbesleben等（2014）从个体获取和保存资源的动机出发，将资源定义为"个体感知到有助于实现其目标的事物"，并将个体评价资源的方式分为两种路径：一种是普适性路径，即具有普适价值的资源，如健康、幸福等，对所有个体在任何时期都适用；另一种是特异性路径，即匹配个体当前需要的资源，仅对部分个体在特殊时期适用。

（二）前提假设

资源保存理论的基本假设是个体都有保护并获取资源的动机，一方面，个体会利用其拥有的关键资源来应对当前环境中的压力情境；另一方面，个体也会通过其现有资源储备积极获取新的资源去应对未来可能的压力情境（Hobfoll，1989）。

（三）基本原则

资源保存理论主要涉及5条原则，分别是：

原则1：损失优先原则，即相较资源的获取，资源的损失往往影响更快，持续时间更长。

原则2：资源投资原则，即为保护现有资源免受损失，个体必须不断地通过资源投资实现资源损失后的快速恢复并获取新的资源。

原则3：获得悖论原则，即当个体处于资源损失情境时，补充和增加资源会显得尤为必要。

原则4：资源绝境原则，即个体面临资源耗尽的绝境时，将会触发自我保护的防御机制，并可能表现出一些攻击性和非理性的行为。

原则5：资源车队和通道原则，即个体所拥有的各种资源并非独立存在，而是像路上一起行进的"车队"相互联系和影响，特别是多种资源相互交互时，在发挥作用时会产生先后次序。

（四）主要推论

资源保存理论主要涉及3条推论，分别是：

推论1：初始资源效应，即个体的资源储备越充足，其未来抵御资源损失的韧性就越强，遭受损失的可能就越小。

推论2：资源损失螺旋效应，即最初的资源损失会引发进一步的资源损失，且资源损失螺旋的发展速度会比较迅猛，消极影响也更加强烈。

推论3：资源获取螺旋效应，即最初的资源获取有益于进一步地获取资源，但资源获取螺旋效应的发展速度相对较慢，积极影响也较为温和。

三、资源保存理论的研究述评

资源保存理论最早源于压力的形成机制研究。经过多年的发展，资源保存理论已成为组织行为与人力资源管理研究领域的成熟理论，并被拓展应用于个体决策、领导行为、工作—家庭关系等相关议题的研究。截至目前，Hobfoll（1989）发表的资源保存理论奠基性文章已被引用超过 7200 次，表明资源保存理论已经被学术界普遍接受和广泛采纳。

已有综述性文献提出，资源保存理论作为理论基础，一方面，可以解释前因变量对员工幸福感的影响机制（章凯等，2018）；另一方面，可以解释家庭支持型主管行为对结果变量的影响机制（马红宇等，2016；Crain 等，2018）。本书基于资源保存理论的视角，视员工幸福感为"员工的幸福资源"，视家庭支持型主管行为为"员工获取幸福资源的资源"，坚持员工具有保护并获取幸福资源动机的假设，采用资源获取螺旋效应，结合资源车队和通道原则，进一步探讨家庭支持型主管行为对员工幸福感的影响机制。

第三章

理论模型

本章主要构建家庭支持型主管行为对员工幸福感影响的理论模型。理论模型包括家庭支持型主管行为对员工幸福感影响的主效应、中介机制、边界条件。资源保存理论作为组织行为与人力资源管理研究领域的经典理论，已经得到不断的验证与发展。但梳理文献发现，在资源保存理论的框架内，对家庭支持型主管行为与员工幸福感关系的研究相对偏少。本书将在资源保存理论的框架内，结合资源—获取—发展模型、工作需求—控制—支持模型、个体—环境匹配模型，选取具体的中介变量和调节变量，进一步分析家庭支持型主管行为对员工幸福感的影响机制，并构建理论模型。

第一节　家庭支持型主管行为对员工幸福感影响的主效应

因果关系的实证研究中，在确定研究的目标—因变量后，可选取的自变量众多，自变量与因变量间往往呈现"多因一果"的现象。选取何种自变量展开研究，本质在选择研究视角。根据主效应的研究结论，通过干预自变量可对因变量进行调整。以自变量对因变量的影响呈线性为例，当自变量对因变量正向影响时，则加强自变量，可提升因变量，或减弱自变量，可降低因变量；当自变量对因变量负向影响时，则加强自变量，可降低因变量，或削弱自变量，可提升因变量。

作为组织人力资源管理实践追求的重要目标，员工幸福感会受到哪些前因变量的显著影响？作为近年来工作—家庭关系研究领域兴起的重要概念，家庭支持型主管行为对哪些结果变量会产生显著影响？综合上述问题，本书提出首要问题：家庭支持型主管行为能否显著影响员工幸福感？即家庭支持型主管行为作为前因变量，能否有效预测员工幸福感？或即员工幸福感作为结果变量，能否受到家庭支持型主管行为的有效干预？

本书在梳理员工幸福感的前因变量、家庭支持型主管行为的结果变量、家庭支持型主管行为对员工幸福感的影响相关文献基础上，进一步基于资源保存理论的框架，探究家庭支持型主管行为对员工幸福感及其各维度影响的主效应。

一、员工幸福感的前因变量文献梳理

综合国外和国内对员工幸福感研究的关键词共现网络分析发现，影响员工幸福感的前因变量众多且复杂。陈绒伟等（2012）提出，员工幸福感受个人因素、工作特征因素、企业层面因素的影响，其形成受到牵引、阻力、调节 3 种机制影响。参照上述观点并做出适度扩展，在进一步对相关文献逐一阅读、分析的基础上，本书主要从个体因素、工作因素、领导因素、组织因素 4 个方面综述员工幸福感前因变量的研究现状，具体如图 3-1 所示。

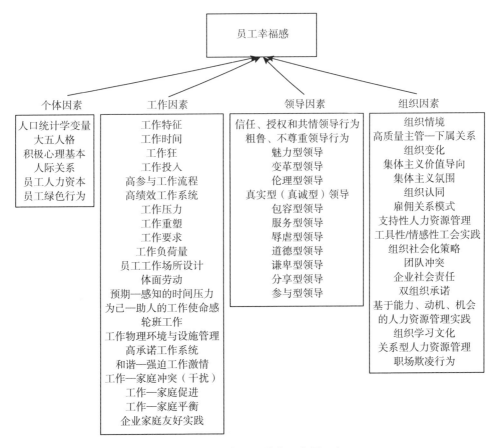

图 3-1 员工幸福感的前因变量研究

（一）个体因素

是否幸福及幸福程度因个体而异。研究表明，个体的性别（Siltaloppi 等，2009）、年龄（Lam 等，2001）、受教育程度（Nikolaev，2018）等人口统计学因素都与员工幸福感密切相关。大五人格的个体差异与员工幸福感关系也被学者关注，外向型人格、尽责型人格员工更易体验到幸福，而神经质型人格却相反（Barrick 等，1991；Rusting 等，1997）。Avey 等（2010）将积极心理资本分为希望、效能、弹性和乐观等维度，发现积极心理资本对员工心理幸福感产生正向溢出效应。孙烨棋（2019）研究发现，自我概念、自我效能在人际关系与员工幸福感之间有中介作用。Thierstein（2019）的元分析结论表明，正念作为一种人格特质，有助于减轻压力，提高员工幸福感。张广胜等（2021）研究发现，员工人力资本与主观幸福感间呈正相关关系，其中的健康人力资本作用更强，社会地位中介员工人力资本与主观幸福感的关系。Zhang 等（2021）研究发现，员工绿色行为对自尊有显著的正向影响，自尊可进而转化为员工幸福感。

综上所述，人口统计学变量、大五人格、积极心理基本、人际关系、员工人力资本、员工绿色行为等个体因素都是影响员工幸福感的前因变量。

（二）工作因素

工作是员工活动的主要场所和关注的重要内容，工作是影响员工幸福感的重要因素。Schaufeli（1998）研究发现，工作需求、工作自主性和工作场所社会支持等工作特征与员工幸福感的 3 个关键指标（工作满意度、工作相关焦虑和情绪衰竭）呈倒 U 形曲线关系。赵宜萱（2016）进一步研究发现，技能多样性、任务完整性、任务重要性、自主性和反馈等工作特征对新生代员工幸福感具有正向影响，心理需求满足起到中介作用。Shimazu 等（2009）分别检验了工作狂和工作投入对员工幸福感的影响，发现工作狂与员工幸福感负相关，工作投入与员工幸福感正相关。Schaufeli 等（2010）研究发现，工作狂、职业倦怠和敬业度作为三个独立的构念，分别显著影响员工幸福感。Peter 等（2014）研究发现，高参与工作流程有助于提高员工工作满意度并降低压力、衰竭和工作—生活冲突，但当员工感知工作时长增加、工作超载时，上述提升作用将转化为抑制作用。杜旌等（2014）研究发现，高绩效工作系统正向预测员工幸福感，自我效能在其中发挥中介作用。赵世豪（2020）研究发现，员工感知的高绩效工作系统与其幸福感呈显著的正相关，基本心理需求满足在其中起部分中介作用。陈霖霖（2014）研究发现，工作压力与主观幸福感之间存在负相关关系，工作—家庭冲突在其中起到完全中介的作用。Machteld 等（2015）研究发现，员工工作重塑行为可以通过改变工作要求、资源博弈而提升自身幸福感。Erin 等（2016）研究发现，非合规任务、工作特征、工作复杂度和工作控制权等因工作要求提升而使员工压力升高、工作满意度和积极情感降低等。宋一晓（2017）研究发现，工作负荷量正向影响情绪耗竭及离职倾向，且负向影响工作满意度，工作—家庭冲突在其中发挥中介作用。王笑天等（2017）研究发现，补充型与突破型工作时间通过即时影响自我控制能力和长期影响职业认同而对员工幸福感产生积极作用。Myerson 等（2017）研究发现，让员工参与工作场所的设计对他们的幸福感有积极影响。朱天姝（2020）修订了体面劳动量表，并验证了体面劳动正向影响员工幸福感。姚柱等（2020）研究发现，相较于"低预期—低感知"时间压力一致，在"高预期—高感知"时间压力一致的情况下，新生代员工的工作幸福感更高；预期时间压力与感知时间压力越一致，新生代员工的工作幸福感越高。姚柱等（2020）研究发现，在工作使命感一致的情况下，相较于"低为己—低助人"的情况，新生代员工的工作幸福感在"高为己—高助人"的情况下更高；在工作使命感不一致的情况下，相较于"高为己—低助人"的情况，新生代员工的工作幸福感在"低为己—高助人"的情况下更高。Mchugh 等（2020）研究发现，轮班工作对员工的整体幸福感有负面影响。Arampatzi 等（2020）研究发现，工作物理环境与设施管理与员工幸福感正向相关。Li 等（2020）研究发现，高承诺工作系统有助于提高员工的工作幸福感，心理赋权起到中介作用。马丽等（2021）研究发现，知识型员工和谐—强迫工作激情分别显著正向和负向影响工作幸福感，工作—家庭冲突在知识型员工和谐—强迫工作激情与工作幸福感关系之间均起到中介作用。刘文霞等（2021）研究发现，挑战性工作要求能够有效促进员工幸福感，阻碍性工作要求抑制了员工幸福感，情绪耗竭在双元工作要求与员工幸福感之间起到部分中介作用。后玉蓉等（2021）研究发现，工作重塑正向影响员工幸福感，人—岗匹配在工作重塑与员工幸福感之间起到了部分中介作用。

综上所述，工作特征、工作时间、工作狂、工作投入、高参与工作流程、高绩效工作系统、工作压力、工作重塑、工作要求、工作负荷量、员工工作场所设计、体面劳动、预期—感知的时间压力、为己—助人的工作使命感、轮班工作、工作物理环境与设施管理、高承诺工作系统、和谐—强迫工作激情等工作因素可显著预测员工幸福感。

此外，由工作衍生的工作—家庭关系，同样是影响员工幸福感的重要前因变量。Major 等（2000）研究发现，工作—家庭干扰与员工幸福感呈显著负相关。Grawitch 等（2006）通过文献综述发现，工作—生活平衡作为组织健康工作场所的实践，是影响员工幸福感和组织发展的首要因素。邓宝文（2013）研究发现，企业员工工作—家庭冲突和主观幸福感存在负相关关系，组织支持感负向调节二者的关系。严标宾等（2014）研究发现，工作—家庭促进正向影响职业女性主观幸福感。严标宾等（2020）研究发现，企业家庭友好实践与员工的主观幸福感显著正相关，心理契约、组织认同在其中起到了链式中介的作用。

综上所述，工作—家庭冲突（干扰）、工作—家庭促进、工作—家庭平衡、企业家庭友好实践等由工作衍生的工作—家庭关系因素将显著影响员工幸福感。

（三）领导因素

不同的领导风格会对员工幸福感产生不同的影响。Einarsen 等（2007）研究发现，信任、授权和共情等领导行为有助于提升员工幸福感，而粗鲁、不尊重等领导行为会降低员工幸福感。Rowold 等（2007）研究发现，魅力型领导有助于提升员工工作满意度（主观幸福感的维度）。Liu 等（2020）将员工幸福感分为工作满意度和感知工作压力、压力症状，研究发现，员工对领导的信任和自我效能感在变革型领导与工作满意度之间起部分中介作用，在变革型领导与感知工作压力和压力症状之间起完全中介作用。Chughtai 等（2015）研究发现，伦理型领导通过提升员工信任感而增强工作融入并减缓情感衰竭。郑晓明等（2016）发现，伦理型领导正向影响员工幸福感，而且员工幸福感中介伦理型领导与员工助人行为的关系。宋萌等（2015）研究发现，真实型领导对员工幸福感的提升具有显著效应。姜荣萍等（2021）进一步研究发现，自我效能感与工作和家庭真实性在真实型领导与员工幸福感的关系中起链式中介作用。唐春勇等（2018）研究发现，包容型领导对员工幸福感产生正向影响，目标接纳在其中发挥中介作用。孙艳（2019）研究发现，服务型领导正向影响员工幸福感，领导—成员交换在其中发挥中介作用。张荣凤（2019）研究发现，辱虐型管理对下属幸福感具有显著负向影响作用，且员工挫折感在二者之间起到中介作用。Hendriks 等（2020）研究发现，道德型领导正向影响员工幸福感，员工对领导的信任程度起到中介作用。Luu（2020）研究发现，谦卑型领导通过工作塑造的中介机制，增进公共部门员工幸福感。龙立荣等（2021）研究发现，内部人身份认知部分中介分享型领导与员工工作幸福感的关系。彭坚等（2021）研究发现，参与型领导既能增强员工的组织自尊进而提升员工工作幸福感，又会加重员工的工作负荷进而降低员工工作幸福感。

综上所述，信任、授权和共情领导行为、粗鲁和不尊重领导行为、魅力型领导、变革型领导、伦理型领导、真实型（真诚型）领导、包容型领导、服务型领导、辱虐型领导、道德型领导、谦卑型领导、分享型领导、参与型领导等领导因素对员工幸福感将产生显著的影响。

（四）组织因素

组织是员工活动的重要场所，对员工幸福感也会产生直接影响。Jonge 等（2000）研究发现，在高努力、低回报的组织情境下，员工幸福感最低。Vianen

等（2011）研究发现，主管对组织资源和权利分配具有决定权，高质量主管—下属关系有助于提高下属幸福感。Greubel 等（2011）认为，组织规模的缩减、任务分配的变更等组织变化会通过增加员工压力、降低员工睡眠质量而负向影响员工幸福感。李燕萍等（2014）基于中国情景的研究发现，员工幸福感是个体层面集体主义价值导向和组织层面集体主义氛围的综合作用结果，且组织层面集体主义氛围能够调节个体层面集体主义价值导向与员工幸福感的关系。Steffens 等（2016）研究发现，组织认同与员工幸福感正相关，而 Avanzi 等（2020）研究结论有所不同，发现组织认同与员工幸福感呈现倒 U 形关系。席猛（2017）研究发现，在高组织提供诱因与高期望员工贡献的相互投资型雇佣关系模式下，员工整体生活满意度最高，消极情感最低，即员工主观幸福感最强。陈建安等（2018）研究发现，支持性人力资源管理通过组织主人翁氛围的部分中介影响集体工作幸福感，通过组织认同和自我效能感的完全中介影响个体工作幸福感。张戌凡等（2019）研究发现，工具性／情感性工会实践能够通过缓解劳资冲突提高员工工作幸福感。王鹏杰（2019）研究发现，组织社会化策略各维度对新员工工作幸福感有显著正向影响，工作胜任与人际关系社会化起中介作用。Kuriakose 等（2019）研究发现，团队互动和任务分配、执行中的过程冲突与员工幸福感呈负相关，负面情绪在过程冲突与员工幸福感的关系间起中介作用。朱月乔等（2020）研究发现，CSR（企业社会责任）对员工幸福感有显著的正向影响，并被 CSR 利他归因中介。徐向荣等（2020）研究发现，双组织承诺能够正向影响员工幸福感，基本心理需要满足部分中介双组织承诺对员工幸福感的影响。Zhang（2020）研究发现，基于能力、动机、机会的人力资源管理实践分别对工作幸福感、生活幸福感和心理幸福感产生显著的正向影响。Bishop（2020）研究发现，组织学习文化与员工幸福感正相关。Li 等（2020）的研究表明，关系型人力资源管理负向影响员工幸福感。Hayat 等（2020）研究发现，组织中的职场欺凌行为通过增加员工倦怠感导致员工幸福感下降。

综上所述，组织情境、高质量主管—下属关系、组织变化、集体主义价值导向、集体主义氛围、组织认同、雇佣关系模式、支持性人力资源管理、工具性情感性工会实践、组织社会化策略、团队冲突、企业社会责任、双组织承诺、基于能力、动机、机会的人力资源管理实践、组织学习文化、关系型人力资源管理、职场欺凌行为等组织因素同样是预测员工幸福感的重要前因变量。

二、家庭支持型主管行为的结果变量文献梳理

综合国外和国内对家庭支持型主管行为研究的关键词共现网络分析发现，学者们在研究家庭支持型主管行为时，主要选择工作—家庭关系、工作行为与

绩效、工作态度与动机、工作满意与健康、领导—成员关系五个方面的结果变量。进一步逐一对研究文献阅读、分析发现，家庭支持型主管行为的结果变量研究现状具体如图 3-2 所示。

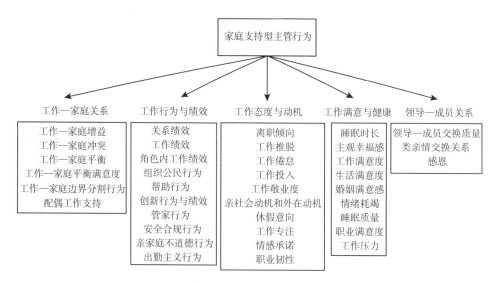

图 3-2　家庭支持型主管行为的结果变量研究

（一）工作—家庭关系为结果变量

家庭支持型主管行为概念提出的初衷主要是通过主管对家庭的支持来平衡员工工作—家庭关系。因此，众多研究已经证实，家庭支持型主管行为对员工工作—家庭关系的积极溢出效应。Hammer 等（2009，2013）先后采用家庭支持型主管行为四维度量表和单维度量表，最早验证了家庭支持型主管行为正向影响工作增益家庭和家庭增益工作，负向影响工作冲突家庭和家庭冲突工作。Greenhaus 等（2012）发现，家庭支持型主管行为通过降低工作冲突家庭和家庭冲突工作，正向影响工作—家庭平衡。Heras 等（2015）发现，家庭支持型主管行为通过增强组织支持感正向影响员工工作—家庭平衡满意度。孟德芳（2015）研究发现，技能资源和视野资源在家庭支持型主管行为与工作—家庭增益之间均具有部分中介作用。Anna 等（2015）研究发现，家庭支持型主管行为正向影响工作—家庭边界分割员工偏好。Straub 等（2017）研究发现，家庭支持型主管行为通过工作投入正向影响工作—家庭增益。Russo 等（2018）研究发现，家庭支持型主管行为通过工作—家庭增益正向影响员工工作繁荣，且这种间接关系对那些认为被需要关爱的人更明显。Choi 等（2018）研究发现，工作—家庭平衡满意度在家庭支持型主管行为对情感组织承诺和主管导向型组织公民行为的影响中起中介作用。周殷（2017）、付优等（2019）研究发现，家庭支持型主管行为通过工作—家庭增益显著正向预测配偶工作支持。

综上所述，家庭支持型主管行为对工作—家庭增益、工作—家庭冲突、工作—家庭平衡、工作—家庭平衡满意度、工作—家庭边界分割行为、配偶工作支持等工作—家庭关系变量具有显著影响。

（二）工作行为与绩效为结果变量

众多研究表明，家庭支持型主管行为对员工工作行为与绩效具有积极作用。Aryee 等（2013）发现，家庭支持型主管行为通过组织自尊和工作时间控制负向影响员工工作退缩行为，正向影响员工关系绩效。Bagger 等（2014）研究发现，家庭支持型主管行为正向影响员工组织公民行为与工作绩效，与主管交换质量发挥中介作用、家庭友好型福利发挥调节作用。Rofcanin（2016）发现，家庭支持型主管行为通过促进工作投入，进而正向影响员工工作绩效，而庄翘瑞（2019）、曹凤超（2020）发现，工作增益家庭和家庭增益工作中介家庭支持型主管行为与员工工作绩效的关系。栾绍娇（2020）研究发现，领导—成员交换和工作—家庭增益在家庭支持型主管行为与员工工作绩效之间起并行多重中介作用。Choi 等（2018）发现，家庭支持型主管行为通过工作—家庭平衡满意度影响员工情感承诺和组织公民行为。苏菲（2017）发现，家庭支持型主管行为能显著预测员工的出勤主义行为，主管忠诚是家庭支持型主管行为与员工出勤主义行为之间的中介变量。Rofcanin 等（2018）研究发现，家庭支持型主管行为与角色内工作绩效和感知可晋升性之间存在直接的正相关关系。Pan（2018）研究发现，家庭支持型主管行为与下属对上司的组织公民行为呈正相关，与下属的工作退缩行为呈负相关。王三银等（2018）研究发现，家庭支持型主管行为对员工帮助行为具有积极影响，并且这种积极的影响通过类亲情交换关系的完全中介作用实现。袁凌等（2019）研究发现，家庭支持型主管行为正向影响员工创新行为，工作繁荣完全中介二者之间的关系。王三银等（2019）研究发现，家庭支持型领导可以通过组织自尊与内部人身份感知对员工创新行为产生积极影响，且该中介作用包含了 3 条路径——组织自尊单独的中介作用，内部人身份感知单独的中介作用，以及组织自尊、内部人身份感知的链式中介作用。吴柳（2019）研究发现，情感信任与认知信任在家庭支持型主管行为与员工工作绩效之间发挥中介作用。王艳子等（2020）研究发现，家庭支持型主管行为对员工管家行为产生积极影响，内部人身份认知在其中起到中介作用，积极情绪氛围对内部人身份认知的中介效应具有强化作用。陈晓暾等（2020）研究发现，工作增益家庭与家庭增益工作均在家庭支持型主管行为与女性知识型员工工作绩效之间起部分中介作用。Depasquale 等（2020）研发现，家庭支持型主管行为与员工的安全合规、组织公民行为等工作绩效直接呈正相关。王智宁等（2020）研究发现，家庭支持型主管行为对组织心理所有权、员工创新行为具有显著的跨层次正向影响，组织心理所有权在家庭支持型主管行为与员工创新行为之间发挥跨层次中介作用。Cheng 等（2021）研究发现，家庭支持型主管行为通过义务感的中介作用抑制员工亲家庭不道德行为，员工的积极互惠信念强化了二者关系。陈晓暾等（2020）研究发现，心理安全感和工作生活质量在家庭支持型主管行为和女性员工创新绩效关系中起单独中介作用及链式中介作用。

综上所述，家庭支持型主管行为将显著影响关系绩效、工作绩效、角色内工作绩效、组织公民行为、帮助行为、创新行为与绩效、管家行为、安全合规行为、亲家庭不道德行为、出勤主义行为等工作行为与绩效变量。

（三）工作态度与动机为结果变量

家庭支持型主管行为同样对员工工作态度与动机具有显著的影响。Anna 等（2015）研究发现，家庭支持型主管行为正向影响员工工作—家庭边界分割行为，负向影响员工推脱行为及工作倦怠。Hill 等（2016）研究发现，家庭支持型主管行为通过组织家庭支持感和工作冲突家庭负向影响员工离职倾向，Han 等（2020）进一步研究发现，工作—家庭冲突、组织工作—家庭氛围在家庭支持型主管行为与员工离职倾向之间起中介作用。章雷钢等（2016）研究发现，工作—家庭增益在家庭支持型主管行为与护士职业韧性间发挥中介作用。姜海（2016）研究表明，家庭支持型主管行为可以提升主管—员工的交换关系，进而促进员工的工作投入。青国霞（2017）研究发现，家庭支持型主管行为显著正向影响员工工作敬业度，双向工作—家庭增益和感恩图报在家庭支持型主管行为与员工工作敬业度之间发挥部分中介作用。Maria 等（2018）研究发现，家庭支持型主管行为正向影响员工工作中的亲社会动机和外在动机。Altmann 等（2018）基于计划行为理论，检验了态度、主观规范和感知行为控制在家庭支持型主管行为与休假意向之间的中介作用。聂琦等（2018）研究发现，工作满意度、工作干扰家庭对家庭支持型主管行为与离职倾向的关系起到多重中介作用。Shi 等（2019）构建了一个有调节的中介模型，发现家庭支持型主管行为通过对上级的忠诚正向预测员工的工作投入，管理者的家庭支持型主管行为是由其内部动机而非组织期望驱动。Lu 等（2019）以领导—成员交换质量为中介变量，边界控制感知为调节变量，研究了家庭支持型主管行为与工作投入的关系。吴柳（2019）研究发现，情感信任与认知信任在家庭支持型主管行为与工作满意感之间发挥中介作用。Xu 等（2020）研究发现，家庭支持型主管行为正向预测员工工作专注。付竞瑶等（2020）研究发现，工作—家庭促进在家庭支持型主管行为影响女性知识型员工情感承诺的过程中起中介作用。吴遐等（2020）研究发现，家庭支持型主管行为通过提升员工的内部人身份感知促进个体的工作对家庭增益水平，进而激发员工的工作投入。Zhang 等（2020）研究发现，职业使命在家庭支持型主管行为与护士离职倾向之间起部分中介作用。Qing 等（2021）发现，员工感恩部分地中介了家庭支持型主管行为和工作投入之间的正向关系，权力距离取向负向调节了家庭支持型主管行为对员工感恩的直接作用，以及对工作投入的中介作用。

综上所述，家庭支持型主管行为是离职倾向、工作推脱、工作倦怠、工作投入、工作敬业度、亲社会动机和外在动机、休假意向、工作专注、情感承诺、职业韧性等工作态度与动机变量的前因变量。

（四）工作满意与健康为结果变量

工作满意与健康是家庭支持型主管行为积极溢出效应的另一个重要研究领域。Berkman 等（2010，2015）发现，家庭支持型主管行为正向影响员工睡眠时长。Matthews 等（2014）验证了家庭支持型主管行为与员工主观幸福感之间的正相关关系，工作投入在二者之间发挥部分中介作用。Bagger 等（2014）研究发现，家庭支持型主管行为通过领导—成员交换质量正向影响员工工作满意度，负向影响员工离职倾向。姜海等（2015）、舒骋（2016）研究发现，工作—家庭增益在家庭支持型主管行为与工作满意度之间起着中介作用，而聂琦等（2018）发现，工作干扰家庭、家庭干扰工作在家庭支持型主管行为与工作满意度之间起中介作用。Han 等（2020）研究发现，组织工作—家庭氛围在家庭支持型主管行为与工作满意度之间起中介作用。Yucel 等（2017）发现，家庭支持型主管行为通过降低工作—家庭冲突与心理障碍正向影响员工生活满意度。谢菊兰等（2017）研究表明，家庭支持型主管行为正向影响双职工夫妻的婚姻满意感，工作—家庭增益、配偶支持发挥链式中介作用。宋一晓等（2019）研究发现，家庭支持型主管行为能够负向影响情绪耗竭、正向影响工作满意度，工作—家庭冲突在其中发挥部分中介作用。李晶等（2020）进一步研究发现，工作—家庭增益、压力知觉在家庭支持型主管行为与员工睡眠质量之间发挥中介作用，而睡眠健康与员工幸福感密切相关。Chen 等（2020）研究发现，工作意义感和职业认同在家庭支持型主管行为与职业满意度之间起中介作用。Shi 等（2020）研究发现，工作—自我促进在家庭幸福感与生活满意度之间起中介作用，代际差异通过工作—自我促进调节了家庭支持型主管行为对生活满意度的间接影响。Liu 等（2020）针对中国公务员群体的研究发现，下属积极情绪在家庭支持型主管行为与工作压力的关系中起中介作用。

综上所述，家庭支持型主管行为可显著预测员工睡眠时长、主观幸福感、工作满意度、生活满意度、婚姻满意感、情绪耗竭、睡眠质量、职业满意度、工作压力等工作满意与健康。

（五）领导—成员关系为结果变量

家庭支持型主管行为可改进领导—成员关系已得到部分学者验证，因学者们较多选取领导—成员关系方面的变量为中介变量，对家庭支持型主管行为影响领导—成员关系方面变量的机制有待进一步研究。Bagger 等（2014）研究发现，家庭支持型主管行为正向影响员工与主管交换质量，家庭友好型福利在其中发挥调节作用。Walsh 等（2019）研究发现，缺乏家庭支持型主管行为时，主管将受到员工排斥，其主观幸福感也将降低。王三银等（2018）研究发现，家庭支持型主管行为正向影响类亲情交换关系。Qing 等（2021）研究发现，家庭支持型主管行为对员工感恩具有直接作用。

综上所述，家庭支持型主管行为对领导—成员交换质量、类亲情交换关系、感恩等领导—成员关系变量具有显著的影响。

三、家庭支持型主管行为对员工幸福感直接影响的文献梳理

已有关于家庭支持型主管行为与员工幸福感关系研究的文献主要有：Straub（2012）提出了家庭支持型主管行为的研究框架，确定了家庭支持型主管行为的前因变量以及员工和团队层面的结果变量，其中，员工层面的结果变量包括员工幸福感；Matthews 等（2014）将员工主观幸福感分为积极情绪、消极情绪和生活满意度 3 个维度，并验证了家庭支持型主管行为与员工主观幸福感之间存在正相关的关系；宋一晓等（2019）将员工主观幸福感分为情绪耗竭、工作满意度，并验证了家庭支持型主管行为与员工主观幸福感之间呈正相关关系。

总结上述文献发现，前人在研究家庭支持型主管行为与员工幸福感关系时，对自变量家庭支持型主管行为的界定能够保持一致，对因变量员工幸福感的界定较多选取员工主观幸福感变量或员工情绪、员工满意度等员工主观幸福感的相关变量，较少选取员工心理幸福感变量或员工整合幸福感变量，分析原因可能与员工幸福感的研究视角较多且未达成有效统一有关。因此，家庭支持型主管行为能否显著提升员工心理幸福感及员工整合幸福感，有待展开进一步研究。本书基于 Zheng（2015）提出的包括员工生活幸福感、员工工作幸福感、员工心理幸福感在内的员工整合幸福感构念，进一步探究家庭支持型主管行为与员工幸福感及其各维度的关系。

四、家庭支持型主管行为对员工幸福感的主效应模型

梳理相关文献发现，近年来关于员工幸福感的前因变量与家庭支持型主管

行为的结果变量研究已具备一定的规模，且呈逐步增长趋势，为本书的研究奠定了良好的基础。但是，家庭支持型主管行为与员工幸福感关系的研究文献相对较少，仅涉及 3 篇文献，且较多选取员工主观幸福感作为结果变量，表明家庭支持型主管行为影响员工幸福感的主效应还有待进一步探究。

本书研究的因变量是员工幸福感，采用 Zheng 等（2015）提出的员工生活幸福感、员工工作幸福感、员工心理幸福感三维度构念衡量员工幸福感变量的结构维度。本书选择的自变量是家庭支持型主管行为，采用 Hammer（2013）提出的单维度构念衡量家庭支持型主管行为变量的结构维度。

基于此，本书首先提出问题：家庭支持型主管行为能否显著提升员工幸福感及其各维度？旨在基于家庭支持型主管行为视角，揭示员工幸福感的直接提升路径，即家庭支持型主管行为对员工幸福感及其各维度的直接作用路径，也为进一步探究家庭支持型主管行为对员工幸福感影响的中介机制和边界条件提供了基本前提。

根据资源保存理论，本书将员工幸福感视为"幸福资源"，家庭支持型主管行为视为"工作—家庭支持资源"，采用资源保存理论的资源获取螺旋效应，员工获取的"工作—家庭支持资源"将促进其获取更多的工作、生活、心理幸福资源，即家庭支持型主管行为能够显著提升员工幸福感及其各维度。

如图 3-3 所示，本书构建了家庭支持型主管行为对员工幸福感影响的主效应模型。基于该模型，本书提出研究假设：家庭支持型主管行为正向影响员工幸福感及其各维度。研究假设的推理具体见第四章中"家庭支持型主管行为对员工幸福感及其各维度影响的主效应假设"。

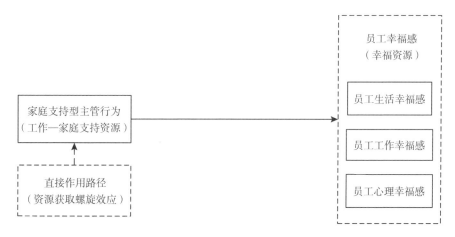

图 3-3　主效应模型

第二节 家庭支持型主管行为对员工幸福感影响的中介机制

中介机制的研究旨在揭示自变量对因变量影响的过程机制，通过干预中介变量，可改变自变量对因变量影响的主效应强度。以自变量对因变量的影响及自变量对中介变量的影响均呈线性为例，当自变量对因变量的影响为正时，若自变量对中介变量的影响为正，则加强中介变量，可提升自变量对因变量影响的主效应，若自变量对中介变量的影响为负，则削弱中介变量，可降低自变量对因变量影响的主效应；当自变量对因变量的影响为负时，若自变量对中介变量的影响为正，则加强中介变量，可削弱自变量对因变量影响的主效应，若自变量对中介变量的影响为负，则削弱中介变量，可加强自变量对因变量影响的主效应。

在分析家庭支持型主管行为对员工幸福感影响的主效应基础上，本书进一步提出问题：家庭支持型主管行为对员工幸福感影响的中介机制是什么？即家庭支持型主管行为通过什么变量影响员工幸福感，本质是选取中介变量揭示家庭支持型主管行为对员工幸福感影响的中介机制。在进一步引入中介变量后，当家庭支持型主管行为对中介变量的影响为正时，通过加强中介变量可提升家庭支持型主管行为对员工幸福感及其各维度影响的主效应；当家庭支持型主管行为对中介变量的影响为负时，通过削弱中介变量可提升家庭支持型主管行为对员工幸福感及其各维度影响的主效应。

本书在梳理家庭支持型主管行为对员工幸福感影响的中介机制相关文献的基础上，进一步基于资源保存理论的框架，结合资源—获取—发展模型，具体选取工作增益家庭、家庭增益工作变量，探究家庭支持型主管行为对员工幸福感影响的中介机制。

一、家庭支持型主管行为对员工幸福感影响的中介机制文献梳理

家庭支持型主管行为对员工幸福感影响的中介机制文献主要有两篇：Matthews 等（2014）首次验证了家庭支持型主管行为与员工主观幸福感之间的正相关关系，工作投入在二者之间发挥部分中介作用；宋一晓等（2019）研究发现，工作—家庭冲突中介家庭支持型主管行为与员工主观幸福感的关系。

总结发现，家庭支持型主管行为对员工幸福感影响的中介机制研究均为近年来的文献，分析原因可能是家庭支持型主管行为的提出时间较短。学者们已经发现了家庭支持型主管行为对员工幸福感的积极作用，部分揭示了其中的中

介机制。但是，现有文献数量总体相对偏少，仅有学习投入、工作—家庭冲突两个中介变量被发现在家庭支持型主管行为与员工主观幸福感之间起到部分中介作用，是否存在其他中介变量，能够在家庭支持型主管行为与员工幸福感之间，特别是家庭支持型主管行为与员工心理幸福感及员工整合幸福感之间发挥中介效应，有待进一步展开研究。

二、家庭支持型主管行为对员工幸福感影响的中介机制模型

（一）工作增益家庭和家庭增益工作对家庭支持型主管行为与员工幸福感及其各维度关系的单步双重中介路径

工作—家庭增益（Work-Family Enrichment，WFE），又称"工作—家庭促进、工作—家庭丰富"等，与工作—家庭冲突相对应，即工作—家庭之间的关系不仅有相互冲突的一面，也存在相互增益的一面（周路路等，2009）。根据工作—家庭增益的主体和方向，又可以具体分为工作增益家庭和家庭增益工作两个维度（Greenhaus，2006）。

Wayne 等（2007）综合资源保存理论、积极心理学和生态系统学的观点，提出了资源—获取—发展模型（Resource-Gain-Developmen，RGD），用于解释工作—家庭增益在自变量与因变量之间发挥的中介效应。本书将 RGD 模型拓展应用于家庭支持型主管行为、工作—家庭增益（包括工作增益家庭和家庭增益工作）与员工幸福感三者的关系之间，将家庭支持型主管行为视为"工作—家庭支持资源"，将工作增益家庭与家庭增益工作视为"工作—家庭相互增益的资源"，是员工对工作—家庭支持资源获取的结果，将幸福感视为"幸福资源"，是员工对工作—家庭增益发展的结果。

本书首先提出问题：工作增益家庭和家庭增益工作能否在家庭支持型主管行为与员工幸福感及其各维度之间发挥单步双重中介效应？旨在基于工作增益家庭和家庭增益工作视角，分别揭示家庭支持型主管行为对员工幸福感及其各维度影响的中介路径。本书认为，基于资源保存理论两阶段的资源获取螺旋效应，在第一阶段，家庭支持型主管行为与工作增益家庭、家庭增益工作之间存在资源获取螺旋效应；在第二阶段，工作增益家庭、家庭增益工作与员工幸福感及其各维度之间也存在资源获取螺旋效应，即家庭支持型主管行为分别通过工作增益家庭、家庭增益工作正向影响员工幸福感及其各维度。

（二）工作增益家庭和家庭增益工作对家庭支持型主管行为与员工幸福感及其各维度关系的链式双重中介路径

在分析工作增益家庭、家庭增益工作对家庭支持型主管行为与员工幸福感及其各维度关系单步双重中介效应的基础上，本书进一步提出问题：工作增益

家庭、家庭增益工作能否链式双重中介家庭支持型主管行为与员工幸福感及其各维度关系？链式双重中介的先后路径是什么？旨在基于工作增益家庭、家庭增益工作视角，揭示家庭支持型主管行为对员工幸福感及其各维度影响的链式中介路径。本书认为，基于资源保存理论三阶段的资源获取螺旋效应：在第一阶段，家庭支持型主管行为与工作增益家庭之间存在资源获取螺旋效应；在第二阶段，工作增益家庭与家庭增益工作之间存在资源获取螺旋效应；在第三阶段，家庭增益工作与员工幸福感及其各维度之间也存在资源获取螺旋效应，即家庭支持型主管行为依次通过工作增益家庭、家庭增益工作正向影响员工幸福感及其各维度。

　　如图 3-4 所示，本书构建了家庭支持型主管行为对员工幸福感影响的中介机制模型。基于该模型，本书提出研究假设：工作增益家庭和家庭增益工作分别在家庭支持型主管行为与员工幸福感及其各维度之间发挥单步双重中介效应；工作增益家庭和家庭增益工作在家庭支持型主管行为与员工幸福感及其各维度之间发挥链式双重中介效应。研究假设的推理具体见第四章"工作增益家庭与家庭增益工作对家庭支持型主管行为与员工幸福感及其各维度关系的双重中介效应假设"。

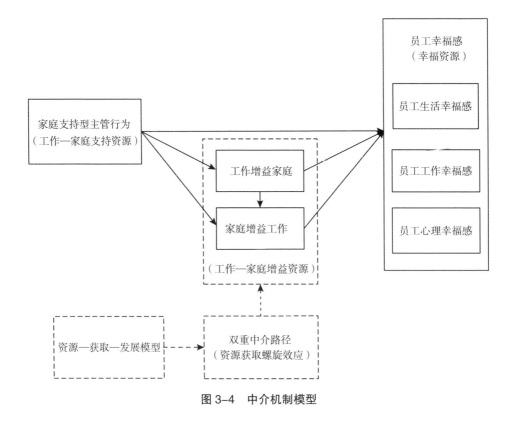

图 3-4　中介机制模型

第三节 家庭支持型主管行为对员工幸福感影响的边界条件

边界条件的研究旨在揭示调节变量对自变量与因变量关系的调节效应。通过干预调节变量，可调整自变量对因变量影响的主效应强度或方向。以自变量对因变量的影响及调节变量对自变量与因变量关系的影响均呈线性为例，当自变量对因变量的影响为正时，若调节变量对自变量与因变量的关系正向调节，则加强调节变量，可提升自变量对因变量影响的主效应，若调节变量对自变量与因变量的关系负向调节，则加强调节变量，可削弱自变量对因变量影响的主效应；当自变量对因变量的影响为负时，若调节变量对自变量与因变量的关系正向调节，则加强调节变量，可降低自变量对因变量影响的主效应，若调节变量对自变量与因变量的关系负向调节，则削弱调节变量，可加强自变量对因变量影响的主效应。

在前文分析家庭支持型主管行为对员工幸福感影响的主效应基础上，本书进一步提出问题：家庭支持型主管行为对员工幸福感及其各维度影响的边界条件是什么？即在调节变量的作用下，家庭支持型主管行为对员工幸福感及其各维度的影响效果将发生何种变化？本质是选取调节变量揭示家庭支持型主管行为对员工幸福感影响的边界条件。在进一步引入调节变量后，当调节变量对家庭支持型主管行为与员工幸福感及其各维度关系正向调节时，通过加强调节变量可提升家庭支持型主管行为对员工幸福感及其各维度影响的主效应；当调节变量对家庭支持型主管行为与员工幸福感及其各维度关系负向调节时，通过削弱调节变量可提升家庭支持型主管行为对员工幸福感及其各维度影响的主效应。

本书在梳理家庭支持型主管行为对员工幸福感影响的边界条件相关文献的基础上，进一步基于资源保存理论的框架，结合个体—环境匹配模型，具体选取工作—家庭边界分割组织供给与工作—家庭边界分割员工偏好、正念、工作专注变量，探究家庭支持型主管行为对员工幸福感影响的边界条件。

一、家庭支持型主管行为对员工幸福感影响的边界条件文献梳理

梳理文献发现，因直接研究家庭支持型主管行为与员工幸福感关系的文献相对较少，涉及进一步通过实证方法探究家庭支持型主管行为对员工幸福感影

响的边界条件文献存在一定程度的缺失。已有综述性文献一定程度上为研究家庭支持型主管行为对结果变量影响的边界条件提供了参考。

马红宇等（2016）关于家庭支持型主管行为的研究综述提出，学者们在研究家庭支持型主管行为与结果变量的关系时，不仅要从组织和家庭供给的角度出发，还要考虑员工对家庭支持型主管行为的需求水平和个人特质等因素。本书借鉴上述思路，基于资源保存理论，进一步将家庭支持型主管行为对员工幸福感影响的边界条件在两方面做出探讨。一方面，同时选取工作—家庭边界分割组织供给（供给视角）与工作—家庭边界分割员工偏好（需求视角）作为调节变量，揭示二者同时发挥调节作用的情形下，家庭支持型主管行为对员工幸福感及其各维度影响效果的变化，即工作—家庭边界分割组织供给与工作—家庭边界分割员工偏好对家庭支持型主管行为与员工幸福感及其各维度的双重调节效应。另一方面，选取正念这一个人特质作为调节变量，揭示正念对家庭支持型主管行为与员工幸福感及其各维度的调节效应，工作专注对正念在家庭支持型主管行为对员工幸福感及其各维度之间发挥调节作用的中介机制，正念对工作增益家庭、家庭增益工作分别在家庭支持型主管行为与员工幸福感及其各维度关系之间发挥中介作用的调节机制。

二、家庭支持型主管行为对员工幸福感影响的边界条件模型

本书在资源保存理论的框架内，结合工作需求—控制—支持模型、个体—环境匹配模型和资源—获取—发展模型，进一步提出如下两条家庭支持型主管行为对员工幸福感及其各维度影响的调节路径。

（一）调节路径一：基于工作需求—控制—支持模型的工作—家庭边界分割组织供给、工作—家庭边界分割员工偏好的双重调节路径

Johnson 等（1988）提出了工作需求—控制—支持模型（Job Demand-Control-Support，JDCS），用于研究工作场所压力的干预机制。本书进一步将JDCS模型拓展应用于工作—家庭领域，提出工作—家庭需求—控制—支持模型，进而基于工作—家庭关系视角，较为系统地解释员工幸福感的形成机制。具体而言，选取工作—家庭边界分割组织供给变量作为工作—家庭控制维度，选取工作—家庭边界分割员工偏好变量作为工作—家庭需求维度，选取家庭支持型主管行为作为工作—家庭支持变量维度，分别将三者转化为工作—家庭控制资源、工作—家庭需求资源、工作—家庭支持资源。

本书提出如下问题：工作—家庭边界分割组织供给、工作—家庭边界分割员工偏好能否在家庭支持型主管行为与员工幸福感及其各维度之间发挥双重中介效应？旨在基于工作—家庭边界分割组织供给、工作—家庭边界分割员工偏

好，揭示家庭支持型主管行为对员工幸福感及其各维度影响的边界条件。本书认为，基于资源保存理论资源排队与通道原则下的资源获取螺旋效应，在低工作—家庭边界分割员工偏好、高工作—家庭边界分割组织供给、高家庭支持型主管行为的情形下，员工获取的幸福资源最多，即工作—家庭边界分割组织供给正向调节家庭支持型主管行为与员工幸福感及其各维度关系的同时，工作—家庭边界分割员工偏好负向调节家庭支持型主管行为与员工幸福感及其各维度关系。据此，本书提出研究假设：在高工作—家庭边界分割组织供给、低工作—家庭边界分割员工偏好的边界条件下，家庭支持型主管行为对员工幸福感的影响效果最大。该部分研究假设的分析具体见第四章"工作—家庭边界分割组织供给与工作—家庭边界分割员工偏好对家庭支持型主管行为与员工幸福感及其各维度关系的双重调节效应假设"。

（二）调节路径二：基于个体—环境匹配模型的正念的调节路径

1. 正念对家庭支持型主管行为与员工幸福感及其各维度关系的直接调节路径

已有研究表明，不同人格特质对领导行为的作用效果具有显著的调节作用（如朱金强等，2015；刘正君等，2018；周龙志等，2019）。家庭支持型主管行为作为一种平衡员工工作—家庭关系的领导行为，对员工幸福感的作用效果同样取决于不同人格特质员工的感知程度。因此，在前文提出家庭支持型主管行为对员工幸福感及其各维度影响的主效应基础上，为进一步探究家庭支持型主管行为对员工幸福感及其各维度影响的边界条件，本书提出以下问题：什么人格特质变量会调节家庭支持型主管行为与员工幸福感及其各维度的关系？

正念（Mindfulness）被定义为"一种有意地、不加批判地对当下的注意"（Allen 等，2017），正在受到越来越多的学者关注。创立于 2011 年的 *Mindfulness* 杂志，专门致力于正念的研究，目前已位列 SSCI JCR 1 区。北京大学的刘兴华研究员，作为最早将正念引入国内的权威学者之一，先后主持三项有关正念研究的国家自然科学基金项目，极大地推动了正念在我国的推广与发展。近年来，我国组织行为与人力资源管理领域已发表了大量有关正念研究的论文。

进一步梳理文献发现，学者们将正念作为前因变量进行模型构建时，选取正念为自变量的研究居多，例如，已有多项研究表明，正念或正念训练正向预测员工幸福感（如 Brown 等，2003；Brown 等，2007；Red 等，2013；Malinowski 等，2015）。但是，选取正念作为调节变量的研究相对偏少，且研究结论呈现多元化趋势，主要包括正念对主效应的促进作用（主效应为正，调节效应为正或主效应为负，调节效应为正）和抑制作用（主效应为正，调节效应为负或主效应为负，调节效应为负）。涉及正念对主效应发挥促进作用的研究，例如，员工特质正念正向调节悖论式领导与员工关系认同之间的正向关系（孙柯意等，2019）；高特质正念水平的人感受到压力时所产生的愤怒情绪（压力与愤怒情绪正向关系）相较于低特质正念水平的人更少（徐慰等，2017）。涉及正念对主效应发挥抑制作用的研究，例如，正念可以削弱工作狂和消极情绪之间的负向关系（Bellows，2018）；员工正念水平负向调节敌对氛围感知与非伦理行为的正向关系（刘晓琴，2018）；员工正念可缓解上司辱虐管理对员工情绪、偏差行为和绩效的负面影响（申传刚等，2020）；正念弱化挑战压力源对企业创新系统使用的积极作用（Wei等，2020）。综上表明，正念的调节作用大相径庭，甚至完全相反。正念作为调节变量，到底发挥正向调节作用还是负向调节作用，取决于调节的对象，即自变量与因变量的关系。

当前，正念对不同前因变量与员工幸福感关系、家庭支持型主管行为与不同结果变量关系的调节作用尚不得而知。正念到底在家庭支持型主管行为与员工幸福感及其各维度关系之间发挥促进作用还是抑制作用？上述问题有待展开进一步的研究，从而揭示正念对家庭支持型主管行为与员工幸福感及其各维度关系的调节效应。

参照 Lewin（1951）提出的个体—环境匹配模型（Personality-Environment Matching），即个体的行为（心理）活动（Behavior）是个体因素（Personality）和环境因素（Environment）交互的结果。基于个体—环境匹配模型，本书引入正念这一个体因素变量，并视正念为个体特质资源，将家庭支持型主管行为比作员工所处的环境，并视家庭支持型主管行为为工作—家庭支持资源，将员工幸福感（幸福资源）这一心理活动视为"正念与家庭支持型主管行为共同作用的结果"。

基于资源排队与通道原则下的资源获取螺旋效应，在"低正念 + 高家庭支持型主管行为"的情形下，员工获取的平衡工作—家庭关系的资源总量最大，进而可获取的生活、工作、心理等幸福资源也最多，对幸福感的溢出效应也最强。据此，本书提出研究假设：正念负向调节家庭支持型主管行为与员工幸福感及其各维度的关系。该部分研究假设的分析具体见第四章"正念对家庭支持型主管行为与员工幸福感及其各维度关系的调节效应假设"。

2. 工作专注中介正念调节家庭支持型主管行为对员工幸福感及其各维度关系的有中介的调节路径

正念作为一种深层的、稳定的人格特质，相对难以被识别，也难以被改变。因此，有必要引入外部特征变量，对员工正念水平进行有效判定，并进一步揭示正念对家庭支持型主管行为与员工幸福感及其各维度关系发挥调节作用的中介机制。具体而言，在正念负向调节家庭支持型主管行为与员工幸福感及其各维度关系的基础上，本书进一步提出问题：正念为什么会负向调节家庭支持型主管行为与员工幸福感及其各维度的关系？即正念通过什么中介变量负向调节家庭支持型主管行为与员工幸福感及其各维度的关系？

Kahn（1990）首次提出了工作投入的概念，并将工作投入定义为"员工在工作中的生理、心理和情绪的自我呈现"。已有研究大部分采用 Schaufeli 等（2002）的观点，将工作投入分为工作活力、工作奉献和工作专注 3 个维度。工作活力指员工具有充沛的精力和良好的心理韧性，努力工作而不易疲倦；工作奉献指员工在工作中体验到强烈的意义感和自豪感，在工作中充满热情；工作专注表现为员工完全沉浸于工作中无法自拔。Reis 等（2017）对工作投入的 3 个维度单独分析发现，时间压力与 3 个维度的关系存在一定的差异。Dorien 等（2016）进一步指出，工作投入的 3 个维度分别反映了工作投入的不同方面，其中，工作专注更多地与"流"体验高度相关，与工作活力、工作奉献两个维度具有较大的差异。

已有学者对正念与工作投入的关系做了研究，Leroy 等（2013）、Malinowski 等（2015）、张静等（2018）研究表明，正念正向预测工作投入。工作专注是工作投入概念的重要维度，描述了个人沉浸在工作中无法自拔的状态。因此可以说，正念越强的人，工作越专注。当正念被员工视为"一种个人特质资源"时，通过使自身将注意力集中于当前时刻来应对工作需求，进而产生较多的工作专注，最终对员工获得的回报产生双刃剑效应。也就是说，拥有较多正念特质资源的员工，为获取和保留更多的资源，会自觉提高工作专注度，在为员工带来积极的工作绩效时，也可能会降低外在环境变化对自身影响的感知程度。

本书进一步基于工作专注的视角，并将工作专注视为"工作资源"，采用资源保存理论的两阶段资源获取螺旋效应，揭示工作专注对正念在家庭支持型主管行为与员工幸福感及其各维度之间发挥调节作用的中介机制。基于两个阶段资源获取螺旋效应，在第一阶段，正念作为一种人格特质资源，将正向影响工作专注，增加员工工作资源获取；在第二阶段，根据资源排队与通道原则，结合个体—环境匹配模型，"低工作专注 + 高家庭支持型主管行为"的员工可获取更多的工作—家庭平衡资源，进而获取更多幸福资源，即工作专注会负向调节家庭支持型主管行为与员工幸福感及其各维度的关系。综合两个阶段的分析结果，表明正念通过工作专注负向调节家庭支持型主管行为与员工幸福感及其各维度的关系。据此，本书提出研究假设：工作专注中介正念对家庭支持型主管行为与员工幸福感及其各维度关系的调节作用。该部分研究假设的分析具体见正文第四章"工作专注中介正念对家庭支持型主管行为与员工幸福感及其各维度关系的调节效应假设"。

3. 正念调节工作增益家庭、家庭增益工作中介家庭支持型主管行为对员工幸福感及其各维度关系的有调节的中介路径

在构建工作增益家庭、家庭增益工作单步双重中介家庭支持型主管行为与员工幸福感及其各维度关系的基础上，本书进一步提出问题：正念能否改变工作增益家庭、家庭增益工作对家庭支持型主管行为与员工幸福感及其各维度关系的中介效应？即引入正念作为调节变量后，工作增益家庭、家庭增益工作对家庭支持型主管行为与员工幸福感及其各维度关系将发生何种变化？本书进一步基于正念的视角，揭示正念对工作增益家庭、家庭增益工作中介家庭支持型主管行为与员工幸福感及其各维度关系的调节机制。

本书基于资源保存理论，结合 Wayne 等（2007）提出的资源—获取—发展模型和 Lewin（1951）提出的个体—环境匹配模型，将正念、工作—家庭增益（包括工作增益家庭、家庭增益工作）、家庭支持型主管行为、员工幸福感等资源统一纳入理论模型。根据资源保存理论的资源排队与通道原则下两阶段资源获取螺旋效应，第一阶段，在"低正念＋高家庭支持型主管行为"的情形下，员工获取的平衡工作—家庭关系的资源总量最大，进而可获取的工作增益家庭和家庭增益工作资源最多，即正念负向调节家庭支持型主管行为与工作—家庭增益的关系；第二阶段，在"低正念＋高工作—家庭增益"的情形下，员工获取的平衡工作—家庭关系的资源总量最大，进而可获取的幸福资源最多，对幸福感的溢出效应最强，即正念负向调节工作—家庭增益与员工幸福感的关系。综合两个阶段的分析结果，表明相对高正念员工，低正念员工感知到更多的家庭支持型主管行为—工作增益家庭、家庭增益工作—员工幸福感这一路径的作用效果。据此，本书提出研究假设：正念负向调节工作增益家庭、家庭增益工作对家庭支持型主管行为与员工幸福感及其各维度关系的中介效应。该部分研究假设的分析具体见第四章"正念调节工作增益家庭、家庭增益工作的中介效应假设"。

综上所述，本书构建了家庭支持型主管行为对员工幸福感影响的边界条件模型，具体如图 3-5 所示。

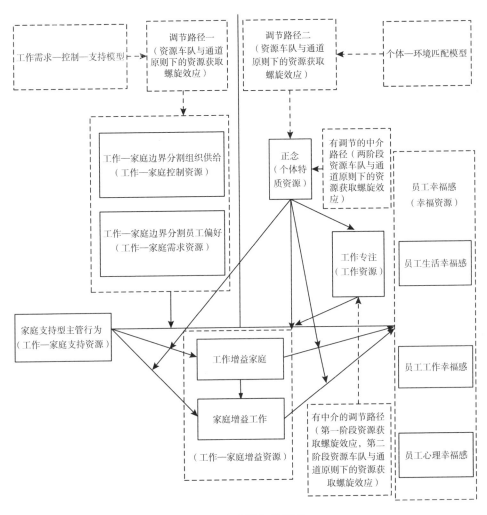

图 3-5　边界条件模型

第四节　家庭支持型主管行为对员工幸福感 影响机制的理论模型整合

　　基于前文提出的家庭支持型主管行为对员工幸福感的主效应模型、家庭支持型主管行为对员工幸福感影响的中介机制模型、家庭支持型主管行为对员工幸福感影响的边界条件模型，本书进一步整合形成了家庭支持型主管行为对员工幸福感影响机制的理论模型，如图 3-6 所示。

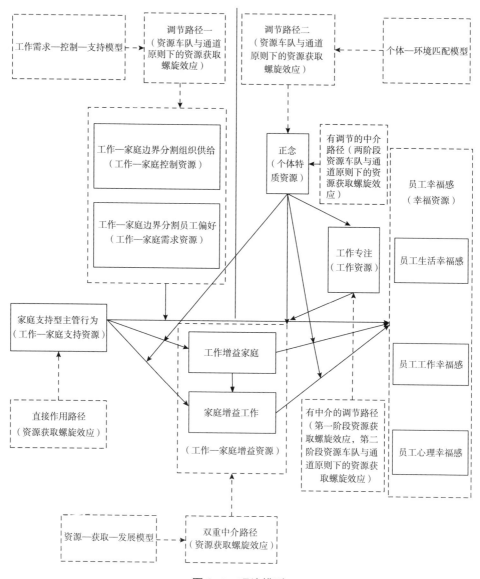

图 3-6　理论模型

理论模型在资源保存理论的框架内，围绕家庭支持型主管行为对员工幸福感影响机制的这一主题，选取员工幸福感、家庭支持型主管行为、工作增益家庭、家庭增益工作、工作—家庭边界分割组织供给、工作—家庭边界分割员工偏好、正念、工作专注 8 个研究变量，将研究变量均视为"资源"，其中，获取幸福资源（对应员工幸福感变量）是员工追求的目标，员工获取幸福资源（对应家庭支持型主管行为、工作增益家庭、家庭增益工作、工作—家庭边界分割组织供给、工作—家庭边界分割员工偏好、正念、工作专注变量）将影响员工获取幸福资源的目标能否达成及达成程度。

理论模型基于资源保存理论，坚持员工具有获取并保护幸福资源动机的假设，采用资源车队、通道原则和资源获取螺旋效应，结合资源—获取—发展模型、工作需求—控制—支持模型、个体—环境匹配模型，提出家庭支持型主管行为对员工幸福感的影响机制，在揭示家庭支持型主管行为对员工幸福感及其各维度主效应（直接作用路径）的基础上，进一步揭示家庭支持型主管行为对员工幸福感及其各维度影响的中介机制（中介路径）与边界条件（调节路径）。

（1）家庭支持型主管行为对员工幸福感及其各维度影响的主效应，涉及1条直接作用路径，即基于家庭支持型主管行为视角对员工幸福感及其各维度直接作用路径。

（2）家庭支持型主管行为对员工幸福感及其各维度影响的中介机制，涉及3条中介路径（含2条单步中介路径和1条链式双重中介路径），即工作增益家庭对家庭支持型主管行为对员工幸福感及其各维度关系的中介路径，家庭增益工作对家庭支持型主管行为对员工幸福感及其各维度关系的中介路径，工作增益家庭、家庭增益工作对家庭支持型主管行为对员工幸福感及其各维度关系的链式中介路径。

（3）家庭支持型主管行为对员工幸福感及其各维度影响的边界条件，涉及5条调节路径（含2条直接调节路径、1条有中介的调节路径、2条有调节的中介路径），即工作—家庭边界分割组织供给、低工作—家庭边界分割员工偏好对家庭支持型主管行为与员工幸福感及其各维度关系的双重调节路径，正念对家庭支持型主管行为对员工幸福感及其各维度关系的直接调节路径，工作专注中介正念调节家庭支持型主管行为对员工幸福感及其各维度关系的有中介的调节路径，正念调节工作增益家庭中介家庭支持型主管行为对员工幸福感及其各维度关系的有调节的中介路径，正念调节家庭增益工作中介家庭支持型主管行为对员工幸福感及其各维度关系的有调节的中介路径。

第四章

研究假设

研究假设是对理论模型的具体呈现，经过严谨论证后逐个提出。本章主要提出家庭支持型主管行为对员工幸福感影响的研究假设，并进一步汇总研究假设，梳理各研究假设之间的关系，绘制基于研究假设的理论模型。

第一节　家庭支持型主管行为对员工幸福感及其各维度影响的主效应假设

根据资源保存理论的资源获取螺旋效应，员工获取的组织支持资源将有助于其进一步获取幸福资源。已有多项实证研究表明，组织支持资源正向预测员工幸福感（Caesens 等，2017；Wattoo 等，2018；Meyers 等，2019；等等）。视睿科技（陈春花等，2014）、腾讯、星巴克（陈春花等，2014）等企业的管理实践表明，通过加强组织支持资源供给，可有效提升员工幸福感。员工获得的组织支持资源的来源包括组织的各级管理者，其中，员工的直接上级主管作为组织管理员工的代言人和组织管理政策的执行者，对员工提供的组织支持资源至关重要。员工感知到的主管支持资源越多，越能够对其获取幸福资源产生正向的溢出效应。具体到员工工作—家庭关系的支持领域，已有研究表明，相较组织的一般性支持，主管对员工平衡工作—家庭关系的支持作用更为显著（Hammer 等，2007；Odle-Dusseau 等，2011）。Rofcanin 等（2020）提出，家庭支持型主管行为的典型特征是主管在工作中实施家庭友好政策时拥有较大的非正式自由裁量权。因此，有别于组织对员工工作—家庭提供的一般性支持资源，家庭支持型主管行为是组织平衡员工工作—家庭关系的关键性支持资源。

本书进一步将资源保存理论的资源获取螺旋效应拓展应用于解释家庭支持型主管行为与员工幸福资源之间的关系。本书提出，作为组织特定的"工作—家庭支持资源"，家庭支持型主管行为与员工幸福资源间存在资源获取螺旋效应。当员工感受到主管直接对其工作—家庭的支持（工作—家庭支持资源）

时，将对其幸福感（幸福资源获取）产生积极的溢出效应。其中，家庭支持型主管行为的情感性支持维度、工具性支持维度对员工平衡工作—家庭关系提供具体的情感关怀和工具帮助，将积极影响员工生活幸福感、员工工作幸福感等主观幸福资源的获取，让员工在平衡工作—家庭关系的实践中减轻压力，进而获得更多满意和更为愉快的心理体验；家庭支持型主管行为的角色榜样行为维度和创新式工作—家庭管理维度，将积极影响员工心理幸福资源的获取，让员工在平衡工作—家庭关系的实践中学习经验，进而更好地体会到自我的成长与价值的实现。总体而言，家庭支持型主管行为将积极影响员工幸福感及其员工生活幸福感、员工工作幸福感、员工心理幸福感维度。综上所述，家庭支持型主管行为对员工幸福感及其各维度主效应推理具体如图 4-1 所示。

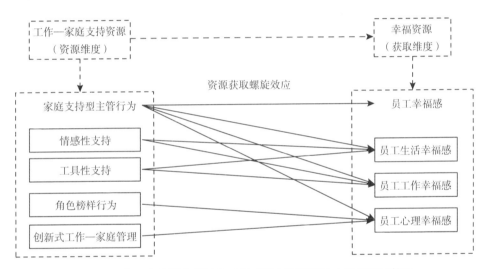

图 4-1　家庭支持型主管行为对员工幸福感影响的主效应假设推理

需要特别说明的是，如家庭支持型主管行为的概念与维度所述，因本书借鉴 Hammer 等（2013）提出的单维度家庭支持型主管行为构念，该构念更为契合中国情境，也较多被中国研究者选择，因此本书仅对家庭支持型主管行为对员工幸福感及其各维度的影响提出研究假设，而不对家庭支持型主管行为各维度对员工幸福感及其各维度的影响提出研究假设。

根据上述推理，本书提出研究假设 H1 及其子假设：

H1：家庭支持型主管行为正向影响员工幸福感。

H1a：家庭支持型主管行为正向影响员工生活幸福感。

H1b：家庭支持型主管行为正向影响员工工作幸福感。

H1c：家庭支持型主管行为正向影响员工心理幸福感。

第二节 工作增益家庭与家庭增益工作的双重中介效应假设

根据资源保存理论的两阶段资源获取螺旋效应，可进一步解释工作增益家庭、家庭增益工作在家庭支持型主管行为与员工幸福感及其各维度关系之间的单步双重中介效应。

第一阶段，家庭支持型主管行为与工作增益家庭、家庭增益工作之间存在资源获取螺旋效应。促进员工实现良好的工作—家庭关系是家庭支持型主管行为概念提出的初衷。家庭支持型主管行为作为来自工作场所的重要组织支持资源，能够通过提供平衡工作—家庭两个领域的需求来帮助员工保存资源，使员工对工作—家庭需求具有更强的满足感。因此，在资源保存理论的框架内，家庭支持型主管行为可以被概念化为一种员工平衡工作—家庭关系的重要资源，能够帮助员工更有效地履行管理工作和家庭的责任，促进工作和家庭之间相互增益。Odle-Dusseau（2011）、Hammer（2009，2013）、孟德芳（2015）的研究均已表明，家庭支持型主管行为正向影响工作—家庭增益。

第二阶段，工作增益家庭、家庭增益工作与员工幸福感之间存在资源获取螺旋效应。当员工获得、保存了较多有价值的工作增益家庭资源和家庭增益工作资源时，可以实现工作—家庭的良性互动，也有能力和条件获取更多的生活、工作、心理幸福资源，进而表现出更多的幸福感。Carvalho等（2014）、鲍昭等（2015）、Henry等（2018）、Wan等（2020）的研究均已表明，工作—家庭增益正向影响员工幸福感。

综合两个阶段的分析，家庭支持型主管行为、工作—家庭增益（包括工作增益家庭和家庭增益工作）与员工幸福感三者之间存在两个阶段资源获取螺旋效应，且两个阶段资源获取螺旋效应层层递进，从上一个环节获取的资源将有助于从下一个环节获取更多的资源。在第一阶段，家庭支持型主管行为将增加员工平衡工作—家庭关系的资源获取，这种源源不断的资源获取，不仅可以促使员工获取更多的工作对家庭的增益资源，也可以促使员工获取更多的家庭对工作的增益资源；在第二阶段，员工获取的工作对家庭的增益资源和家庭对工作的增益资源，将促使员工获取更多的生活、工作、心理幸福资源，并对员工幸福感产生积极的溢出效应。

前文已经分析了家庭支持型主管行为对工作增益家庭、家庭增益工作的影响和工作增益家庭、家庭增益工作对员工幸福感的影响。本书将进一步推理工作增益家庭、家庭增益工作能否发挥家庭支持型主管行为与员工幸福感及其各维度关系的链式双重中介作用，即论证分析家庭支持型主管行为是依次通过工作增益家庭、家庭增益工作影响员工幸福感的影响路径成立，还是依次通过家庭增益工作、工作增益家庭影响员工幸福感的影响路径成立。

根据资源保存理论的三阶段资源获取螺旋效应，可进一步解释工作增益家庭、家庭增益工作依次在家庭支持型主管行为与员工幸福感及其各维度关系之间的链式双重中介效应。第一阶段，家庭支持型主管行为对工作增益家庭的资源获取螺旋效应；第二阶段，家庭增益工作对员工幸福感及其各维度的资源获取螺旋效应，上述两个阶段已在前文论证，这里不再赘述。这里将重点推理第二阶段，即工作增益家庭对家庭增益工作的资源获取螺旋效应。

工作增益家庭、家庭增益工作的链式双重中介效应是否成立以及先后路径主要取决于自变量，若自变量属于组织支持家庭型变量时，则先有工作增益家庭，后有家庭增益工作，若自变量属于家庭支持组织型变量时，则先有家庭增益工作，后有工作增益家庭。家庭支持型主管行为是主管在工作场所为员工提供的一种支持员工平衡工作—家庭关系的行为，当员工感知到主管提供的家庭支持资源时，首先促进员工获取工作对家庭的增益资源，进而促进员工获取家庭对工作的增益资源，最终促使员工获取更多的生活、工作、心理幸福资源，并对员工幸福感产生积极的溢出效应，即工作增益家庭与家庭增益工作之间存在资源获取螺旋效应，家庭支持型主管行为、工作增益家庭、家庭增益工作和员工幸福感及其各维度之间依次存在资源获取螺旋效应。据此，本书认为，工作增益家庭、家庭增益工作能够链式双重中介家庭支持型主管行为与员工幸福感及其各维度的关系，且工作增益家庭在先，家庭增益工作在后。

综上所述，工作增益家庭、家庭增益工作对家庭支持型主管行为与员工幸福感及其各维度关系的双重中介效应推理如图 4-2 所示。

根据上述推理，本书提出研究假设 H2、假设 H3、假设 H4 及其子假设：

H2：工作增益家庭中介家庭支持型主管行为与员工幸福感的关系。

H2a：工作增益家庭中介家庭支持型主管行为与员工生活幸福感的关系。

H2b：工作增益家庭中介家庭支持型主管行为与员工工作幸福感的关系。

H2c：工作增益家庭中介家庭支持型主管行为与员工心理幸福感的关系。

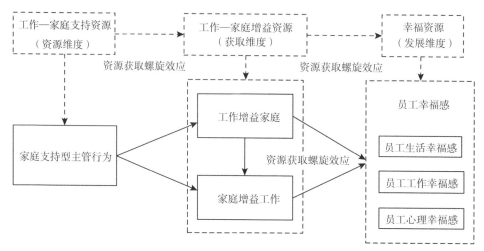

图 4-2　工作增益家庭与家庭增益工作的双重中介效应假设推理

H3：家庭增益工作中介家庭支持型主管行为与员工幸福感的关系。

H3a：家庭增益工作中介家庭支持型主管行为与员工生活幸福感的关系。

H3b：家庭增益工作中介家庭支持型主管行为与员工工作幸福感的关系。

H3c：家庭增益工作中介家庭支持型主管行为与员工心理幸福感的关系。

H4：工作增益家庭、家庭增益工作链式中介家庭支持型主管行为与员工幸福感的关系。

H4a：工作增益家庭、家庭增益工作链式中介家庭支持型主管行为与员工生活幸福感的关系。

H4b：工作增益家庭、家庭增益工作链式中介家庭支持型主管行为与员工工作幸福感的关系。

H4c：工作增益家庭、家庭增益工作链式中介家庭支持型主管行为与员工心理幸福感的关系。

第三节　工作—家庭边界分割组织供给与工作—家庭边界分割员工偏好的双重调节效应假设

Nippert-Eng（1996）提出的工作—家庭边界理论认为，员工作为边界的跨越者，处理及协调两个边界关系的能力和意愿，决定了工作—家庭的平衡程度。以往研究较多从组织供给的角度出发或从员工个人需求的角度出发，探究工作—家庭边界管理。Kreiner（2006）认为，有必要将二者同时纳入研究，同步分析供给和需求视角下的工作—家庭边界管理。根据 Clark（2010）的边界管理观点，工作—家庭边界融合的最终状态是由组织与员工的态度共同决定的。组织对于工作—家庭边界融合的态度通常反映在相关的工作—家庭边界分割的策略，即工作—家庭边界分割组织供给，构成了工作—家庭的实际边界；而员工的态度通常体现在对待工作—家庭边界分割的选择，即工作—家庭边界分割员工偏好，构成了工作—家庭的期望边界。工作—家庭的实际边界和期望边界间的平衡程度可以对结果变量产生更多的解释力（Ammons，2013；McCloskey，2016）。

Karasek（1979）提出了工作需求—控制模型（Job Demand–Control，JDC），指出工作压力的形成取决于工作需求和工作控制的交互作用。本书将 JDC 模型拓展应用于工作—家庭领域，提出工作—家庭需求—控制模型。为保证上下文表述顺序的一致，先表述工作—家庭控制维度，后表述工作—家庭需求维度。具体而言，采用工作—家庭边界分割组织供给变量反映员工的工作—家庭控制维度，工作—家庭边界分割组织供给越强，表明员工对工作—家庭的控制越强；采用工作—家庭边界分割员工偏好变量反映员工的工作—家庭需求维度，工作—家庭边界分割员工偏好越强，表明员工对工作—家庭的需求越强。工作—家庭边界分割组织供给与工作—家庭边界分割员工偏好可组合形成四种类型的工作—家庭边界分割，不同的分割类型对员工幸福感也将产生不同的影响，具体如图 4-3 所示。

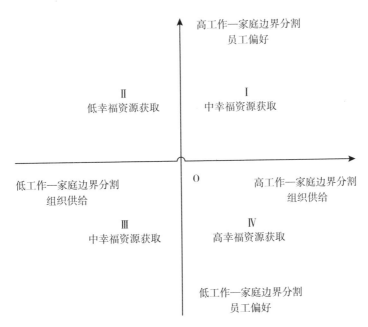

图 4-3 工作—家庭边界分割对员工幸福感的影响

根据 X 坐标轴工作—家庭边界分割组织供给、Y 坐标轴工作—家庭边界分割员工偏好二者高低情形下（临界点 O 为均值）的不同组合，可以形成 2 的 2 次方，共 4 个象限。具体而言，在高工作—家庭边界分割组织供给的情形下，分别与高水平工作—家庭边界分割员工偏好、低水平工作—家庭边界分割员工偏好组合形成象限 I 和象限 IV；在低工作—家庭边界分割组织供给的情形下，分别与高水平工作—家庭边界分割员工偏好、低水平工作—家庭边界分割员工偏好组合形成象限 II 和象限 III。各象限具体如下：

象限 I：高工作—家庭边界分割组织供给 + 高工作—家庭边界分割员工偏好。

象限 II：低工作—家庭边界分割组织供给 + 高工作—家庭边界分割员工偏好。

象限 III：低工作—家庭边界分割组织供给 + 低工作—家庭边界分割员工偏好。

象限 IV：高工作—家庭边界分割组织供给 + 低工作—家庭边界分割员工偏好。

根据资源保存理论的资源车队和通道原则，结合图 4-3 所示的工作—家庭边界分割类型，在不同水平的工作—家庭边界分割组织供给与工作—家庭边界分割员工偏好组合的情形下，员工在平衡工作—家庭关系方面的资源获取量存在差异。总体上看，工作—家庭边界分割组织供给越大，员工对工作—家庭关系的控制越强，获取的工作—家庭平衡资源越多；工作—家庭边界分割员工偏好越小，员工越倾向于将工作—家庭关系融合，获取的工作—家庭平衡资源越多。因此，工作—家庭边界分割组织供给与工作—家庭边界分割员工偏好的差值为正且越大，表明员工在平衡工作—家庭关系方面的资源获取量越大。具体而言，在高工作—家庭边界分割组织供给加上低工作—家庭边界分割员工偏好的边界分割情形下，员工获取平衡工作—家庭关系的资源量处于供过于求的状态并实现最大值；在高工作—家庭边界分割组织供给加上高工作—家庭边界分割员工偏好与低工作—家庭边界分割组织供给加上低工作—家庭边界分割员工偏好的工作—家庭边界分割情形下，员工获取平衡工作—家庭关系的资源量处于供求平衡的状态并保持居中值；在低工作—家庭边界分割组织供给加上高工作—家庭边界分割员工偏好的工作—家庭边界分割情形下，员工获取平衡工作—家庭关系的资源量处于供不应求的状态并达到最小值。

结合资源保存理论的资源获取螺旋效应，进一步对不同水平工作—家庭边界分割组织供给与工作—家庭边界分割员工偏好组合的情形下员工幸福资源的获取差异展开分析。总体而言，员工获取的平衡工作—家庭关系的资源越多，越能够为其带来更多的幸福资源。在图4-3中，工作—家庭边界分割类型对应的象限Ⅳ，即高工作—家庭边界分割组织供给加上低工作—家庭边界分割员工偏好的边界分割情形下，员工获取的平衡工作—家庭关系的资源总量最大，进而可获取的生活、工作、心理等幸福资源也最多，对幸福感的溢出效应也最强。

在JDC模型的基础上，Johnson等（1988）进一步指出，有必要纳入工作支持因素，进一步解释工作压力形成的来源，并扩展为工作需求—控制—支持模型（Job Demand–Control–Support，JDCS）。JDCS模型作为组织行为与人力资源管理领域的成熟模型，已被广泛应用于员工幸福感的前因变量研究（苏涛等，2018）。工作—家庭关系是工作的衍生品，与工作密切相关。本书进一步将JDCS模型拓展应用于工作—家庭领域，提出工作—家庭需求—控制—支持模型。具体而言，在由工作—家庭边界分割组织供给（工作—家庭控制维度）与工作—家庭边界分割员工偏好（工作—家庭需求维度）组成的工作—家庭边界分割类型二维图的基础上，增加工作—家庭支持维度——家庭支持型主管行为变量，形成工作—家庭边界分割与家庭支持型主管行为组合的三维图，共涉及八种组合类型，不同的组合类型对员工幸福感也将产生不同的影响，具体如图4-4所示。

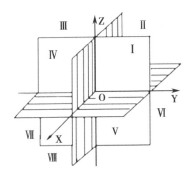

象限Ⅰ：中幸福资源获取
象限Ⅱ：中幸福资源获取
象限Ⅲ：中幸福资源获取
象限Ⅳ：低幸福资源获取
象限Ⅴ：中幸福资源获取
象限Ⅵ：中幸福资源获取
象限Ⅶ：高幸福资源获取
象限Ⅷ：中幸福资源获取

X：工作—家庭边界分割组织供给
Y：工作—家庭边界分割员工偏好
Z：家庭支持型主管行为

图4-4　工作—家庭边界分割与家庭支持型主管行为组合对员工幸福感的影响

根据X坐标轴工作—家庭边界分割组织供给、Y坐标轴工作—家庭边界分割员工偏好与Z坐标轴家庭支持型主管行为三者高低水平情形下（临界点O为均值）的不同组合，可以形成2的3次方，共8个象限。具体而言，结合工作—家庭边界分割类型，进一步分析在高工作—家庭边界分割组织供给、高工作—家庭边界分割员工偏好的工作—家庭边界分割情形下，分别与高水平家庭支持型主管行为、低水平家庭支持型主管行为组合形成象限Ⅰ和象限Ⅱ；在低工作—家庭边界分割组织供给、高工作—家庭边界分割员工偏好的工作—家庭边界分割情形下，分别与高水平家庭支持型主管行为、低水平家庭支持型主管行为组合形成象限Ⅲ和象限Ⅳ；在低工作—家庭边界分割组织供给、低工作—家庭边界分割员工偏好的工作—家庭边界分割情形下，分别与高水平家庭支持型主管行为、低水平家庭支持型主管行为组合形成象限Ⅴ和象限Ⅵ；在低工作—家庭边界分割组织供给、高工作—家庭边界分割员工偏好的工作—家庭边界分割情形下，分别与高水平家庭支持型主管行为、低水平家庭支持型主管行为组合形成象限Ⅶ和象限Ⅷ。各象限具体如下：

象限Ⅰ：高工作—家庭边界分割组织供给 + 高工作—家庭边界分割员工偏好 + 高家庭支持型主管行为。

象限Ⅱ：高工作—家庭边界分割组织供给 + 高工作—家庭边界分割员工偏好 + 低家庭支持型主管行为。

象限Ⅲ：低工作—家庭边界分割组织供给 + 高工作—家庭边界分割员工偏好 + 高家庭支持型主管行为。

象限Ⅳ：低工作—家庭边界分割组织供给 + 高工作—家庭边界分割员工偏好 + 低家庭支持型主管行为。

象限Ⅴ：低工作—家庭边界分割组织供给加上低工作—家庭边界分割员工偏好 + 高家庭支持型主管行为。

象限Ⅵ：低工作—家庭边界分割组织供给加上低工作—家庭边界分割员工偏好 + 低家庭支持型主管行为。

象限Ⅶ：高工作—家庭边界分割组织供给加上低工作—家庭边界分割员工偏好 + 高家庭支持型主管行为。

象限Ⅷ：高工作—家庭边界分割组织供给加上低工作—家庭边界分割员工偏好 + 低家庭支持型主管行为。

根据资源保存理论的资源车队和通道原则，结合工作—家庭边界分割与家庭支持型主管行为的组合类型，在工作—家庭边界分割类型的基础上，进一步将家庭支持型主管行为（工作—家庭支持维度）纳入模型，可进一步分析在不同水平的工作—家庭边界分割组织供给、工作—家庭边界分割员工偏好与家庭支持型主管行为组合的情形下，员工在平衡工作—家庭关系方面资源获取总量的差异。总体上看，工作—家庭边界分割组织供给与工作—家庭边界分割员工偏好的差值为正且越大，且家庭支持型主管行为越大，表明员工在平衡工作—家庭关系方面的资源获取总量越大。因此，在高工作—家庭边界分割组织供给加上低工作—家庭边界分割员工偏好的边界分割与高家庭支持型主管行为组合的情形下，员工获取平衡工作—家庭关系的资源总量实现最大值；在低工作—家庭边界分割组织供给＋高工作—家庭边界分割员工偏好的工作—家庭边界分割与低家庭支持型主管行为组合的情形下，员工获取平衡工作—家庭关系的资源总量达到最小值；在其他工作—家庭边界分割与家庭支持型主管行为组合的情形下，员工获取平衡工作—家庭关系的资源总量保持居中值。

结合资源保存理论的资源获取螺旋效应，进一步对不同水平工作—家庭边界分割与家庭支持型主管行为组合的情形下，员工获取幸福资源的差异展开分析，即分析工作—家庭边界分割组织供给、工作—家庭边界分割员工偏好与家庭支持型主管行为三者的共同作用对员工幸福感及其各维度的影响。总体而言，员工获取的平衡工作—家庭关系的资源总量越大，越能够为其带来更多的幸福资源。在工作—家庭边界分割与家庭支持型主管行为组合类型对应的象限Ⅶ，即高工作—家庭边界分割组织供给＋低工作—家庭边界分割员工偏好＋高家庭支持型主管行为的情形下，员工获取的平衡工作—家庭关系的资源总量达到最大值，进而可获取的生活、工作、心理等幸福资源最多，对幸福感的溢出效应最强。例如，对工作狂而言（低工作—家庭边界分割员工偏好），若组织赋予其有效控制工作—家庭关系的权限（高工作—家庭边界分割组织供给），加之上级主管对其平衡工作—家庭关系的有力支持（高家庭支持型主管行为），在三者的综合作用下，相较处于其他情形的员工，这类员工的幸福感往往是最强的。综上所述，工作—家庭边界分割组织供给与工作—家庭边界分割员工偏好对家庭支持型主管行为与员工幸福感及其各维度的双重调节效应推理如图4-5所示。

根据上述推理，本书提出研究假设 H5 及其子假设：

H5：在高工作—家庭边界分割组织供给、低工作—家庭边界分割员工偏好的边界条件下，家庭支持型主管行为对员工幸福感的影响效果最大。

H5a：在高工作—家庭边界分割组织供给、低工作—家庭边界分割员工偏好的边界条件下，家庭支持型主管行为对员工生活幸福感的影响效果最大。

H5b：在高工作—家庭边界分割组织供给、低工作—家庭边界分割员工偏好的边界条件下，家庭支持型主管行为对员工工作幸福感的影响效果最大。

H5c：在高工作—家庭边界分割组织供给、低工作—家庭边界分割员工偏好的边界条件下，家庭支持型主管行为对员工心理幸福感的影响效果最大。

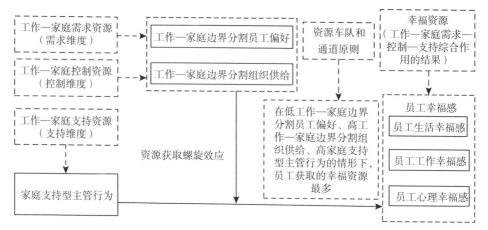

图 4-5　工作—家庭边界分割组织供给与工作—家庭边界分割员工偏好的
双重调节效应假设推理

第四节　正念的调节效应假设

Lewin（1951）提出了场理论，并构建了个体—环境匹配模型（B=P×E），即个体的行为（心理）活动（Behavior）是在一种心理场发生的，取决于个体因素（Personality）和环境因素（Environment）共同的交互作用。本书将个体—环境匹配模型拓展应用于正念与家庭支持型主管行为两者之间的匹配关系，将调节变量正念视为员工的个体特质，将自变量家庭支持型主管行为视为员工所处的环境，将因变量员工幸福感视为正念这一个体因素与家庭支持型主管行为这一环境因素共同作用的结果。正念与家庭支持型主管行为的匹配可形成四种类型，不同的匹配类型将对员工幸福感产生不同的影响，如图 4-6 所示。

根据 X 坐标轴正念、Y 坐标轴家庭支持型主管行为二者高低水平情形下（临界点 O 为均值）的不同组合，可以形成 2 的 2 次方，共 4 个象限。具体而言，针对高正念的员工，分别与高水平家庭支持型主管行为、低水平家庭支持型主管行为匹配形成象限 I 和象限 IV；针对低正念的员工，分别与高水平家庭支持型主管行为、低水平家庭支持型主管行为匹配形成象限 II 和象限 III。各象限具体如下：

象限 I：高正念 + 高家庭支持型主管行为。

象限 II：低正念 + 高家庭支持型主管行为。

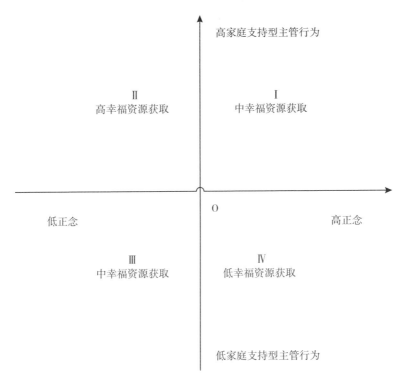

图 4-6　正念与家庭支持型主管行为组合对员工幸福感的影响

象限Ⅲ：低正念 + 低家庭支持型主管行为。

象限Ⅳ：高正念 + 低家庭支持型主管行为。

基于资源保存理论，可进一步推理不同正念水平下家庭支持型主管行为对员工幸福感及其各维度影响效果的变化，即正念对家庭支持型主管行为与员工幸福感及其各维度关系的调节效应。

根据资源保存理论的资源车队和通道原则，结合正念与家庭支持型主管行为的组合类型，在不同水平的正念与家庭支持型主管行为匹配的情形下，员工在平衡工作—家庭关系方面的资源获取量存在差异。正念是个体对当前经历或现实生活进行认知的人格特质，具有持续的注意力、觉知、关注当下且不加批判、不加反应的心理特征。作为一种稳定的个体特质资源，正念会影响员工感知以及理解主管所传递的信息，进而对员工的心理和行为反应产生溢出效应。高正念的员工将较少感知及理解主管传递的信息，并做出较少的心理和行为反应，获取来自主管的支持资源也较少，而低正念的员工将较多感知及理解主管传递的信息，并表现出更多的心理和行为反应，获取来自主管的支持资源也较多。因此，家庭支持型主管行为与正念的差值为正且越大，即家庭支持型主管行为水平越高，员工正念水平越低，员工获取来自主管的工作—家庭支持资源越多。具体而言，在"低正念＋高家庭支持型主管行为"的情形下，员工获取平衡工作—家庭关系的资源量实现最大值；在"高正念＋高家庭支持型主管行为"与"低正念＋低家庭支持型主管行为"的情形下，员工获取平衡工作—家庭关系的资源量保持居中值；在"高正念＋低家庭支持型主管行为"的情形下，员工获取平衡工作—家庭关系的资源量达到最小值。

结合资源保存理论的资源获取螺旋效应，进一步对不同水平正念与家庭支持型主管行为匹配的情形下，员工幸福资源的获取差异展开分析。员工获取的平衡工作—家庭关系的资源越多，越能够为其带来更多的幸福资源。在正念与家庭支持型主管行为匹配类型对应的象限Ⅱ，即"低正念＋高家庭支持型主管行为"的情形下，员工获取的平衡工作—家庭关系的资源总量最大，进而可获取的生活、工作、心理等幸福资源最多，对幸福感的溢出效应也最强。因此，本书假设员工正念水平会负向调节家庭支持型主管行为与员工幸福感及其各维度的关系，即与高正念员工相比，针对低正念的员工，家庭支持型主管行为对员工幸福感及其各维度的影响效果更强。综上所述，正念对家庭支持型主管行为与员工幸福感及其各维度关系的调节效应推理如图 4-7 所示。

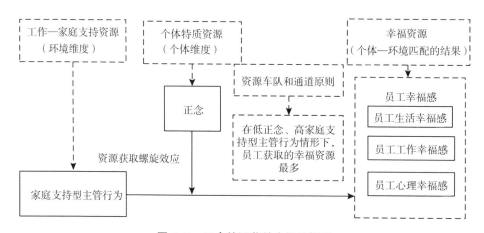

图 4-7　正念的调节效应假设推理

根据上述推理，本书提出研究假设 H6 及其子假设：

H6：正念负向调节家庭支持型主管行为与员工幸福感的关系。

H6a：正念负向调节家庭支持型主管行为与员工生活幸福感的关系。

H6b：正念负向调节家庭支持型主管行为与员工工作幸福感的关系。

H6c：正念负向调节家庭支持型主管行为与员工心理幸福感的关系。

第五节　工作专注中介正念的调节效应假设

本书基于资源保存理论,将正念、工作专注、家庭支持型主管行为、员工幸福感等资源统一纳入理论模型,根据两阶段资源获取螺旋效应,进一步推理工作专注对正念调节家庭支持型主管行为与员工幸福感及其各维度关系的中介机制。

在第一阶段,根据资源保存理论的资源获取螺旋效应,正念与工作专注之间存在资源获取螺旋效应,即正念作为个体的一种特质资源,有助于员工保持工作专注,获取更多工作资源。具体而言,正念水平越高的员工,越表现出更频繁、更持续的工作专注状态。因此,本书提出:在第一阶段,正念正向影响工作专注。

在第二阶段,为进一步推理工作专注对家庭支持型主管行为与员工幸福感及其各维度关系的调节作用,本书再次将 Lewin(1951)提出的个体—环境匹配模型进行拓展性应用,用于构建工作专注(个体因素)与家庭支持型主管行为(环境因素)两者之间的匹配关系,并进一步基于资源保存理论,解释工作专注对家庭支持型主管行为与员工幸福感及其各维度关系的调节效应。具体而言,选择员工幸福感这一心理活动作为因变量,家庭支持型主管行为这一环境因素作为自变量,工作专注这一个体因素作为调节变量,假定员工幸福感是工作专注和家庭支持型主管行为共同作用的结果。工作专注与家庭支持型主管行为的匹配共有四种类型,不同的匹配类型对员工幸福感将产生不同的影响,具体如图 4-8 所示。

根据 X 坐标轴工作专注、Y 坐标轴家庭支持型主管行为二者高低水平情形下(临界点 O 为均值)的不同组合,可以形成 2 的 2 次方,共 4 个象限。具体而言,针对高工作专注的员工,分别与高水平家庭支持型主管行为、低水平家庭支持型主管行为匹配形成象限 I 和象限 IV;针对低工作专注的员工,分别与高水平家庭支持型主管行为、低水平家庭支持型主管行为匹配形成象限 II 和象限 III。各象限具体如下:

象限 I:高工作专注 + 高家庭支持型主管行为。

象限 II:低工作专注 + 高家庭支持型主管行为。

象限 III:低工作专注 + 低家庭支持型主管行为。

象限 IV:高工作专注 + 低家庭支持型主管行为。

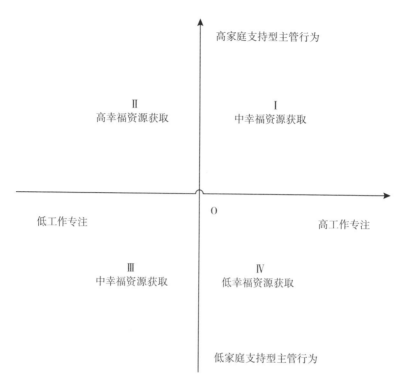

图 4-8　工作专注与家庭支持型主管行为组合对员工幸福感的影响

　　根据资源保存理论的资源车队和通道原则，结合工作专注与家庭支持型主管行为的组合类型，在不同水平的工作专注与家庭支持型主管行为匹配的情形下，员工在平衡工作—家庭关系方面的资源获取量存在差异。工作专注是一种员工全身心投入工作的状态，在为员工获取更佳工作绩效的时候，也会导致员工降低对外部环境的感知。处于高工作专注状态下的员工，较少感知到家庭支持型主管行为传递的工作—家庭支持信息，也较少获取到来自主管的工作—家庭关系支持资源。因此，家庭支持型主管行为与工作专注的差值为正且越大，即家庭支持型主管行为水平越高，员工工作专注水平越低，员工获取来自主管的工作—家庭支持资源越多。具体而言，在低工作专注＋高家庭支持型主管行为的边界分割情形下，员工获取平衡工作—家庭关系的资源量实现最大值；在"高工作专注＋高家庭支持型主管行为"与"低工作专注＋低家庭支持型主管行为"的情形下，员工获取平衡工作—家庭关系的资源量保持居中值；在"高工作专注＋低家庭支持型主管行为"的情形下，员工获取平衡工作—家庭关系的资源量达到最小值。

　　结合资源保存理论的资源获取螺旋效应，本书进一步对不同水平工作专注与家庭支持型主管行为匹配的情形下，员工幸福资源的获取差异展开分析。总体而言，员工获取的平衡工作—家庭关系的资源越多，越能够为其带来更多的幸福资源。在工作专注与家庭支持型主管行为匹配类型对应的象限Ⅱ，即"低工作专注＋高家庭支持型主管行为"的情形下，员工获取的平衡工作—家庭关系的资源总量最大，进而可获取的生活、工作、心理等幸福资源也最多，对幸福感的溢出效应也最强。因此，与高工作专注员工相比，针对低工作专注的员工，家庭支持型主管行为对员工幸福感及其各维度的影响效果更强。据此，本书提出：在第二阶段，工作专注负向调节家庭支持型主管行为与员工幸福感及其各维度的关系。

基于上述两个阶段分析，总结发现：工作专注对正念调节家庭支持型主管行为与员工幸福感及其各维度关系的中介效应，存在两个阶段资源获取螺旋效应。在第一阶段，正念作为一种人格特质资源，将正向影响工作专注，增加员工工作资源获取。在第二阶段，根据资源排队与通道原则，结合个体—环境匹配模型，"低工作专注＋高家庭支持型主管行为"的员工可获取更多的工作—家庭平衡资源，进而获取更多的幸福资源，即工作专注会负向调节家庭支持型主管行为与员工幸福感及其各维度的关系。综合两个阶段的分析结果，表明正念通过工作专注负向调节家庭支持型主管行为与员工幸福感及其各维度的关系。也就是说，相对低正念的员工，因高正念的员工表现出更多的工作专注状态，从而降低了感知到的家庭支持型主管行为对其幸福感的影响效果。综上所述，工作专注中介正念对家庭支持型主管行为与员工幸福感关系的调节效应推理如图4-9所示。

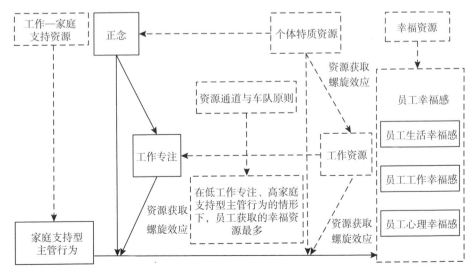

图4-9 工作专注中介正念的调节效应推理

根据上述推理，本书提出研究假设 H7 及其子假设：

H7：工作专注中介正念对家庭支持型主管行为与员工幸福感关系的调节效应。

H7a：工作专注中介正念对家庭支持型主管行为与员工生活幸福感关系的调节效应。

H7b：工作专注中介正念对家庭支持型主管行为与员工工作幸福感关系的调节效应。

H7c：工作专注中介正念对家庭支持型主管行为与员工心理幸福感关系的调节效应。

第六节　正念调节工作增益家庭、家庭增益工作的中介效应假设

本书基于资源保存理论，结合 Wayne 等（2007）提出的资源—获取—发展模型和 Lewin（1951）提出的个体—环境匹配模型，将正念、工作—家庭增益（包括工作增益家庭、家庭增益工作）、家庭支持型主管行为、员工幸福感等资源统一纳入理论模型，根据两阶段资源获取螺旋效应，进一步推理正念对工作增益家庭、家庭增益工作中介家庭支持型主管行为与员工幸福感及其各维度关系的调节机制。

在第一阶段，为进一步推理正念对家庭支持型主管行为与工作—家庭增益关系的调节作用，本书再次将 Lewin（1951）提出的个体—环境匹配模型进行拓展性应用，用于构建正念（个体因素）与家庭支持型主管行为（环境因素）两者之间的匹配关系，并进一步基于资源保存理论，解释正念对家庭支持型主管行为与工作—家庭增益关系的调节效应。具体而言，选择工作—家庭增益这一心理活动为因变量，家庭支持型主管行为这一环境因素作为自变量，正念这一个体因素作为调节变量，假定工作—家庭增益是正念和家庭支持型主管行为共同作用的结果。正念与家庭支持型主管行为的匹配共有四种类型，不同的匹配类型对工作—家庭增益将产生不同的影响，具体如图 4-10 所示。

根据 X 坐标轴正念、Y 坐标轴家庭支持型主管行为二者高低水平情形下（临界点 O 为均值）的不同组合，可以形成 2 的 2 次方，共 4 个象限。具体而言，针对高正念的员工，分别与高水平家庭支持型主管行为、低水平家庭支持型主管行为匹配形成象限 I 和象限 IV；针对低正念的员工，分别与高水平家庭

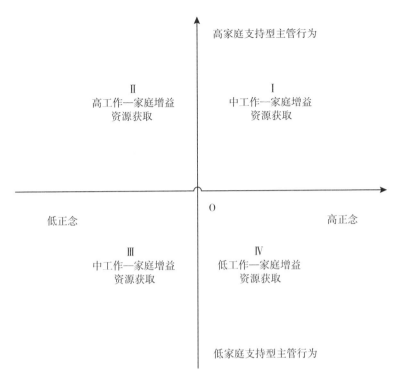

高家庭支持型主管行为

Ⅱ
高工作—家庭增益
资源获取

Ⅰ
中工作—家庭增益
资源获取

低正念　　　　　　O　　　　　　高正念

Ⅲ
中工作—家庭增益
资源获取

Ⅳ
低工作—家庭增益
资源获取

低家庭支持型主管行为

图4-10　正念与家庭支持型主管行为组合对工作—家庭增益的影响

支持型主管行为、低水平家庭支持型主管行为匹配形成象限Ⅱ和象限Ⅲ。各象限具体如下：

象限Ⅰ：高正念＋高家庭支持型主管行为。

象限Ⅱ：低正念＋高家庭支持型主管行为。

象限Ⅲ：低正念＋低家庭支持型主管行为。

象限Ⅳ：高正念＋低家庭支持型主管行为。

根据资源保存理论的资源车队和通道原则，结合正念与家庭支持型主管行为的组合类型，在不同水平的正念与家庭支持型主管行为匹配的情形下，员工在平衡工作—家庭关系方面的资源获取量存在差异。前文已分析得知，在"低正念＋高家庭支持型主管行为"的情形下，员工获取平衡工作—家庭关系的资源量实现最大值；在"高正念＋高家庭支持型主管行为"与"低正念＋低家庭支持型主管行为"的情形下，员工获取平衡工作—家庭关系的资源量保持居中值；在"高正念＋低家庭支持型主管行为"的情形下，员工获取平衡工作—家庭关系的资源量达到最小值。

结合资源保存理论的资源获取螺旋效应，本书进一步对不同水平正念与家庭支持型主管行为匹配的情形下，员工工作—家庭增益资源的获取差异展开分析。总体而言，员工获取的平衡工作—家庭关系的资源越多，越能为其带来更多的工作—家庭增益资源。在图 4-10 中正念与家庭支持型主管行为匹配类型对应的象限Ⅱ，即"低正念 + 高家庭支持型主管行为"的情形下，员工获取的平衡工作—家庭关系的资源总量最大，进而可获取的工作增益家庭和家庭增益工作资源也最多。因此，与高正念员工相比，针对低正念的员工，家庭支持型主管行为对工作—家庭增益的影响效果更强。据此，本书提出：在第一阶段，正念负向调节家庭支持型主管行为与工作—家庭增益的关系。

在第二阶段，为进一步推理正念对工作—家庭增益与员工幸福感关系的调节作用，本书再次将 Lewin（1951）提出的个体—环境匹配模型进行拓展性应用，用于构建正念（个体因素）与工作—家庭增益（环境因素）两者间的匹配关系，并进一步基于资源保存理论，解释正念对工作—家庭增益与员工幸福感关系的调节效应。具体而言，选择员工幸福感这一心理活动作为因变量，工作—家庭增益这一环境因素作为自变量，正念这一个体因素作为调节变量，假定员工幸福感是正念和工作—家庭增益共同作用的结果。正念与工作—家庭增益的匹配共有四种类型，不同的匹配类型对员工幸福感将产生不同的影响，具体如图 4-11 所示。

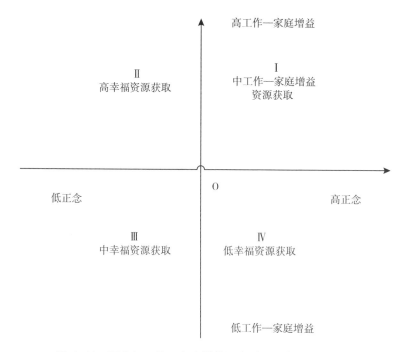

图 4-11　正念与工作—家庭增益组合对员工幸福感的影响

根据 X 坐标轴正念、Y 坐标轴家庭支持型主管行为二者高低水平情形下（临界点 O 为均值）的不同组合，可以形成 2 的 2 次方，共 4 个象限。具体而言，针对高正念的员工，分别与高水平工作—家庭增益、低水平工作—家庭增益匹配形成象限 I 和象限 IV；针对低正念的员工，分别与高水平工作—家庭增益、低水平工作—家庭增益匹配形成象限 II 和象限 III。各象限具体如下：

象限 I：高正念 + 高工作—家庭增益。

象限 II：低正念 + 高工作—家庭增益。

象限 III：低正念 + 低工作—家庭增益。

象限 IV：高正念 + 低工作—家庭增益。

根据资源保存理论的资源车队和通道原则，结合图 4-11 中正念与工作—家庭增益的组合类型，在不同水平的正念与工作—家庭增益匹配的情形下，员工在平衡工作—家庭关系方面的资源获取量存在差异。正念作为一种持续的注意力、觉知、关注当下且不加批判、不加反应的人格特质，会降低员工感知到的平衡工作—家庭资源。在低正念 + 高工作—家庭增益的情形下，员工获取平衡工作—家庭关系的资源量实现最大值；在高正念 + 高工作—家庭增益与低正念 + 低工作—家庭增益的情形下，员工获取平衡工作—家庭关系的资源量保持居中值；在高正念 + 低工作—家庭增益的情形下，员工获取平衡工作—家庭关系的资源量达到最小值。

结合资源保存理论的资源获取螺旋效应，本书进一步对不同水平正念与工作—家庭增益匹配的情形下，员工幸福资源的获取差异展开分析。总体而言，员工获取的平衡工作—家庭关系的资源越多，越能够为其带来更多的幸福资源。在图 4-11 中正念与工作—家庭增益匹配类型对应的象限 II，即低正念 + 高工作—家庭增益的情形下，员工获取的平衡工作—家庭关系的资源总量最大，进而可获取的幸福资源最多，对幸福感的溢出效应最强。因此，与高正念员工相比，针对低正念的员工，工作—家庭增益对员工幸福感的影响效果更强。据此，本书提出：在第二阶段，正念负向调节工作—家庭增益与员工幸福感的关系。

基于上述两个阶段分析，总结发现：正念对工作增益家庭、家庭增益工作家庭支持型主管行为与员工幸福感及其各维度关系中介效应的调节，存在两个阶段资源获取螺旋效应。在第一阶段，根据资源排队与通道原则，"低正念 + 高家庭支持型主管行为"的员工可获取更多的工作—家庭平衡资源，进而获取更多的工作—家庭增益资源，即正念负向调节家庭支持型主管行为与工作—家庭增益的关系。在第二阶段，根据资源排队与通道原则，低正念 + 高工作—家庭增益的员工可获取更多的工作—家庭平衡资源，进而获取更多的幸福资源，即正念负向调节工作—家庭增益与员工幸福感的关系。综合两个阶段的分析结果，表明正念负向调节工作增益家庭、家庭增益工作对家庭支持型主管行为与员工幸福感及其各维度关系的中介效应。也就是说，相对高正念的员工，低正念的员工感知到更多的家庭支持型主管行为对工作增益家庭、家庭增益工作，进而对其幸福感这一路径的作用效果。综上所述，正念调节工作增益家庭、家庭增益工作对家庭支持型主管行为与员工幸福感关系的中介效应推理如图 4-12 所示。

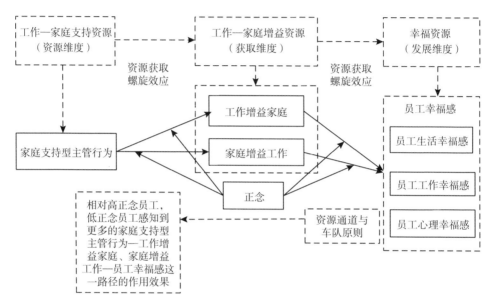

图 4-12　正念调节工作增益家庭与家庭增益工作的中介效应假设推理

根据上述推理，本书提出研究假设 H8、假设 H9 及其子假设：

H8：正念负向调节工作增益家庭对家庭支持型主管行为与员工幸福感关系的中介作用。

H8a：正念负向调节工作增益家庭对家庭支持型主管行为与员工生活幸福感关系的中介作用。

H8b：正念负向调节工作增益家庭对家庭支持型主管行为与员工工作幸福感关系的中介作用。

H8c：正念负向调节工作增益家庭对家庭支持型主管行为与员工心理幸福感关系的中介作用。

H9：正念负向调节家庭增益工作对家庭支持型主管行为与员工幸福感关系的中介作用。

H9a：正念负向调节家庭增益工作对家庭支持型主管行为与员工生活幸福

感关系的中介作用。

H9b：正念负向调节家庭增益工作对家庭支持型主管行为与员工工作幸福感关系的中介作用。

H9c：正念负向调节家庭增益工作对家庭支持型主管行为与员工心理幸福感关系的中介作用。

第七节 研究假设汇总

综合前文的研究假设结果，本书共提出了9个研究假设，涉及家庭支持型主管行为对员工幸福感及其各维度影响的主效应、单步双重中介效应、链式双重中介效应、双重调节效应、调节效应、有中介的调节效应、有调节的中介效应，研究假设汇总如表4-1所示。

表4-1 研究假设汇总

假设类型	假设代码	假设内容
主效应	H1	家庭支持型主管行为正向影响员工幸福感
	H1a	家庭支持型主管行为正向影响员工生活幸福感
	H1b	家庭支持型主管行为正向影响员工工作幸福感
	H1c	家庭支持型主管行为正向影响员工心理幸福感
单步双重中介效应	H2	工作增益家庭中介家庭支持型主管行为与员工幸福感的关系
	H2a	工作增益家庭中介家庭支持型主管行为与员工生活幸福感的关系
	H2b	工作增益家庭中介家庭支持型主管行为与员工工作幸福感的关系
	H2c	工作增益家庭中介家庭支持型主管行为与员工心理幸福感的关系
	H3	家庭增益工作中介家庭支持型主管行为与员工幸福感的关系
	H3a	家庭增益工作中介家庭支持型主管行为与员工生活幸福感的关系
	H3b	家庭增益工作中介家庭支持型主管行为与员工工作幸福感的关系
	H3c	家庭增益工作中介家庭支持型主管行为与员工心理幸福感的关系

续表

假设类型	假设代码	假设内容
链式双重中介效应	H4	工作增益家庭、家庭增益工作链式中介家庭支持型主管行为与员工幸福感的关系
	H4a	工作增益家庭、家庭增益工作链式中介家庭支持型主管行为与员工生活幸福感的关系
	H4b	工作增益家庭、家庭增益工作链式中介家庭支持型主管行为与员工工作幸福感的关系
	H4c	工作增益家庭、家庭增益工作链式中介家庭支持型主管行为与员工心理幸福感的关系
双重调节效应	H5	在高工作—家庭边界分割组织供给、低工作—家庭边界分割员工偏好的边界条件下，家庭支持型主管行为对员工幸福感的影响效果最大
	H5a	在高工作—家庭边界分割组织供给、低工作—家庭边界分割员工偏好的边界条件下，家庭支持型主管行为对员工生活幸福感的影响效果最大
	H5b	在高工作—家庭边界分割组织供给、低工作—家庭边界分割员工偏好的边界条件下，家庭支持型主管行为对员工工作幸福感的影响效果最大
	H5c	在高工作—家庭边界分割组织供给、低工作—家庭边界分割员工偏好的边界条件下，家庭支持型主管行为对员工心理幸福感的影响效果最大
调节效应	H6	正念负向调节家庭支持型主管行为与员工幸福感的关系
	H6a	正念负向调节家庭支持型主管行为与员工生活幸福感的关系
	H6b	正念负向调节家庭支持型主管行为与员工工作幸福感的关系
	H6c	正念负向调节家庭支持型主管行为与员工心理幸福感的关系
有中介的调节效应	H7	工作专注中介正念对家庭支持型主管行为与员工幸福感关系的调节效应
	H7a	工作专注中介正念对家庭支持型主管行为与员工生活幸福感关系的调节效应
	H7b	工作专注中介正念对家庭支持型主管行为与员工工作幸福感关系的调节效应
	H7c	工作专注中介正念对家庭支持型主管行为与员工心理幸福感关系的调节效应

假设类型	假设代码	假设内容
有调节的中介效应	H8	正念负向调节工作增益家庭对家庭支持型主管行为与员工幸福感关系的中介作用
	H8a	正念负向调节工作增益家庭对家庭支持型主管行为与员工生活幸福感关系的中介作用
	H8b	正念负向调节工作增益家庭对家庭支持型主管行为与员工工作幸福感关系的中介作用
	H8c	正念负向调节工作增益家庭对家庭支持型主管行为与员工心理幸福感关系的中介作用
	H9	正念负向调节家庭增益工作对家庭支持型主管行为与员工幸福感关系的中介作用
	H9a	正念负向调节家庭增益工作对家庭支持型主管行为与员工生活幸福感关系的中介作用
	H9b	正念负向调节家庭增益工作对家庭支持型主管行为与员工工作幸福感关系的中介作用
	H9c	正念负向调节家庭增益工作对家庭支持型主管行为与员工心理幸福感关系的中介作用

在提出 9 个研究假设及其子假设的基础上，本书进一步对各研究假设及其关系进行梳理，具体如图 4-13 所示。

假设 H1 及其子假设对应主效应模型，旨在基于家庭支持型主管行为视角，根据资源保存理论的资源获取螺旋效应，揭示家庭支持型主管行为能否显著正向影响员工幸福感及其各维度。

假设 H2、假设 H3 和假设 H4 及其子假设对应双重中介效应模型，旨在以假设 H1 及其子假设为基础，基于工作增益家庭、家庭增益工作的视角，根据资源保存理论的两阶段资源获取螺旋效应，结合资源—获取—发展模型，揭示家庭支持型主管行为对员工幸福感及其各维度影响的中介机制。

假设 H5 及其子假设对应双重调节效应模型，旨在以假设 H1 及其子假设为基础，基于不同工作—家庭边界分割组织供给与工作—家庭边界分割员工偏好组合的工作—家庭边界分割类型视角，根据资源保存理论资源排队与通道原则下的资源获取螺旋效应，结合工作需求—控制—支持模型，揭示家庭支持型主管行为影响员工幸福感及其各维度的边界条件。

假设 H6 及其子假设对应调节效应模型，旨在以假设 H1 及其子假设为基础，基于正念的人格特质视角，根据资源保存理论资源排队与通道原则下的资

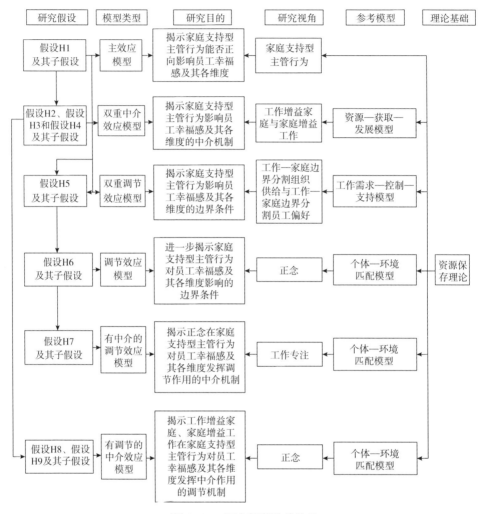

图4-13　研究假设及其关系

源获取螺旋效应，结合个体—环境匹配模型，进一步揭示家庭支持型主管行为对员工幸福感及其各维度影响的边界条件。

　　假设 H7 及其子假设对应有中介的调节效应模型，旨在以假设 H5 及其子假设为基础，基于工作专注的视角，根据资源保存理论一阶段资源获取螺旋效应及二阶段资源排队与通道原则下的资源获取螺旋效应，结合个体—环境匹配模型，揭示正念在家庭支持型主管行为与员工幸福感及其各维度之间发挥调节作用的中介机制。

　　假设 H8、假设 H9 及其子假设对应有调节的中介效应模型，旨在分别以假设 H2、假设 H3 及其子假设为基础，基于正念的视角，根据资源保存理论资源排队与通道原则下的两个阶段资源获取螺旋效应，结合个体—环境匹配模型，揭示正念对工作增益家庭、家庭增益工作在家庭支持型主管行为与员工幸福感及其各维度之间发挥中介作用的调节机制。

　　基于上述分析，表明本书提出的 9 个研究假设及其子假设具有较强的相关性。各研究假设及其子假设均以员工幸福感及其各维度为因变量，家庭支持型主管行为为自变量，旨在进一步揭示家庭支持型主管行为对员工幸福感及其各维度影响的主效应、中介机制、边界条件。本书对 9 个研究假设及其子假设进行整合，形成了研究的理论模型，具体如图 4-14 所示。

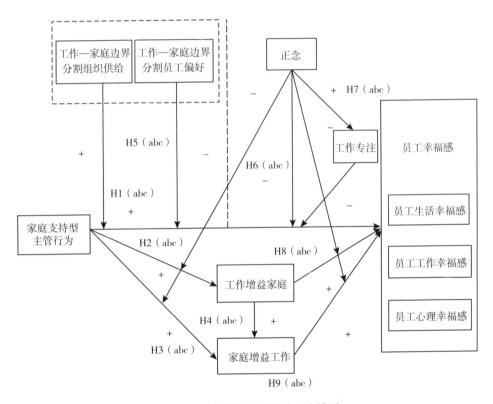

图 4-14　基于研究假设的理论模型

　　假设 H1（abc）是整个理论模型的主效应部分，假设 H1（abc）提出家庭支持型主管行为正向影响员工幸福感及其各维度。

　　假设 H2（abc）、H3（abc）、H4（abc）是整个理论模型的中介机制部分，假设 H2（abc）提出工作增益家庭中介家庭支持型主管行为与员工幸福感及其各维度的关系，即家庭支持型主管行为正向影响工作增益家庭，工作增益家庭又正向影响员工幸福感及其各维度；假设 H3（abc）提出家庭增益工作中介家庭支持型主管行为与员工幸福感及其各维度的关系，即家庭支持型主管行为正向影响家庭增益工作，家庭增益工作又正向影响员工幸福感及其各维度；假设H4（abc）提出工作增益家庭、家庭增益工作链式中介家庭支持型主管行为与员工幸福感及其各维度的关系，即家庭支持型主管行为依次通过正向影响工作增益家庭、家庭增益工作，进而正向影响员工幸福感及其各维度假设。

　　假设H5（abc）、假设H6（abc）、假设H7（abc）、假设H8（abc）、假设H9（abc）是整个理论模型的边界条件部分，假设H5（abc）提出在高工作—家庭边界分割组织供给、低工作—家庭边界分割员工偏好的边界条件下，家庭支持型主管行为对员工幸福感及其各维度的影响效果最大，即工作—家庭边界分割组织供给正向调节家庭支持型主管行为与员工幸福感及其各维度关系的同时，工作—家庭边界分割员工偏好负向调节家庭支持型主管行为与员工幸福感及其各维度的关系；假设H6（abc）提出正念负向调节家庭支持型主管行为与员工幸福感及其各维度的关系；假设H7（abc）提出工作专注中介正念对家庭支持型主管行为与员工幸福感及其各维度关系的调节作用，即正念正向影响工作专注，工作专注又负向调节家庭支持型主管行为与员工幸福感及其各维度的关系；假设H8（abc）提出正念负向调节工作增益家庭对家庭支持型主管行为与员工幸福感及其各维度关系的中介作用，即正念负向调节家庭支持型主管行为与工作增益家庭的关系及工作增益家庭与员工幸福感及其各维度的关系；假设H9（abc）提出正念负向调节家庭增益工作对家庭支持型主管行为与员工幸福感及其各维度关系的中介作用，即正念负向调节家庭支持型主管行为与家庭增益工作的关系及家庭增益工作与员工幸福感及其各维度的关系。

第五章

研究设计

本章主要进行研究设计，具体包括问卷编制、预测试、正式调查、假设检验方法等。首先，设计问卷是数据采集的基础和前提，只有对变量进行准确的操作性定义，才能够进一步对研究假设展开验证。其次，因本书采用的量表均由国外期刊发表的权威高被引量表翻译而成，是否符合中国国情有待进一步检验，因此，有必要对量表进行预测试，并对量表进行信度和效度检验。再次，通过信度和效度检验后，才可进一步开展大规模的正式调查，正式调查的样本将用于数据分析和假设检验。最后，阐述本书研究涉及的主效应、中介效应、双重调节效应、调节效应、有中介的调节效应、有调节的中介效应等假设检验方法。

第一节　问卷编制

为进一步探究家庭支持型主管行为对员工幸福感的影响机制，本书第三章提出了研究假设、构建了理论模型。根据研究假设和理论模型，本书研究共涉及员工幸福感、家庭支持型主管行为、工作增益家庭、家庭增益工作、工作—家庭边界分割组织供给、工作—家庭边界分割员工偏好、正念、工作投入8个核心变量。研究变量的测量通常有封闭式问卷测量法、词汇测量法、行为测量法和生理测量法（Luciano等，2017）。其中，封闭式问卷测量法作为组织行为等社会科学实证研究常用的数据收集方法，具有简便易行、高效真实的优点。因此，综合对比上述测量方法，考虑测量方法的可行性和有效性，本书采用心理与行为科学领域主流的封闭式问卷测量法，由被测根据自身情况自我报告，对研究涉及的核心变量进行测量。本书选取的核心变量量表是高被引、被多位国内学者在中国情境下检验的经典量表。因文中涉及的量表均源自外文期刊，针对已有权威中文翻译的量表，本书将直接借鉴引用；针对尚无权威中文翻译的量表，本书的量表翻译主要由两位管理类专业英语人员协助完成，由其中一位翻译成汉语，另一位回译成英语，经过反复调校，力求反映量既表原意，又符合中文语境，以达到较高的内容效度要求。此外，为区分不同群体在核心变量表现上的差异，提高前因变量对员工幸福感影响的解释效果，本书进一步引入人口统计学变量，并作为控制变量选择的主要来源。人口统计学变量与核心变量由被测同步自我报告。

一、核心变量的测量

（一）员工幸福感的测量

员工幸福感（Employee Well-Being, EWB）的研究视角有员工主观幸福感、员工心理幸福感和员工整合幸福感。本书探讨家庭支持型主管行为对员工幸福感的影响机制，分析发现，家庭支持型主管行为对员工主观幸福感与员工心理幸福感均将产生直接影响。因此，本书选择整合幸福感视角对员工幸福感进行测量。

整合幸福感的结构维度多采用主观幸福感和心理幸福感组合研究。例如，员工幸福感的维度研究所述，员工整合幸福感对应的量表有：Warr（1994）开发的情绪幸福感、工作抱负、胜任感、自主性四维度量表；Horn 等（2004）开发的情绪幸福感、专业幸福感、社会幸福感、认知幸福感和身心幸福感五维度量表；Page 等（2009）开发的主观幸福感、工作场所幸福感和心理幸福感三维度量表；赵宜萱（2016）开发的生活满意度、实现幸福、享乐幸福三维度量表；Zheng 等（2015）开发的生活幸福感、工作幸福感以及心理幸福感三维度量表。

上述量表中，Zheng 等（2015）基于中国企业样本开发的员工幸福感量表，一方面更符合中国本土化的情境，另一方面完全契合本书对员工幸福感的三维度划分法。因此，本书采用 Zheng 等（2015）编制的员工幸福感量表，如表 5-1 所示。Zheng 等（2015）提出员工幸福感量表主要包括员工生活幸福感、员工工作幸福感以及员工心理幸福感 3 个分量表，包括 18 个题项，采用 Likert 7 点评分，"1"表示"非常不同意"，"7"表示"非常同意"，18 个题项均为正向得分。各分量表包括的题目如下：员工生活幸福感（Employee Life Well-Being, ELWB）分量表总共 6 道题，具体包括第 1 ~ 6 题，如"我生活中的大多数方面与我的理想很接近"；员工工作幸福感（Employee Work Well-Being, EWWB）分量表总共 6 道题，如"我的工作非常有趣"，具体包括第 7 ~ 12 题；员工心理幸福感（Employee Psychological Well-Being, EPWB）分量表总共 6 道题，具体包括第 13 ~ 18 题，如"总的来说，我对自己是肯定的，并对自己充满信心"。郑晓明等（2016）（员工幸福感量表开发作者的中文姓名）对量表进行了翻译和检验，许龙（2017）、徐向荣等（2020）采用该量表对员工幸福感进行了测量，结果表明量表的信效度较高。

表 5-1 员工幸福感量

编码	维度	题项	出处
EWB1	员工生活幸福感	我生活中的大多数方面与我的理想很接近	Zheng 等（2015）
EWB2		我的生活非常有趣	
EWB3		大部分的时间内，我很快乐	
EWB4		我对自己的生活感到满意	
EWB5		如果有来世，我几乎不会改变目前的生活方式	
EWB6		我的生活状况非常好	
EWB7	员工工作幸福感	我的工作非常有趣	
EWB8		总体来说，我对我从事的工作感到非常满意	
EWB9		我总能找到办法来充实我的工作	
EWB10		我对我具体的工作内容感到基本满意	
EWB11		对于我来说，工作是很有意义的一场经历	
EWB12		我对从目前工作中获得的成就感到基本满意	
EWB13	员工心理幸福感	总的来说，我对自己是肯定的，并对自己充满信心	
EWB14		我很喜欢与家人或朋友进行深入的沟通，彼此了解	
EWB15		我对于日常生活中的许多事务都处理得很好	
EWB16		人们认为我肯付出且愿意和他人分享自己的时间	
EWB17		我善于灵活安排时间，以便完成所有工作	
EWB18		随着时间的流逝，我感到自己成长了很多	

（二）家庭支持型主管行为的测量

Thomas 等（1995）首先提出了家庭支持型主管角色概念，随后部分研究提出了测量方法，但这些早期的测量方法倾向于只采用情感性支持维度，仅表达主管对员工的关心（Thompson 等，1999；Clark 等，2001）。Hammer 等（2009）在正式提出家庭支持型主管行为（Family Supportive Supervisor Behaviors，FSSB）概念的基础上，进一步基于情感性支持维度，增加了工具性支持、角色榜样行为、创新式工作—家庭管理维度。基于上述 4 个维度，Hammer 等（2009）开发了包含 14 个题项的家庭支持型主管行为量表。为提高测量效率，Hammer 等（2013）在 14 个题项中选取了最能代表 4 个维度的 4 个题项，进一步开发了家庭支持型主管行为的简易量表。

在家庭支持型主管行为的上述相关量表中，Hammer 等（2009）和 Hammer 等（2013）开发的量表被普遍采用。宋一晓等（2016）的综述性研究表明，Hammer 等（2009）开发的 14 题项家庭支持型主管行为量表的情感性支持与工具性支持具有高度的相关性，尤其在中国情境下，家庭支持型主管行为很可能包含与现有划分不同的子维度，各维度之间的区分效度不一定很明显。因此，国内学者较多选择 Hammer 等（2013）开发的单维度家庭支持型主管行为量表，不对家庭支持型主管行为划分具体的维度。

遵从国内学者的普遍选择，本书选取 Hammer 等（2013）开发的量表对家庭支持型主管行为进行测量，具体如表 5-2 所示。家庭支持型主管行为量表，采用 Likert 5 点评分，"1"表示"非常不赞同""5"表示"非常赞同"，由员工对自己的主管进行评价，4 题项均为正向得分，如"我的主管让我觉得和他 / 她谈论工作和生活之间的冲突是无须顾虑的"，得分越高，表示家庭支持型主管行为的水平越高。国内学者王三银等（2018）、王艳子等（2020）基于中国的样本研究表明，该量表具有较高的信效度，说明该量表在一定程度上同样适用于中国国情。

表 5-2   家庭支持型主管行为量

编码	维度	题项	出处
FSSB1	家庭支持型主管行为	我的主管让我觉得和他 / 她谈论工作和生活之间的冲突是无须顾虑的	Hammer 等（2013）
FSSB2		我的主管能够帮助员工有效地解决工作和生活之间的冲突	
FSSB3		我的主管向员工展示了如何做到工作与生活的双赢	
FSSB4		我的主管有效组织了部门的工作以使员工与组织共同获益	

（三）工作增益家庭的测量

工作—家庭增益（Work-Family Enrichment，WFE），指参与一种角色经历能够提高另一角色生活质量的程度（Wayne 等，2004）。根据工作—家庭增益的主体和方向，可以分为工作增益家庭（Work to Family Enrichment，WTFE）和家庭增益工作（Family to Work Enrichment，FTWE）两个维度。Wayne 等（2004）编制了 8 个题项构成的工作—家庭双向增益量表，包括工作增益家庭和家庭增益工作两个维度的分量表。Carlson（2006）开发了包含 18 个项目的工作—家庭增益量表，根据工作—家庭相互增益的结果，将工作对家庭增益细分为工作对家庭发展、工作对家庭情感、工作对家庭资本三个部分，家庭对工作增益分为家庭对工作发展、家庭对工作情感、家庭对工作效率三个部分。

上述量表中，Wayne 等（2004）编制的工作—家庭双向增益量表被较多采用，也符合本书提出的工作增益家庭、家庭增益工作双重中介家庭支持型主管行为与员工幸福感及其各维度关系的研究假设。因此，本书选取 Wayne 等（2004）开发的工作增益家庭量表，具体如表5-3所示，该量表共 4 个题项，如"工作有助于我处理私人和家庭事务"。量表采用 Likert 5 点设计，"1"表示"完全不同意""5"表示"完全同意"，均为正向得分。该量表的信效度在国内已得到了有效验证（陈恒盼，2008；马红宇等，2014）。

表 5-3 工作增益家庭量

编码	维度	题项	出处
WTFE1	工作增益家庭	工作有助于我处理私人和家庭事务	Wayne 等（2004）
WTFE2		工作使我在家变得更有情趣	
WTFE3		工作上的顺利使我回家后能与家人更好相处	
WTFE4		工作中的处事技巧在家庭中同样适用	

（四）家庭增益工作的测量

同工作增益家庭量表，本书采用 Wayne 等（2004）开发的家庭增益工作量表，具体如表5-4所示，该量表共 4 个题项，如"与家庭成员沟通有助于我解决工作问题"。量表采用 Likert 5 点设计，"1"表示"完全不同意"，"5"表示"完全同意"，均为正向得分。该量表的信效度在国内也同样得到了有效验证（陈恒盼，2008；马红宇等，2014）。

表 5-4 家庭增益工作量

编码	维度	题项	出处
FTWE1	家庭增益工作	与家庭成员沟通有助于我解决工作问题	Wayne 等（2004）
FTWE2		为满足家庭需要会使我工作更加努力	
FTWE3		家庭的爱与尊重使我在工作中充满信心	
FTWE4		家庭生活能使我放松，并为第二天的工作做好准备	

（五）工作—家庭边界分割组织供给的测量

工作—家庭边界分割组织供给（Workplace Segmentation Supplies，WSS），是组织对员工工作和家庭这两种角色的整合—分离实践。当前，仅有 Kreiner

（2006）开发的工作—家庭边界分割组织供给的单维度量表，具体如表5-5所示。工作—家庭边界分割组织供给量表共有4个题项，询问被试者是否感知到组织将其工作从家庭中分割出来，即组织赋予的员工对工作—家庭关系的自主控制权限，如"我的工作单位允许我下班后不管工作的相关事项"。量表采用Likert 5点计分，从"非常不同意"到"非常同意"，得分越高代表员工感知到的组织对工作—家庭分割供给水平越高。中国情境下的量表信效度得到了谢菊兰（2015）、吴洁倩等（2018）学者的检验。

表5-5　工作—家庭边界分割组织供给量

编码	维度	题项	出处
WSS1	工作—家庭边界分割组织供给	我的工作单位允许我下班后不管工作的相关事项	Kreiner（2006）
WSS2		我的工作单位使我将工作事务仅维持在上班时间内处理	
WSS3		我的工作单位赋予我防止工作事项干扰家庭生活的权力	
WSS4		我的工作单位允许我下班后在心理上将工作抛在脑后	

（六）工作—家庭边界分割员工偏好的测量

工作—家庭边界分割员工偏好（Workplace Segmentation Preferences，WSP），是员工对工作和家庭两种角色的整合—分离意愿。工作—家庭边界分割组织供给量表，当前仅有Kreiner（2006）开发的工作—家庭边界分割员工偏好的单维度量表，具体如表5-6所示。工作—家庭边界分割员工偏好量表共有4个题项，询问被试者对工作—家庭边界分割的主观意愿，如"我不喜欢待在家里时还得想着工作"。量表采用Likert五点量表测量，从"非常不同意"到"非常同意"，均为正向得分，得分越高，代表员工越偏向于将工作—家庭边界进行分割。中国情境下的量表信效度得到了王隽（2015）、马玉等（2017）学者的检验。

表5-6　工作—家庭边界分割员工偏好量

编码	维度	题项	出处
WSP1	工作—家庭边界分割员工偏好	我不喜欢待在家里时还得想着工作	Kreiner（2006）
WSP2		我更喜欢把工作控制在工作时间内，即仅在工作时间内考虑工作事宜	
WSP3		我不喜欢工作问题干扰我的家庭生活	
WSP4		我希望回家后能放下工作	

（七）正念的测量

当前，正念（Mindfulness，MIN）研究的测量中，普遍采用自我报告的方法评价个体的正念水平。根据测量的内容，具体可分为特质正念（Trait Mindfulness）测量和状态正念（State Mindfulness）测量。特质正念强调个体较为稳定的心理特质，主要量表有：Walach（2006）提出的 FMI 正念测量量表（Freiburg Mindfulness Inventory）；Baer（2003）提出 KIMS 正念技能测试（the Kentucky Inventory of Mindfulness Skills）；Baer 等（2006）提出的 FFMQ 五因素正念量表（The Five Factor Mindfulness Questionnaire）；Brown 等（2003）提出的 MAAS 正念注意觉知量表（the Mindful Attention Awareness Scale）。状态正念强调个体特定情形下的意识状态，主要量表有：Lau 等（2006）开发的 TMS 多伦多正念量表（The Toronto Mindfulness Scale）；Tanay 等（2013）开发的 SMS 状态正念量表（The State Mindfulness Scale）。

上述量表在具体应用中根据测量对象有所区别，目前管理学研究中更多将正念视为一种不易被识别及改变的人格特质，而非较易被发现及不断变化的意识状态。因此，本书选取特质正念视角展开进一步研究。当前，使用较多的特质正念量表有正念注意觉知量表（MAAS）和五因素正念量表（FFMQ），其中，正念注意觉知量表（MAAS）相较五因素正念量表（FFMQ）题项相对较少，测量信效度又较高，被更为广泛采用。据此，本书采用 Brown 等（2003）编制的正念注意觉知量表（MAAS）对员工特质正念进行测量，具体如表 5-7 所示。MASS 主要测试个体特质正念出现的频率，关注个体对正在发生的事件是否存在注意与觉知。量表仅有一个维度，共包含 15 个题项，内容涉及情绪、认知、日常等领域，如"我会对正在经历的某些情绪毫无知觉，直到一段时间后才有所感知"。量表采用 Likert 六点量表施测，从"几乎总是"到"几乎不"，所有题项均采用反向计分，分数越低代表正念水平越高。陈思佚等（2012）对量表进行了翻译及检验，赵守盈（2014）等中国学者的测量结果表明，正念注意觉知量表（MAAS）在中国情境下同样具有较高的信效度。

表 5-7　正念量表

编码	维度	题项	出处
MIN1	正念	我会对正在经历的某些情绪毫无知觉，直到过了一段时间后才有所感知	Brown 等（2003）
MIN2		我会因为粗心大意、注意力不集中或者在想其他的事情而弄坏或洒掉东西	
MIN3		我发现自己很难持续地将注意力集中到正在发生的事情上	

续表

编码	维度	题项	出处
MIN4		我倾向于快速走到自己要去的地方，而不留意一路上所经历过的事物	
MIN5		我倾向于不去注意身体上的紧张感或不适感，直到它们真正引起了我的注意	
MIN6		如果我是第一次得知某人的名字，我几乎马上就会忘记他	
MIN7		我不太能意识到自己在做什么，身体似乎在无意识地自动运转	
MIN8		我仓促地完成各项活动，但实际上并不用心	
MIN9	正念	我会因过于专注于想要达到的目标，而忽略了现在正在为此而做的努力	Brown 等（2003）
MIN10		我机械地工作或完成任务，但实际上并不知道自己正在做什么	
MIN11		我发现自己在听别人说话的时候并不认真，因为同时我还会做其他事情	
MIN12		我会习惯性地开车或到某个地方，就像"自动导航"一样，然后才会想为什么要去那里	
MIN13		我发现自己经常沉浸在对过去的回忆和未来的想象中	
MIN14		我发现自己做事情注意力不集中	
MIN15		我在吃零食的时候，往往意识不到自己在吃东西	

（八）工作专注的测量

Schaufeli 等（2002）将工作投入分为工作活力（Work Vigor，WV）、工作奉献（Work Dedication，WD）和工作专注（Work Absorption，WA）3 个维度，其中，工作专注是工作投入的基本维度，描述了个人沉浸在工作中无法自拔的状态。Shirom（2003）制定的工作投入量表分别为测量体力、情感能量和认知活力；Rich 等（2010）设计的工作投入量表，包括体能、认知和情感维度，但是上述量表都未涉及工作专注的测量。Schaufeli 等（2002）开发了由 17 个题项构成的长版工作投入量表，该量表匹配三维度工作投入模型，其中，工作专注量表由 6 个题项构成。为简化测量题项，Schaufeli（2006）在长版量表的基础上提取了由 9 个题项构成的工作投入短版量表，该量表同样匹配三维度工作投入模型，其中，工作专注量表由 3 个题项构成。

在上述测量模型和量表中，Schaufeli 等（2002）提出的工作投入三维度模型并开发的长版量表得到国内外学者广泛认同和普遍引用。此外，本书后文还要进一步基于预测试样本对包括工作专注在内的各个量表进行信效度检验，为保证删除后的题项大于3个，因此，本书选取 Schaufeli 等（2002）开发的长版工作投入量表中的工作专注分量表施测，具体如表5-8所示。该量表共6道题，如"当我工作时，我觉得时间总是过得飞快"，采用 Likert 5 点设计，"1"表示"完全不同意""5"表示"完全同意"，均为正向得分。张轶文等（2005）对工作投入量表进行了翻译与信效度检验，刘嫦娥等（2019）进一步通过了工作投入量表的信效度检验，间接表明了基于中国样本检验的工作专注量表具有较高的信效度。周海明等（2018）采用 Schaufeli（2006）开发的3题项工作专注量表进行检验，单独证明了中国情境下工作专注量表的信效度较高。

表5-8 工作专注量

编码	维度	题项	出处
WA1		当我工作时，我觉得时间总是过得飞快	
WA2		当我工作时，我忘记了周围的一切事情	
WA3	工作专注	当我工作紧张的时候，我会感到快乐	Schaufeli 等（2002）
WA4		我会沉浸于我的工作当中	
WA5		我在工作时会达到忘我的境界	
WA6		我感觉自己离不开工作	

（九）核心变量的测量汇总

综上所述，本书的核心变量包括员工幸福感、家庭支持型主管行为、正念、工作专注、工作增益家庭、家庭增益工作、工作—家庭边界分割组织供给、工作—家庭边界分割员工偏好8个变量，核心变量的测量汇总如表5-9所示。

表5-9 核心变量测量汇总

变量名称	变量简称	变量维度	题项数	出处
员工幸福感	EWB	员工生活幸福感、员工工作幸福感、员工心理幸福感	18	Zheng 等（2015）
家庭支持型主管行为	FSSB	家庭支持型主管行为	4	Hammer 等（2013）
工作增益家庭	WTFE	工作增益家庭	4	Wayne 等（2004）
家庭增益工作	FTWE	家庭增益工作	4	Wayne 等（2004）

续表

变量名称	变量简称	变量维度	题项数	出处
工作—家庭边界分割组织供给	WSS	工作—家庭边界分割组织供给	4	Kreiner（2006）
工作—家庭边界分割员工偏好	WSP	工作—家庭边界分割员工偏好	4	Kreiner（2006）
正念	MIN	正念	15	Brown 等（2003）
工作专注	WA	工作专注	6	Schaufeli 等（2002）

二、人口统计学变量的测量

梳理文献发现，性别（Siltaloppi 等，2009；谭贤政等，2009）、年龄（Diener 等，1998；Lam 等，2001；张兴贵等，2011）、学历（Lam 等，2001；张兴贵等2011）等人口统计表变量与员工幸福感的关系密切，但上述研究尚未达成一致性的结论，可能与研究样本源于不同国家或地区、不同时期、不同群体有关。参照已有研究文献，根据研究需要，本书选取的人口统计学变量包括个人、家庭和工作3个层面。其中，个人层面人口统计学变量包括性别、年龄、受教育程度3个变量，家庭层面人口统计学变量包括婚姻状况、正在照顾18岁以下子女数量、是否有父母（保姆等）帮助处理家务3个变量，工作层面人口统计学变量包括是否弹性办公、上下班单程通勤正常时间、岗位属性3个变量，具体如表5-10所示。

表5-10   人口统计学变量汇总

类型	变量名称	变量维度
个人层面	性别	男性、女性
	年龄	25岁及以下、26～30岁、31～35岁、36～40岁、41～45岁、46岁及以上
	受教育程度	高中（中专）及以下、大专、本科、硕士、博士
家庭层面	婚姻状况	未婚、已婚、离异或丧偶
	正在照顾18岁以下子女数量	没有、1个、2个、3个及以上
	是否有父母（保姆等）帮助处理家务	是、否

续表

类型	变量名称	变量维度
工作层面	是否弹性办公	是、否
	上下班单程通勤正常时间	20 分钟及以下、21～40 分钟、41～60 分钟、61～80 分钟、81～100 分钟、101 分钟及以上
	岗位属性	普通员工、基层管理者、中层管理者、高层管理者

个人层面的人口统计学变量维度划分：性别，分为"男性、女性"；年龄按照 5 岁一档划分，且考虑调查样本的可获取性，将年龄上限确定为 46 岁及以上，具体包括"25 岁及以下、26～30 岁、31～35 岁、36～40 岁、41～45 岁、46 岁及以上"；受教育程度，从低到高依次为"高中（中专）及以下、大专、本科、硕士、博士"。

家庭层面的人口统计学变量维度划分：婚姻状况，包括"未婚、已婚、离异或丧偶"；正在照顾 18 岁以下子女数量，包括"0 个、1 个、2 个、3 个及以上"；是否有父母（保姆等）帮助处理家务，分为"是和否"两种情形。

工作层面的人口统计学变量维度划分：是否弹性办公，分为"是和否"两种情形；上下班单程通勤正常时间，由低到高分为"20 分钟及以下、21～40 分钟、41～60 分钟、61～80 分钟、81～100 分钟、101 分钟及以上"；岗位属性，包括"普通员工、基层管理者、中层管理者、高层管理者"。

三、问卷的生成

综合 8 个核心变量和人口统计学变量的测量方式，本书进一步形成了调查问卷。调查问卷主要包括三部分：卷首语、核心变量测量和人口统计学变量测量。

卷首语部分，主要说明调查的主体、对象、背景、目的和意义，旨在打消被测试者疑虑，引导被测试者客观、准确、全面填写问卷，并对被测试者表达感谢。

核心变量测量部分，包括员工幸福感、家庭支持型主管行为、正念、工作专注、工作增益家庭、家庭增益工作、工作—家庭边界分割组织供给、工作—家庭边界分割员工偏好 8 个变量，均为连续变量。

人口统计学变量部分，包括个人层面的性别、年龄、教育程度 3 个变量，家庭层面的婚姻状况、正在照顾 18 岁以下子女数量、是否有父母（保姆等）帮助处理家务 3 个变量，工作层面的是否弹性办公、上下班单程通勤正常时间、岗位属性 3 个变量，均为分类变量。需要补充说明的是，为避免被测试者担心泄露个人信息的顾虑，最大程度减轻被测试者不必要的反感，人口统计学变量的测量被置于问卷的最后部分。

第二节　预测试

一、预测试样本来源与结构

为保证量表的信度和效度，在大规模调查之前有必要先进行小样本测试。2020 年 8 月，笔者通过微信、QQ 传送电子版本调查问卷的线上方式，以及通过拜访、邀约提供纸质版本调查问卷的线下方式，选取在北京、天津、合肥、银川等地区工作的 200 名员工作为调查对象并发放调查问卷。经过为期近半个月的工作，最终共回收到上述调查对象返回的 185 份调查问卷，问卷回收率 92.5%。剔除填写不完整及答案明显一致等无效问卷，确定有效问卷 160 份，问卷有效率 86.5%。

分析 160 份预测试样本的结构，具体如表 5-11 所示。预测试样本中，男性为 50.63%，女性为 49.38%，被测男女比例适中；被测年龄集中在 35 岁及以下，占比达到 90.63%；拥有本科学历的被测达到 78.13%；大部分被测处于已婚状态，占比 72.5%；61.25% 的被测照顾 18 岁及以下子女数量为 1 个；67.50% 被测有父母（或保姆）帮助处理家务；69.38% 被测不实行弹性工作时间；近一半被测上下班单程通勤正常时间处于 21 ~ 40 分钟；78.13% 的被测为普通员工和基层管理者。上述分析表明，样本结构较为合理，被测之间具有较大的差异性。总体而言，预测试样本具有一定的代表性。

表 5-11　预测试样本结构分析

变量	选项	频数	百分比（%）	累计百分比（%）
性别	男	81	50.63	50.63
	女	79	49.38	100
年龄	25 岁及以下	22	13.75	13.75
	26 ~ 30 岁	65	40.63	54.37
	31 ~ 35 岁	58	36.25	90.63
	36 ~ 40 岁	12	7.5	98.13

续表

变量	选项	频数	百分比（%）	累计百分比（%）
年龄	41～45 岁	2	1.25	99.37
	46 岁及以上	1	0.63	100
受教育程度	高中（中专）及以下	2	1.25	1.25
	大专	14	8.75	10
	本科	125	78.13	88.13
	硕士	18	11.25	99.38
	博士	1	0.63	100
婚姻状况	未婚	44	27.5	27.5
	已婚	116	72.5	100
	离异或丧偶	0	0	100
照顾 18 岁及以下子女数量	0 个	50	31.25	31.25
	1 个	98	61.25	92.5
	2 个	12	7.5	100
	3 个及以上	0	0	100
是否有父母（或保姆）帮助处理家务	是	108	67.5	67.5
	否	52	32.5	100
是否实行弹性工作时间	是	49	30.63	30.63
	否	111	69.38	100
上下班单程通勤正常时间	20 分钟及以下	28	17.5	17.5
	21～40 分钟	79	49.38	66.88
	41～60 分钟	39	24.38	91.25
	61～80 分钟	10	6.25	97.5
	81～100 分钟	4	2.5	100
	101 分钟及以上	0	0	100
岗位属性	普通员工	67	41.88	41.88
	基层管理者	58	36.25	78.13
	中层管理者	32	20	98.13
	高层管理者	3	1.88	100
合计		160	100	100

二、信度检验

对量表信度检验的目的是分析不同题项对同一变量或其维度测量的可靠性和一致性。量表的信度检验主要用 Cronbach（科隆巴赫）α 系数（Cronbach，1951）衡量，通常 α 系数应高于 0.8（大于 0.6 也可以接受）。如果 α 系数低于可接受值，则应进一步分析具体题项的 CITC（校正题项总计相关性）值，当 CITC 值低于 0.3 时，应考虑将该题项删除。

（一）员工幸福感预测试样本的信度检验

采用 Cronbach's α 系数对员工幸福感量表进行信度分析，结果如表 5-12 所示。员工幸福感总体及其员工生活幸福感、员工工作幸福感、员工心理幸福感 3 个维度的 Cronbach's α 系数值分别为 0.919、0.923、0.860 和 0.953，均大于 0.8，说明员工幸福感量表及其分量表的信度水平良好。

表 5-12　员工幸福感量表预测试样本的 Cronbach 信度分析

题项	校正题项总计相关性（CITC）	题项删除后的 α 系数	对应维度	各维度 Cronbach's α 系数	总 Cronbach's α 系数
EWB1	0.816	0.899	员工生活幸福感	0.919	0.953
EWB2	0.754	0.907			
EWB3	0.787	0.904			
EWB4	0.855	0.894			
EWB5	0.635	0.932			
EWB6	0.849	0.894			
EWB7	0.768	0.913	员工工作幸福感	0.923	
EWB8	0.823	0.903			
EWB9	0.792	0.908			
EWB10	0.773	0.911			
EWB11	0.742	0.914			
EWB12	0.798	0.907			
EWB13	0.699	0.828	员工心理幸福感	0.860	
EWB14	0.646	0.838			
EWB15	0.636	0.840			
EWB16	0.595	0.846			
EWB17	0.630	0.841			
EWB18	0.713	0.827			

（二）家庭支持型主管行为预测试样本的信度检验

采用 Cronbach's α 系数对家庭支持型主管行为量表进行信度分析，结果如表 5-13 所示。家庭支持型主管行为的 Cronbach's α 系数值为 0.792，大于 0.7，说明家庭支持型主管行为量表的信度水平良好。

表 5-13　家庭支持型主管行为量表预测试样本的 Cronbach 信度分析

题项	校正题项总计相关性（CITC）	题项删除后的 α 系数	Cronbach's α 系数
FSSB1	0.571	0.767	
FSSB2	0.652	0.718	0.792
FSSB3	0.619	0.733	
FSSB4	0.596	0.749	

（三）工作增益家庭预测试样本的信度检验

采用 Cronbach's α 系数对工作增益家庭量表进行信度分析，结果如表 5-14 所示。工作增益家庭量表的 Cronbach's α 系数值为 0.767，大于 0.7，说明工作增益家庭量表的信度水平良好。

表 5-14　工作增益家庭量表预测试样本的 Cronbach 信度分析

题项	校正题项总计相关性（CITC）	题项删除后的 α 系数	Cronbach's α 系数
WTFE1	0.622	0.681	
WTFE2	0.654	0.663	0.767
WTFE3	0.456	0.766	
WTFE4	0.551	0.721	

（四）家庭增益工作预测试样本的信度检验

采用 Cronbach's α 系数对家庭增益工作量表进行信度分析，结果如表 5-15 所示。家庭增益工作量表的 Cronbach's α 系数值为 0.792，大于 0.7，说明家庭增益工作量表的信度水平良好。

表 5-15　家庭增益工作量表预测试样本的 Cronbach 信度分析

题项	校正题项总计相关性（CITC）	题项删除后的 α 系数	Cronbach's α 系数
FTWE1	0.571	0.767	
FTWE2	0.652	0.718	0.792
FTWE3	0.619	0.733	
FTWE4	0.596	0.749	

（五）工作—家庭边界分割组织供给预测试样本的信度检验

采用 Cronbach's α 系数对工作—家庭边界分割组织供给量表进行信度分析，结果如表 5-16 所示。工作—家庭边界分割组织供给量表的 Cronbach's α 系数值为 0.884，大于 0.8，说明工作—家庭边界分割组织供给量表的信度水平良好。

表 5-16 工作—家庭边界分割组织供给量表预测试样本的 Cronbach 信度分析

题项	校正题项总计相关性（CITC）	题项删除后的 α 系数	Cronbach's α 系数
WSS1	0.737	0.856	
WSS2	0.758	0.848	
WSS3	0.729	0.859	0.884
WSS4	0.769	0.843	

（六）工作—家庭边界分割员工偏好预测试样本的信度检验

采用 Cronbach's α 系数对工作—家庭边界分割员工偏好量表进行信度分析，结果如表 5-17 所示。工作—家庭边界分割员工偏好量表的 Cronbach's α 系数值为 0.754，大于 0.7，说明工作—家庭边界分割员工偏好量表的信度水平良好。

表 5-17 工作—家庭边界分割员工偏好量表预测试样本的 Cronbach 信度分析

题项	校正题项总计相关性（CITC）	题项删除后的 α 系数	Cronbach's α 系数
WSP1	0.59	0.674	
WSP2	0.476	0.738	
WSP3	0.522	0.712	0.754
WSP4	0.619	0.660	

（七）正念预测试样本的信度检验

采用 Cronbach's α 系数对正念量表进行信度分析，结果如表 5-18 所示。家庭支持型主管行为的 Cronbach's α 系数值为 0.954，大于 0.9，说明正念量表的信度水平良好。

表 5-18 正念量表预测试样本的 Cronbach 信度分析

题项	校正题项总计相关性（CITC）	题项删除后的 α 系数	Cronbach's α 系数
MIN1	0.731	0.951	
MIN2	0.678	0.952	
MIN3	0.718	0.951	0.954
MIN4	0.624	0.953	

续表

题项	校正题项总计相关性（CITC）	题项删除后的 α 系数	Cronbach's α 系数
MIN5	0.745	0.950	
MIN6	0.685	0.952	
MIN7	0.812	0.949	
MIN8	0.829	0.948	
MIN9	0.792	0.949	
MIN10	0.808	0.949	0.954
MIN11	0.772	0.950	
MIN12	0.693	0.952	
MIN13	0.742	0.950	
MIN14	0.799	0.949	
MIN15	0.708	0.951	

（八）工作专注预测试样本的信度检验

采用 Cronbach's α 系数对工作专注量表进行信度分析，结果如表 5-19 所示。工作专注量表的 Cronbach's α 系数值为 0.849，大于 0.8，说明工作专注量表的信度水平良好。

表 5-19 工作专注量表预测试样本的 Cronbach 信度分析

题项	校正题项总计相关性（CITC）	题项删除后的 α 系数	Cronbach's α 系数
WA1	0.577	0.834	
WA2	0.690	0.817	
WA3	0.612	0.832	0.849
WA4	0.669	0.819	
WA5	0.702	0.811	
WA6	0.592	0.833	

三、效度检验

对量表效度检验的目的是分析题项能否准确测量变量及测量的准确程度。常用的量表效度检验方法主要有两种方法：探索性因子分析法（Exploratory Factor Analysis，EFA）（Fabrigar 等，1999；孙晓军等，2005；Osborne 等，2009）和验证性因子分析法（Confirmatory Factor Analysis，CFA）（Anderson 等，1988；

赵铁牛等，2010）。麦玉娇等（2013）将两种方法整合，进一步提出了探索性结构方程建模。虽然本书采用的量表均为国外权威期刊发表的成熟量表，但由于中外文化的差异、语言表达的不同、量表翻译的误差等一定程度上客观存在，导致这些量表不一定具有良好的外部效度，即不一定完全适用于中国的情境及本书的研究。因此，本书采用探索性因子法，对预测试样本的效度进行检验，通过探索性因子检验后，在大规模调查后采用验证性因子分析法对正式调查样本进行效度检验。探索性因子分析共分为以下几个步骤：首先，若 KMO 值（抽样适合性检验）大于 0.7，巴特利特检验对应的 p 值小于 0.05，则说明量表适合进一步做因子分析；其次，旋转后累计方差解释率大于 50%（大于40% 也可以接受），表明题项信息可以被有效提取；最后，各题项的因子载荷系数均大于 0.4，且与因子的对应关系与心理预期吻合，说明效度良好，否则说明题项与因子对应关系出现严重偏差，可以考虑对该题项进行删除。

（一）员工幸福感预测试样本的效度检验

采用探索性因子分析法对员工幸福感量表进行效度分析，结果如表 5-20 所示。KMO 值为 0.958，大于 0.6，且巴特利特球形值在 0.05 水平下显著，说明可做因子分析。提取 3 个因子，方差解释率值分别是 29.043%、21.660%、19.656%，旋转后累计方差解释率为 70.359%，大于 50%，表明题项信息被提取程度较高。各题项的因子载荷系数均大于 0.5，且与员工生活幸福感、员工心理幸福感、员工工作幸福感 3 个因子分别对应。所有题项对应的共同度值均高于 0.4，说明不需要剔除题项。综上所述，员工幸福感量表具有良好的效度。

表 5-20　员工幸福感量表预测试样本的探索性因子分析

题项	因子载荷系数			共同度（公因子方差）
	员工生活幸福感	员工心理幸福感	员工工作幸福感	
EWB1	0.780	0.33	0.241	0.776
EWB2	0.683	0.408	0.251	0.696
EWB3	0.708	0.37	0.281	0.717
EWB4	0.753	0.419	0.270	0.816
EWB5	0.738	0.062	0.227	0.599
EWB6	0.802	0.273	0.315	0.817
EWB7	0.669	0.124	0.548	0.763
EWB8	0.654	0.115	0.613	0.818

续表

题项	因子载荷系数			共同度（公因子方差）
	员工生活幸福感	员工心理幸福感	员工工作幸福感	
EWB9	0.420	0.331	0.672	0.737
EWB10	0.414	0.300	0.671	0.711
EWB11	0.254	0.348	0.755	0.756
EWB12	0.354	0.334	0.730	0.770
EWB13	0.423	0.655	0.236	0.663
EWB14	0.191	0.781	0.108	0.659
EWB15	0.408	0.533	0.323	0.554
EWB16	0.261	0.621	0.201	0.495
EWB17	0.051	0.661	0.419	0.614
EWB18	0.182	0.791	0.214	0.704
特征根值（旋转后）	5.228	3.899	3.538	—
方差解释率（%）（旋转后）	29.043	21.660	19.656	—
累计方差解释率（%）（旋转后）	29.043	50.703	70.359	—
KMO 值	0.958			—
巴特利特球形值	2173.433			—
df	153			—
p 值	0.000			—

（二）家庭支持型主管行为预测试样本的效度检验

采用探索性因子分析法对家庭支持型主管行为量表进行效度分析，结果如表 5-21 所示。KMO 值为 0.792，大于 0.6，且 Bartlett 球形值在 0.05 水平下显著，说明可做因子分析。提取 1 个因子，旋转后累计方差解释率为 62.48%，大于 50%，表明题项信息被提取程度较高。各题项的因子载荷系数均大于 0.7，且与家庭支持型主管行为因子对应。所有题项对应的共同度值均高于 0.5，说明不需要剔除题项。综上所述，家庭支持型主管行为量表具有良好的效度。

表 5-21　家庭支持型主管行为量表预测试样本的探索性因子分析

题项	因子载荷系数家庭支持型主管行为	共同度（公因子方差）
FSSB1	0.758	0.574
FSSB2	0.823	0.677
FSSB3	0.800	0.640
FSSB4	0.779	0.608
特征根值（旋转后）	2.499	—
方差解释率（%）（旋转后）	62.480	—
累计方差解释率（%）（旋转后）	62.480	—
KMO 值	0.792	—
巴特利特球形值	185.622	—
df	6	—
p 值	0	—

（三）工作增益家庭预测试样本的效度检验

采用探索性因子分析法对工作增益家庭量表进行效度分析，结果如表 5-22 所示。KMO 值为 0.746，大于 0.6，且巴特利特球形值在 0.05 水平下显著，说明可做因子分析。提取 1 个因子，旋转后累计方差解释率为 58.929%，大于 50%，表明题项信息被提取程度较高。各题项的因子载荷系数均大于 0.6，且与工作增益家庭因子对应。所有题项对应的共同度值均高于 0.4，说明不需要剔除题项。综上所述，工作增益家庭量表具有良好的效度。

表 5-22　工作增益家庭量表预测试样本的探索性因子分析

题项	因子载荷系数工作增益家庭	共同度（公因子方差）
WTFE1	0.808	0.653
WTFE2	0.832	0.693
WTFE3	0.665	0.443
WTFE4	0.754	0.568
特征根值（旋转后）	2.357	
方差解释率（%）（旋转后）	58.929	
累计方差解释率（%）（旋转后）	58.929	

题项	因子载荷系数工作增益家庭	共同度（公因子方差）
KMO 值	0.746	—
巴特利特球形值	164.939	—
df	6	—
p 值	0.000	—

（四）家庭增益工作预测试样本的效度检验

采用探索性因子分析法对家庭增益工作量表进行效度分析，结果如表 5-23 所示。KMO 值为 0.794，大于 0.6，且巴特利特球形值在 0.05 水平下显著，说明可做因子分析。提取 1 个因子，旋转后累计方差解释率为 61.942%，大于 50%，表明题项信息被提取程度较高。各题项的因子载荷系数均大于 0.7，且与家庭增益工作因子对应。所有题项对应的共同度值均高于 0.5，说明不需要剔除题项。综上所述，家庭增益工作量表具有良好的效度。

表 5-23　家庭增益工作量表预测试样本的探索性因子分析

题项	因子载荷系数家庭增益工作	共同度（公因子方差）
FTWE1	0.743	0.552
FTWE2	0.808	0.652
FTWE3	0.803	0.645
FTWE4	0.793	0.628
特征根值（旋转后）	2.478	—
方差解释率（%）（旋转后）	61.942	—
累计方差解释率（%）（旋转后）	61.942	—
KMO 值	0.794	—
巴特利特球形值	179.177	—
df	6	—
p 值	0	—

（五）工作—家庭边界分割组织供给预测试样本的效度检验

采用探索性因子分析法对工作—家庭边界分割组织供给量表进行效度分析，结果如表 5-24 所示。KMO 值为 0.835，大于 0.6，且巴特利特球形值在 0.05 水平下显著，说明可做因子分析。提取 1 个因子，旋转后累计方差解释率为 74.268%，大于 50%，表明题项信息被提取程度较高。各题项的因子载荷系数均大于 0.8，且与工作—家庭边界分割组织供给因子对应。所有题项对应的共同度值均高于 0.7，说明不需要剔除题项。综上所述，工作—家庭边界分割组织供给量表具有良好的效度。

表 5-24 工作—家庭边界分割组织供给量表预测试样本的探索性因子分析

题项	因子载荷系数工作—家庭边界分割组织供给	共同度（公因子方差）
WSS1	0.854	0.729
WSS2	0.869	0.755
WSS3	0.848	0.720
WSS4	0.876	0.767
特征根值（旋转后）	2.971	—
方差解释率（%）（旋转后）	74.268	—
累计方差解释率（%）（旋转后）	74.268	—
KMO 值	0.835	—
巴特利特球形值	336.292	—
df	6	—
p 值	0.000	—

（六）工作—家庭边界分割员工偏好预测试样本的效度检验

采用探索性因子分析法对工作—家庭边界分割员工偏好量表进行效度分析，结果如表 5-25 所示。KMO 值为 0.748，大于 0.6，且巴特利特球形值在 0.05 水平下显著，说明可做因子分析。提取 1 个因子，旋转后累计方差解释率为 57.814%，大于 50%，表明题项信息被提取程度较高。各题项的因子载荷系数均大于 0.6，且与工作—家庭边界分割员工偏好因子对应。所有题项对应的共同度值均高于 0.4，说明不需要剔除题项。综上所述，工作—家庭边界分割员工偏好量表具有良好的效度。

表 5-25 工作—家庭边界分割员工偏好量表预测试样本的探索性因子分析

题项	因子载荷系数工作—家庭边界分割组织供给	共同度（公因子方差）
WSP1	0.793	0.629
WSP2	0.694	0.482

续表

题项	因子载荷系数工作—家庭边界分割组织供给	共同度（公因子方差）
WSP3	0.738	0.545
WSP4	0.810	0.657
特征根值（旋转后）	2.313	—
方差解释率（%）（旋转后）	57.814	—
累计方差解释率（%）（旋转后）	57.814	—
KMO 值	0.748	—
巴特利特球形值	149.163	—
df	6	—
p 值	0.000	—

（七）正念预测试样本的效度检验

采用探索性因子分析法对正念量表进行效度分析，结果如表 5-26 所示。KMO 值为 0.951，大于 0.6，且巴特利特球形值在 0.05 水平下显著，说明可做因子分析。提取 1 个因子，旋转后累计方差解释率为 61.003%，大于 50%，表明题项信息被提取程度较高。各题项的因子载荷系数均大于 0.6，且与正念因子对应。所有题项对应的共同度值均高于 0.4，说明不需要剔除题项。综上所述，正念量表具有良好的效度。

表 5-26　正念量表预测试样本的探索性因子分析

题项	因子载荷系数正念	共同度（公因子方差）
MIN1	0.769	0.591
MIN2	0.720	0.519
MIN3	0.754	0.569
MIN4	0.667	0.444
MIN5	0.781	0.610
MIN6	0.728	0.530
MIN7	0.843	0.711
MIN8	0.859	0.738
MIN9	0.824	0.679
MIN10	0.839	0.705

续表

题项	因子载荷系数正念	共同度（公因子方差）
MIN11	0.807	0.651
MIN12	0.736	0.541
MIN13	0.780	0.609
MIN14	0.831	0.691
MIN15	0.750	0.563
特征根值（旋转后）	9.151	—
方差解释率（%）（旋转后）	61.003	—
累计方差解释率（%）（旋转后）	61.003	—
KMO 值	0.951	—
巴特利特球形值	1771.265	—
df	105	—
p 值	0	—

（八）工作专注预测试样本的效度检验

采用探索性因子分析法对工作专注量表进行效度分析，结果如表 5-27 所示。KMO 值为 0.862，大于 0.6，且巴特利特球形值在 0.05 水平下显著，说明可做因子分析。提取 1 个因子，旋转后累计方差解释率为 58.165%，大于50%，表明题项信息被提取程度较高。各题项的因子载荷系数均大于 0.7，且与工作专注因子对应。所有题项对应的共同度值均高于 0.5，说明不需要剔除题项。综上所述，工作专注量表具有良好的效度。

表 5-27　工作专注量表预测试样本的探索性因子分析

题项	因子载荷系数工作专注	共同度（公因子方差）
WA1	0.715	0.511
WA2	0.808	0.652
WA3	0.734	0.538
WA4	0.783	0.614
WA5	0.815	0.665
WA6	0.714	0.510
特征根值（旋转后）	3.49	—
方差解释率（%）（旋转后）	58.165	—

续表

题项	因子载荷系数工作专注	共同度（公因子方差）
累计方差解释率（%）（旋转后）	58.165	—
KMO 值	0.862	—
巴特利特球形值	372.623	—
df	15	—
p 值	0.000	—

第三节　正式调查

通过预测试样本的信度和效度检验发现，员工幸福感、家庭支持型主管行为、正念、工作专注、工作增益家庭、家庭增益工作、工作—家庭边界分割组织供给、工作—家庭边界分割员工偏好 8 个核心变量的信度和效度均良好，无须对问卷做出修改，可以进一步开展大规模的正式调查。

一、正式调查过程

在正式调查前，本书主要从调查平台选择、调查样本规模、调查抽样方式、调查控制措施 4 个方面对调查方案进行了设计。

（一）调查平台选择

正式调查通过问卷星平台进行。问卷星作为全国权威的问卷调查平台，被广泛应用于问卷调查数据的采集，具有较高的可靠性。调查问卷的设计与录入由笔者负责完成，调查数据的发布与收集由问卷星专业工作人员具体实施。

（二）调查样本规模

参照样本应保证测量问题项的 5 倍以上，最好 10 倍以上的确定标准（Gorsuch，1983）。本书调查共涉及 68 个题项，其中，核心变量 59 个题项，人口统计学变量 9 个题项，因此，预计大规模正式调查至少需要采集 680 份有效调查样本。

（三）调查抽样方式

本书研究的员工具有一般性特征，可不做特殊性要求，不必指定具体的调查对象。因此，本书正式调查采用多阶段、随机方式进行抽样。具体而言，由问卷星平台根据用户注册信息，随机邀请各类组织中的正式在岗员工参加，同时，为保证样本结构与总体结构不发生明显偏差，根据阶段调查结果，随机调整调查对象，重点针对明显偏少的样本类型进行补调查。

（四）调查控制措施

为提高调查问卷的数据质量，在正式调查过程中主要采取了以下措施：第一，明确要求只有组织在岗员工可以填写，居民、学生等人群已被通过注册信息过滤，不能参与问卷填写；第二，每相隔 20 题设置两道题目为唯一答案题项，如本题请选择"非常不同意"，以甄别未认真、有效填写的问卷；第三，测算正常情况下每部分题项的填写时间，并作为最低填写时间的控制标准，如果未达到最短时间，系统将不允许翻阅至下一页继续答题，从而尽可能地避免同源偏差问题；第四，针对每位参与调查者设置 2 ~ 10 元的随机奖励，作为有效填写问卷的回报，以调动被测试者参与调查的积极性，激发被测试者参与调查的责任感，提高被测试者参与调查的质量。

完成上述调查设计后，本书开展了样本的正式调查。2020 年 12 月中旬至 2021 年 1 月中旬，通过问卷星平台经过为期 1 个月左右的多阶段、随机在线调查，本次调查共采集到 735 份调查问卷。因正式调查全部在问卷星系统采集数据，不存在样本未回收的情况。调查样本涵盖全国大部分省份，表明样本具有广泛的地区来源和一定的地区差异。剔除两道题目未按照要求选择的无效样本 22 份后，确定有效样本 713 份，样本有效率 97.01%。

二、正式调查样本结构

正式调查样本的结构分析如表 5-28 所示。性别方面，男性占 51.19%，女性占 48.81%，样本男女比例适中；年龄方面，主要集中在 35 岁及以下，占比达到 91.44%，可能与相对较大年龄人群问卷填写配合度较低有关；受教育程度方面，拥有本科及以上学历员工达到 85.42%，表明被测整体受过良好教育，对问卷题项可以有效理解并作答；婚姻方面，大部分被测处于已婚状态，占比达 68.72%，说明需要协调工作—家庭之间关系的员工较多；照顾 18 岁及以下子女数量方面，剔除未婚因素，需要照顾 18 岁及以下子女数量 1 个居多，占比 52.73%，这与我国当前大部分家庭为独生子女的现状基本吻合；是否有父母（或保姆）帮助处理家务方面，63.67% 的员工选择"是"，表明大部分被测员工能够得到来自父母（保姆）的家务支持；是否实行弹性工作时间方面，75.18% 的员工选择"否"，表明大部分被测员工的工作时间刚性，需要按时上下班；上下班单程通勤正常时间方面，近一半被测员工处于 21 ~ 40 分钟，时间相对适中；岗位属性方面，81.21% 的被测员工为普通员工和基层管理者，这与大部分组织施行的金字塔式组织结构基本匹配。综合上述分析，表明正式调查样本结构较为合理，具有一定的整体代表性和内部差异性，可进一步开展后续的数据分析和假设检验。

表 5-28　正式调查样本的结构分析

变量	选项	频数	百分比（%）	累计百分比（%）
性别	男	365	51.19	51.19
	女	348	48.81	100
年龄	25 岁及以下	111	15.57	15.57
	26～30 岁	328	46	61.57
	31～35 岁	213	29.87	91.44
	36～40 岁	37	5.19	96.63
	41～45 岁	17	2.38	99.02
	46 岁及以上	7	0.98	100
受教育程度	高中（中专）及以下	10	1.4	1.4
	大专	94	13.18	14.59
	本科	530	74.33	88.92
	硕士	76	10.66	99.58
	博士	3	0.43	100
婚姻状况	未婚	218	30.58	30.58
	已婚	490	68.72	99.3
	离异或丧偶	5	0.7	100
照顾 18 岁及以下子女数量	0 个	279	39.13	39.13
	1 个	376	52.73	91.87
	2 个	54	7.57	99.44
	3 个及以上	4	0.56	100
是否有父母（或保姆）帮助处理家务	是	454	63.67	63.67
	否	259	36.33	100
是否实行弹性工作时间	是	177	24.82	24.82
	否	536	75.18	100
上下班单程通勤正常时间	20 分钟及以下	132	18.51	18.51
	21～40 分钟	350	49.09	67.6
	41～60 分钟	163	22.86	90.46
	61～80 分钟	46	6.4	96.91

续表

变量	选项	频数	百分比（%）	累计百分比（%）
上下班单程通勤正常时间	81～100分钟	18	2.52	99.44
	101分钟及以上	4	0.56	100
岗位属性	普通员工	319	44.74	44.74
	基层管理者	260	36.47	81.21
	中层管理者	120	16.83	98.04
	高层管理者	14	1.96	100
合计		713	100	100

第四节　假设检验方法

一、主效应检验方法

主效应（Main Effect），即自变量 X 对因变量 Y 的直接影响，具体模型如图 5-1 所示。

图 5-1　主效应模型

假设检验模型涉及的模型只有 1 个，做因变量 Y 对自变量 X 的回归分析，即：

$$Y=c_0+cX+e_1 \tag{5-1}$$

参照 Fisher（1936）提出的检验方法，根据回归分析结果，判断自变量 X 回归系数的 p 值是否显著，若 p 值小于 0.01（小于 0.05 也可以接受），表明假设成立。在显著的前提下，根据自变量 X 的回归系数 c 的正负判断自变量 X 对因变量 Y 的影响关系为正向影响还是负向影响。

完成主效应检验后，可进一步通过自变量对因变量的回归系数值大小对各回归模型的主效应进行对比分析。自变量对因变量回归系数的绝对值越大，说明主效应越强。

本书采取主效应检验方法对假设 H1 及其子假设进行检验，并比较分析家庭支持型主管行为对员工幸福感各维度影响的主效应值。

二、中介效应检验方法

中介效应（Mediation Effect），即自变量 X 通过中介变量 M 对因变量 Y 产生影响（Sobel，1982；Baron 等，1986；温忠麟等，2004；方杰等，2012），在 Process 插件中对应模型 4，具体模型如图 5-2 所示。

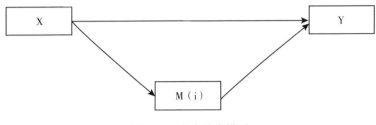

图 5-2　中介效应模型

根据中介变量的数量，可以将中介效应分为单个中介效应和多重中介效应。单个中介效应即只有一个中介变量 M；多重中介效应适用于情景较为复杂的模型，需要多个中介变量 M 揭示自变量对因变量的作用机制，如果中介变量 M 为两个，即为双重中介效应。进一步根据多个中介变量 M 之间是否存在相互影响，又可以将多重中介效应分为单步多重中介效应和多步多重中介效应（Hayes，2009）。单步多重中介效应，也称为并行多重中介效应，即中介变量 M 之间不存在相互影响；多步多重中介效应，也称为链式多重中介效应，即中介变量 M 之间存在影响关系，并依次发生作用，形成中介链（柳士顺等，2009；温忠麟等，2012）。本书涉及的工作增益家庭、家庭增益工作对家庭支持型主管行为与员工幸福感及其各维度关系的中介效应即为单步双重中介效应，涉及的工作增益家庭、家庭增益工作对家庭支持型主管行为与员工幸福感及其各维度关系的链式中介效应即为链式双重中介效应。

中介效应的检验方法主要有逐步回归法、系数乘积法等，本书参照温忠麟等（2014）综合上述方法提出的中介效应检验步骤，具体如图 5-3 所示。其中，c 表示 X 对 Y 时的回归系数（模型中没有中介变量 M 时）；a 表示 X 对 M 时的回归系数，b 表示 M 对 Y 时的回归系数（模型中有自变量 X 时），$a \times b$ 为 a 与 b 的乘积，即中介效应；95% BootCI 表示 Bootstrap 抽样计算得到的 95% 置信区间，如果区间不包括 0 则说明显著；c' 表示 X 对 Y 时的回归系数（模型中有中介变量 M 时）。中介效应检验涉及的模型有 3 个：

模型 1：做因变量 Y 对自变量 X 的回归分析，得出总效应值 c。

$$Y=c_0+cX+e_1$$

（5-2）

模型2：做中介变量 M 对自变量 X 的回归分析，得出中间效应过程值 a。

$$M=c_0+aX+e_2 \tag{5-3}$$

模型3：在模型1的基础上加入中介变量 M，做因变量 Y 对自变量 X、中介变量 M 的回归分析，得出直接效应值 c'，以及中间效应过程值 b，如图 5-3 所示。

$$Y=c_0+c'X+bM+e_3 \tag{5-4}$$

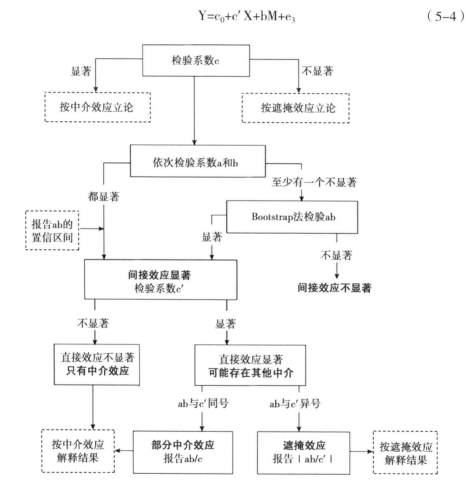

图 5-3　中介效应检验步骤

根据回归结果，如果 a 和 b 显著，但 c' 不显著，则为完全中介效应；如果 a 和 b 显著，且 c' 显著，且 a×b 与 c' 同向，则为部分中介效应；如果 a 和 b 显著，且 c' 显著，且 a×b 与 c' 异号，则为遮掩效应；如果 a 和 b 至少一个不显著，且 a×b 的 95% BootCI 包括数字 0（不显著），则中介效应不显著；如果 a 和 b 至少一个不显著，且 a×b 的 95% BootCI 不包括数字 0（显著），且

c' 不显著，则为完全中介效应；如果 a 和 b 至少一个不显著，且 a×b 的 95% BootCI 不包括数字 0（显著），且 c' 显著，且 a×b 与 c' 同号，则为部分中介效应；如果 a 和 b 至少一个不显著，且 a×b 的 95% BootCI 不包括数字 0（显著），且 c' 显著，且 a×b 与 c' 异号，则为遮掩效应。

完成中介效应检验后，还可进一步对比分析多个中介变量的中介效应量。中介效应量即自变量对中介变量的回归系数 a 与中介变量对因变量的回归系数 b 的乘积（温忠麟等，2016）。如果是完全中介效应，则中介效应量等于总效应，中介效应占总效应的比重为 100%；如果是部分中介效应，则中介效应量为：a×b，中介效应占总效应的比重为：a×b/c；如果是遮掩效应，则中介效应量为中介效应与直接效应的比值，计算公式为：|a×b/c|；如果中介效应不显著，则中介效应量为 0，中介效应占总效应的比重为 0%。

单步双重中介效应的检验方法与单个中介效应的检验方法相同，即需要依次检验中介变量 M1 和 M2 的中介效应是否显著。本书采用中介效应检验方法分别对假设 H2、假设 H3 及其子假设进行检验，并比较分析工作增益家庭和家庭增益工作对家庭支持型主管行为与员工幸福感及其各维度关系的中介效应值。

因链式双重中介效应涉及的路径比较复杂，Bootstrap 检验法被较多采用（Cheung，2007；Lau 等，2012；方杰等，2014）。Bootstrap 检验法主要用于计算回归系数 Bootstrap 95%CI 值，若 95% 抽样区间不包括数字 0，即表明链式双重中介效应成立。本书采用 Bootstrap 检验法分别对假设 H4 及其子假设进行检验，并比较分析工作增益家庭和家庭增益工作对家庭支持型主管行为与员工幸福感及其各维度关系的链式双重中介效应值。

三、双重调节效应检验方法

双重调节效应（Dobule Moderation Effect），即自变量 X 对因变量 Y 的影响随着调节变量 W1 和 W2 的变化而变化（Hayes，2013）。具体有两种模型：一种是有调节的调节效应模型，即回答"在 X 影响 Y 的过程中，W1 在 W2 的作用下发生怎样变化"的问题（Dawson，2014；Hayes，2018）；另一种是双重共同调节模型，即回答"在 W1 和 W2 的共同作用下，X 对 Y 的影响发生怎样变化"的问题。

第一种模型，本书尝试构建并检验了有调节的调节效应模型，即工作—家庭边界分割员工偏好对工作—家庭边界分割组织供给调节家庭支持型主管行为与员工幸福感，及其各维度关系的调节效应模型和工作—家庭边界分割组织供给对工作—家庭边界分割员工偏好调节家庭支持型主管行为与员工幸福感，及其各维度关系的调节效应模型，该模型对应 Process 插件的 Model 3。但是，检验有调节的调节效应须同时代入 X、W1、W2、X 和 W1 的交互项、X 和 W2 的交互项、W1 和 W2 的交互项及 X、W1 和 W2 三者的交互项，最终通过 X、W1 和 W2 三者的交互项的系数是否显著来判定 W2 对 W1 有调节的调节效应是否成立。因本书假设工作—家庭边界分割组织供给正向调节家庭支持型主管行为与员工幸福感及其各维度关系的同时，工作—家庭边界分割员工偏好负向调节家庭支持型主管行为与员工幸福感及其各维度的关系，二者对主效应的调节效应存在替代效应，最终导致家庭支持型主管行为、工作—家庭边界分割组织、工作—家庭边界分割员工偏好三者交互项的系数不显著。建议后续的研究可以选取同方向的调节变量，构建有调节的调节模型，进一步揭示家庭支持型主管行为影响员工幸福感的边界条件。

第二种模型，在 Process 插件中对应 Model 2，具体模型如图 5-4 所示。

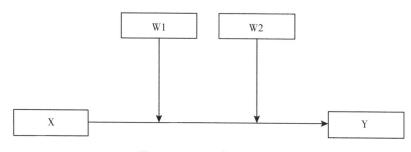

图 5-4　双重调节效应模型

参照 Hayes（2013）提出的双重调节效应检验方法，双重调节效应检验涉及的模型有 2 个：

模型 1：做因变量 Y 对自变量 X 的回归分析。自变量 X 的回归系数是否显著，可不作为检验调节变量 W1、W2 双重调节效应的前置条件。

$$Y=c_0+cX+e_1 \tag{5-5}$$

模型 2：在模型 1 的基础上加入调节变量 W1、W2 及交互项 X×W1、X×W2，做 Y 对自变量 X、调节变量 W1、W2 及交互项 X×W1、X×W2 的回归分析。为避免多重共线性的问题，需要对 W1、W2 和 X 进行中心化处理。此为核心模型，如果交互项 X×W1 与交互项 X×W2 同时呈现显著性，则说明 W1、W2 对主效应的双重调节效应成立。

$$Y=c_0+c_1X+c_2W_1+c_3W_2+c_4X×W_1+c_5X×W_2+e_2 \tag{5-6}$$

完成双重调节效应检验后，还可以通过式（5.6）回归模型中 R^2 与式（5.5）回归模型中 R^2 的差值比较调节效应量，二者的差值为正且越大，说明调节效应越强（温忠麟等，2012；方杰等，2015）。

本书采取双重调节效应检验方法对假设 H5 及其子假设进行检验，并比较分析工作—家庭边界分割组织供给与工作—家庭边界分割员工偏好对家庭支持型主管行为与员工幸福感各维度关系的双重调节效应值。

四、调节效应检验方法

调节效应（Moderation Effect），即自变量 X 对因变量 Y 的影响随着调节变量 W 的变化而变化（Kenny 等，1984；温忠麟等，2003）。在 Process 插件中对应 Model 1，具体模型如图 5–5 所示。

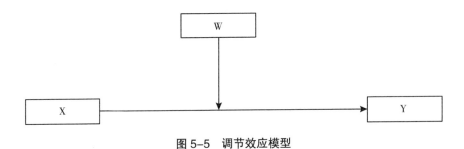

图 5–5　调节效应模型

参照温忠麟、侯杰泰、张雷（2005）提出的调节效应检验步骤。调节效应检验涉及的模型有 2 个：

模型 1：做因变量 Y 对自变量 X 的回归分析。自变量 X 的回归系数是否显著不作为检验调节变量 W 调节效应的前置条件。

$$Y=c_0+cX+e_1 \tag{5-7}$$

模型 2：在模型 1 的基础上加入调节变量 W、交互项 X×W，做 Y 对调节变量 W、交互项 X×W 的回归分析。为避免多重共线性的问题，需要对 W 和 X 进行中心化处理。此为核心模型，如果交互项 X×W 呈现显著性，则说明 W 对主效应具有调节作用。

$$Y=c_0+cX+aW+bX×W+e_2 \tag{5-8}$$

完成调节效应检验后，还可以通过式（5.8）回归模型中 R^2 与式（5.7）回归模型中 R^2 的差值比较调节效应量，二者的差值为正且越大，说明调节效应越强（温忠麟等，2012；方杰等，2015）。

本书采取调节效应检验方法对假设 H6 及其子假设进行检验，并比较分析正念对家庭支持型主管行为与员工幸福感各维度关系的调节效应值。

五、有中介的调节效应检验方法

有中介的调节效应（Mediated Moderation Effect，meMO），即调节变量 W

对自变量 X 影响因变量 Y 的调节效应通过中介变量 M 实现（温忠麟等，2006；Edwards 等，2007；Kwan 等，2017；Ng 等，2018；刘红云等，2021）。在 Process 插件中暂无对应的 Model，具体模型如图 5-6 所示。

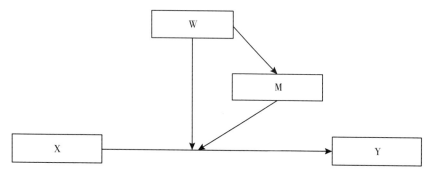

图 5-6　有中介的调节效应模型

参照叶宝娟和温忠麟（2013）提出的有中介的调节效应模型的检验步骤，具体如图 5-7 所示。检验过程中共涉及 3 个模型：

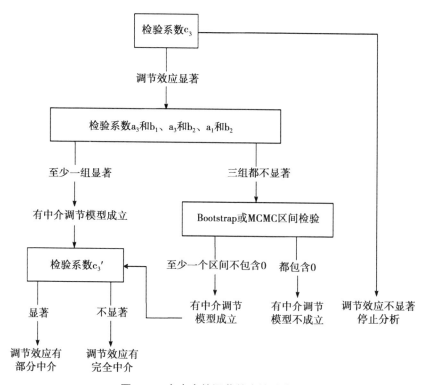

图 5-7　有中介的调节效应检验步骤

模型 1：做因变量 Y 对自变量 X、调节变量 W 和交互项 X×W 的回归分析。为避免多重共线性的问题，需要对 X 和 W 进行中心化处理。

$$Y=c_0+c_1X+c_2W+c_3X \times W+e_1 \tag{5-9}$$

模型 2：做中介变量 M 对自变量 X、调节变量 W 和交互项 X×W 的回归分析。为避免多重共线性的问题，需要对 X 和 W 进行中心化处理。

$$M=c_0+a_1X+a_2W+a_3X \times W+e_2 \tag{5-10}$$

模型 3：在模型 1 的基础上加入中介变量 M、交互项 M×W，做 Y 对自变量 X、中介变量 M、调节变量 W 及交互项 X×M、M×W 的回归分析。为避免多重共线性的问题，需要对 X、M 和 W 进行中心化处理。

$$Y=c_0'+c_1'X+c_2'W+c_3'X \times W+b_1M+b_2M \times W+e_3 \tag{5-11}$$

第一步，检验模型 1 的回归系数 c_3，如果显著，继续下面的步骤；否则，停止分析。

第二步，检验模型 2 的回归系数 a_1 和 a_3，以及模型 3 的回归系数 b_1 和 b_2，如果 a_3 和 b_1 显著，或者 a_3 和 b_2 显著，则 W×X 对 Y 的影响至少有一部分通过中介变量 M 实现；如果 a_1 和 b_2 显著，则 M 通过调节 W 对 Y 的效应，间接调节了 X 对 Y 的效应；如果三种情形无一成立，转到步骤 4。

第三步，检验系数 c_3'，如果不显著，说明调节效应有完全中介效应；如果显著，说明调节效应有部分中介效应，检验结束。

第四步，分别计算 a_3b_1、a_3b_2 和 a_1b_2 的置信区间，如果其中有一个置信区间不包含 0，表明 W 的中介效应显著，转到步骤 3；否则，中介效应不显著，检验结束。

有中介的调节效应模型本质仍然为调节效应模型。完成有中介的调节效应检验后，还可以参照调节效应量分析方法（温忠麟等，2012；方杰等，2015），对比式（5.11）回归模型中 R^2 与式（5.9）回归模型中 R^2 的差值，二者的差值为正且越大，说明相较无中介变量的调节效应，加入中介变量后的调节效应更强。

本书采取有中介的调节效应检验方法对假设 H7 及其子假设进行检验，并比较分析工作专注中介正念对家庭支持型主管行为与员工幸福感各维度关系的调节效应值。

六、有调节的中介效应检验方法

有调节的中介效应（Moderated Eediation，moME），即中介变量 M 对自变量 X 影响因变量 Y 的中介效应在调节变量 M 的作用下产生显著变化（温忠麟等，2006；温忠麟等，2014）。在 Process 插件中对应多种 Model7 和 Model14，具体模型如图 5-8 所示。

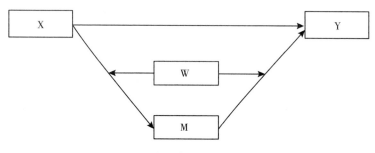

图 5-8　有调节的中介效应模型

参照温忠麟和叶宝娟（2014）提出的有调节的中介效应模型的检验步骤，具体如图 5-9 所示。检验过程中共涉及 3 个模型：

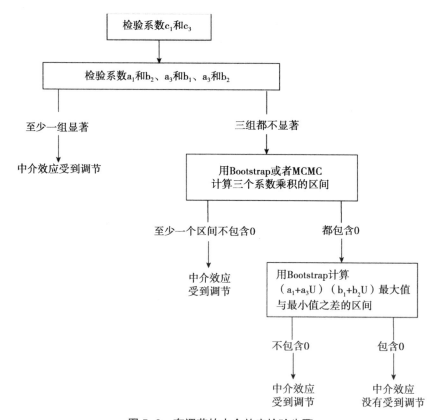

图 5-9　有调节的中介效应检验步骤

模型 1：做因变量 Y 对自变量 X、调节变量 W 和交互项 X×W 对的回归分析。为避免多重共线性的问题，需要对 X 和 W 进行中心化处理。自变量系数 c_1 是否显著不作为有调节的中介效应是否成立的前置条件。

$$Y=c_0+c_1X+c_2W+c_3X\times W+e_1 \tag{5-12}$$

模型 2：做中介变量 M 对自变量 X、调节变量 W 和交互项 X×W 的回归分析。为避免多重共线性的问题，需要对 X 和 W 进行中心化处理。

$$M=c_0+a_1X+a_2W+a_3X\times W+e_2 \tag{5-13}$$

模型 3：做因变量 Y 对自变量 X、中介变量 M、调节变量 W 和交互项 M×W 的回归分析。为避免多重共线性的问题，需要对 X、M 和 W 进行中心化处理。

$$Y=c_0'+c_1'X+c_2'W+b_1M+b_2M\times W+e_3 \tag{5-14}$$

第一步，检验回归方程（1）的系数 c_1 和 c_3；第二步，检验（a_1+a_3W）（b_1+b_2W）是否与 W 有关，如果 $a_1 \neq 0$ 且 $b_2 \neq 0$（调节后半路径）或者 $a_3 \neq 0$ 且 $b_1 \neq 0$（调节前半路径）或者 $a_3 \neq 0$ 且 $b_2 \neq 0$（调节前后路径）至少有一组显著，说明有调节的中介效应成立，否则，进一步进行 Bootstrap 计算三个系数的乘积区间，如果至少有一个区间不包括 0，说明有调节的中介效应成立，否则，进一步进行 Bootstrap 计算（a_1+a_3W）（b_1+b_2W）最大值与最小值之差的区间，如果不包括 0，说明有调节的中介效应成立，如果包括 0，说明有调节的中介效应不成立，检验到此终止。

梳理文献，发现计算有调节的中介效应量文献相对较少，尚未找到明确的方法支撑。本书保持关注相关文献，今后进一步拓展有中介的调节效应值的对比分析，本书采取有调节的中介效应检验方法对假设 H8、假设 H9 及其子假设进行检验。

七、假设检验方法汇总

综上所述，本书参考权威文献，提出了研究假设的检验方法，具体包括主效应（对应假设 H1 及其子假设）、中介效应（对应假设 H2、假设 H3、假设 H4 及其子假设）、双重调节效应（对应假设 H5 及其子假设）、调节效应（对应假设 H6 及其子假设）、有中介的调节效应（对应假设 H7 及其子假设）有调节的中介效应（对应假设 H8、假设 H9 及其子假设）等假设的检验，假设检验方法汇总如表 5-29 所示。

表 5-29 假设检验方法汇总

假设检验类型	对应假设	检验方法文献
主效应	H1 及 H1a、H1b、H1c	Fisher（1936）
中介效应	H2 及 H2a、H2b、H2c	温忠麟、叶宝娟（2014）
	H3 及 H3a、H3b、H3c	
	H4 及 H4a、H4b、H4c	
双重调节效应	H5 及 H5a、H5b、H5c	Hayes（2013）
调节效应	H6 及 H6a、H6b、H6c	温忠麟、侯杰泰、张雷（2005）
有中介的调节效应	H7 及 H7a、H7b、H7c	叶宝娟、温忠麟（2013）
有调节的中介效应	H8 及 H8a、H8b、H8c	温忠麟、叶宝娟（2014）
	H9 及 H9a、H9b、H9c	

第六章

数据基础分析

本章主要采用 SPSS、AMOS、Process 插件等软件对正式调查的样本进行数据基础分析，并报告分析结果，旨在为假设检验奠定合理化的基础。数据基础分析的内容包括描述性分析、信效度检验、单因素方差分析与相关性分析等。

第一节　描述性分析

描述性分析通常用于量表数据的基本情况统计。本书涉及的核心变量样本均为定量数据，可使用最大值、最小值反映样本的极端值，使用平均值反映样本的集中趋势，使用标准差反映样本的离散程度，使用峰度反映样本的分布特征。正式调查样本的描述性分析如表 6–1 所示，分析结果发现：各变量的最大值、最小值未见异常，平均值均较高，标准差均在正常范围内，家庭增益工作与工作—家庭边界分割员工偏好的峰度大于 3，表明样本非正态分布（王学民，2008），但上述两个变量的峰度明显低于 10，对研究结果的影响不大（温忠麟等，2018），其他变量的样本均呈正态分布。

表 6–1　正式调查样本的描述性分析

变量	样本量	最小值	最大值	平均值	标准差	峰度
员工幸福感	713	1.709	6.632	5.039	0.975	−0.090
家庭支持型主管行为	713	1.000	5.000	3.579	0.799	0.056
工作增益家庭	713	1.000	5.000	3.488	0.771	0.092
家庭增益工作	713	1.250	5.000	4.155	0.602	6.992
工作—家庭边界分割组织供给	713	1.000	5.000	3.038	0.983	−0.108
工作—家庭边界分割员工偏好	713	1.000	5.000	4.060	1.013	3.141

续表

变量	样本量	最小值	最大值	平均值	标准差	峰度
正念	713	1.600	5.800	3.955	0.826	−0.166
工作专注	713	1.000	6.000	3.963	0.868	0.166

第二节　信效度检验

信效度检验是假设检验的前提，即只有通过信效度检验，才可以进一步开展假设检验。本书采用Cronbach（克朗巴哈）α系数（Cronbach，1951）检验正式调查样本的信度，采用验证性因子法检验正式调查样本的聚合效度、区分效度以及是否存在严重的共同方法偏差问题。

一、信度检验

在预测试已经通过信度检验的基础上，本书进一步采用相同的方法，即Cronbach's α系数（Cronbach，1951）对正式调查样本进行信度检验。检验的原理与方法具体见第五章预测试信度检验部分。

（一）员工幸福感正式调查样本的信度检验

采用Cronbach's α系数对员工幸福感量表正式调查样本进行信度分析，结果如表6-2所示。员工幸福感总体及员工生活幸福感、员工工作幸福感、员工心理幸福感3个维度的Cronbach's α系数值分别为0.914、0.904、0.799和0.941，均大于0.7，表明员工幸福感量表及其3个分量表的信度水平良好。

表6-2　员工幸福感正式调查样本的 Cronbach 信度分析

题项	校正题项总计相关性（CITC）	题项删除后的 α 系数	对应维度	各维度 Cronbach's α 系数	总 Cronbach's α 系数
EWB1	0.774	0.897			
EWB2	0.750	0.900			
EWB3	0.752	0.900	员工生活幸福感	0.914	0.941
EWB4	0.816	0.891			
EWB5	0.679	0.913			
EWB6	0.807	0.893			

续表

题项	校正题项总计相关性（CITC）	题项删除后的 α 系数	对应维度	各维度 Cronbach's α 系数	总 Cronbach's α 系数
EWB7	0.742	0.887	员工工作幸福感	0.904	0.941
EWB8	0.813	0.875			
EWB9	0.705	0.892			
EWB10	0.724	0.889			
EWB11	0.683	0.895			
EWB12	0.756	0.884			
EWB13	0.578	0.763	员工心理幸福感	0.799	
EWB14	0.547	0.771			
EWB15	0.561	0.767			
EWB16	0.507	0.779			
EWB17	0.584	0.762			
EWB18	0.556	0.769			

（二）家庭支持型主管行为正式调查样本的信度检验

采用 Cronbach's α 系数对家庭支持型主管行为正式调查样本进行信度分析，结果如表6-3所示。家庭支持型主管行为的 Cronbach's α 系数值为0.756，大于0.7，表明家庭支持型主管行为量表的信度水平良好。

表6-3　家庭支持型主管行为正式调查样本的 Cronbach 信度分析

题项	校正题项总计相关性（CITC）	题项删除后的 α 系数	Cronbach's α 系数
FSSB1	0.481	0.739	0.756
FSSB2	0.612	0.666	
FSSB3	0.559	0.695	
FSSB4	0.565	0.693	

（三）工作增益家庭正式调查样本的信度检验

采用 Cronbach's α 系数对工作增益家庭正式调查样本进行信度分析，结果如表6-4所示。工作增益家庭量表的 Cronbach's α 系数值为0.719，大于

0.7，说明工作增益家庭量表的信度水平良好。

表 6-4　工作增益家庭正式调查样本的 Cronbach 信度分析

题项	校正题项总计相关性（CITC）	题项删除后的 α 系数	Cronbach's α 系数
WTFE1	0.555	0.629	
WTFE2	0.591	0.605	0.719
WTFE3	0.423	0.704	
WTFE4	0.476	0.675	

（四）家庭增益工作正式调查样本的信度检验

采用 Cronbach's α 系数对家庭增益工作正式调查样本进行信度分析，结果如表 6-5 所示。家庭增益工作量表的 Cronbach's α 系数值为 0.772，大于 0.7，说明家庭增益工作量表的信度水平良好。

表 6-5　家庭增益工作正式调查样本的 Cronbach 信度分析

题项	校正题项总计相关性（CITC）	题项删除后的 α 系数	Cronbach's α 系数
FTWE1	0.564	0.772	
FTWE2	0.561	0.724	0.772
FTWE3	0.582	0.712	
FTWE4	0.772	0.709	

（五）工作—家庭边界分割组织供给正式调查样本的信度检验

采用 Cronbach's α 系数对工作—家庭边界分割组织供给正式调查样本进行信度分析，结果如表 6-6 所示。工作—家庭边界分割组织供给量表的 Cronbach's α 系数值为 0.859，大于 0.8，说明工作—家庭边界分割组织供给量表的信度水平良好。

表 6-6　工作—家庭边界分割组织供给正式调查样本的 Cronbach 信度分析

题项	校正题项总计相关性（CITC）	题项删除后的 α 系数	Cronbach's α 系数
WSS1	0.718	0.815	
WSS2	0.738	0.806	0.859
WSS3	0.672	0.833	
WSS4	0.690	0.826	

（六）工作—家庭边界分割员工偏好正式调查样本的信度检验

采用 Cronbach's α 系数对工作—家庭边界分割员工偏好正式调查样本进行信度分析，结果如表6-7所示。工作—家庭边界分割员工偏好量表的 Cronbach's α 系数值为0.941，大于0.9，说明工作—家庭边界分割员工偏好量表的信度水平良好。

表 6-7　工作—家庭边界分割员工偏好正式调查样本的 Cronbach 信度分析

题项	校正题项总计相关性（CITC）	题项删除后的 α 系数	Cronbach's α 系数
WSP1	0.868	0.920	
WSP2	0.831	0.932	0.941
WSP3	0.86	0.923	
WSP4	0.877	0.917	

（七）正念正式调查样本的信度检验

采用 Cronbach's α 系数对正念正式调查样本进行信度分析，结果如表 6-8 所示。正念量表的 Cronbach's α 系数值为0.911，大于0.9，表明正念量表的信度水平良好。

表 6-8　正念正式调查样本的 Cronbach 信度分析

名称	校正题项总计相关性（CITC）	题项删除后的 α 系数	Cronbach's α 系数
MIN1	0.576	0.906	
MIN2	0.644	0.904	
MIN3	0.625	0.905	
MIN4	0.502	0.909	
MIN5	0.568	0.907	
MIN6	0.516	0.909	0.911
MIN7	0.660	0.903	
MIN8	0.714	0.902	
MIN9	0.659	0.903	
MIN10	0.712	0.901	
MIN11	0.615	0.905	

续表

名称	校正题项总计相关性（CITC）	题项删除后的 α 系数	Cronbach's α 系数
MIN12	0.559	0.907	
MIN13	0.574	0.906	0.911
MIN14	0.677	0.903	
MIN15	0.529	0.908	

（八）工作专注正式调查样本的信度分析

采用 Cronbach's α 系数对工作专注正式调查样本进行信度分析，结果如表 6-9 所示。工作专注量表的 Cronbach's α 系数值为 0.821，大于 0.8，说明工作专注量表的信度水平良好。

表 6-9　工作专注正式调查样本的 Cronbach 信度分析

名称	校正题项总计相关性（CITC）	题项删除后的 α 系数	Cronbach's α 系数
WA1	0.462	0.816	
WA2	0.598	0.791	
WA3	0.585	0.794	0.821
WA4	0.684	0.772	
WA5	0.682	0.771	
WA6	0.537	0.806	

二、聚合效度和区分效度检验

在预测试样本效度通过探索性因子分析的基础上，本书进一步采用验证性因子法对正式调查样本进行效度检验。验证性因子法主要用于测量显变量与潜变量之间的对应关系是否与预测保持一致，包括聚合效度和区分效度两个方面。聚合效度（Convergent Validity），即测量同一构念的测量题项能否落在同一个因子上，通常通过下列指标判定：各题项的标准载荷系数（Factor Loading）大于 0.4，说明题项与因子之间的关系较强（温忠麟等，2018），否则删除该题项；AVE（平均方差萃取量）大于 0.5（大于 0.36 也可以接受），CR（组合信度）大于 0.7（大于 0.6 也可以接受），说明模型的聚合效度良好（Fornell 等，1981；Bagozzi 等，1988；Bacon 等，1995；温忠麟等，2011）。区分效度（Discriminant Validity），即测量两个及以上因子的构念之间是否存在显著区别，通过使用 AVE（平均方差萃取量）的平方根值与其他因子的相关系数进行对比，如果 AVE 平方根值大于"该因子与其他因子间的相关系数"，则说明各因子或变量之间具有良好的区分效度（Henseler 等，2015）。本书涉及的所有 8 个核心变量中，除员工幸福感变量为三因子变量，家庭支持型主管行为、工作增益家庭、家庭增益工作、工作—家庭边界分割组织供给、工作—家庭边界分割员工偏好、正念、工作专注 7 个核心变量均为单因子变量。因此，本书将对所有 8 个核心变量进行聚合效度检验，并对员工幸福感变量三因子之间及所有 8 个核心变量之间进行区分效度检验。

（一）员工幸福感正式调查样本的聚合效度和区分效度

根据潜变量的层次，可以将测量模型划分为一阶模型和高阶模型（付会斌等，2013）。高阶因子解释全部一阶因子（维度）的共同变异，一阶因子解释相应维度一组题目的共同变异（顾红磊等，2017）。本书的研究假设涉及的因变量不仅包括员工幸福感变量的各个维度，还包括员工幸福感变量本身，因此，有必要同时对员工幸福感量表的一阶模型和二阶模型进行聚合效度分析。一阶模型分别检验各题项与员工幸福感各维度的聚合效度，二阶模型检验各维度与员工幸福感的聚合效度。

图 6-1 为员工幸福感正式调查样本的结构模型，由分析可知：18 个题项的标准载荷系数均大于 0.4，表明各题项与相应因子之间的关系较强，均可以保留；员工生活幸福感、员工工作幸福感、员工心理幸福感 3 个因子的标准载荷系数均大于 0.4，表明各因子与员工幸福感变量之间的关系较强，均可以保留。进一步对员工幸福感正式调查样本进行聚合效度分析，员工生活幸福感、员工工作幸福感、员工心理幸福感因子对应的 AVE 值分别为 0.643、0.618、0.402，均大于 0.36，且 CR 值分别为 0.915、0.906、0.799，均大于 0.7，表明员工幸福感变量各一阶因子均具有较好的聚合效度；员工幸福感的 AVE 值为 0.731，大于 0.36，CR 值为 0.884，大于 0.7，表明员工幸福感二阶因子具有良好的聚合效度。

员工幸福感各维度的区分效度分析如表 6-10 所示。员工生活幸福感的 AVE 平方根值为 0.802，大于因子间相关系数绝对值的最大值 0.784；员工工作幸福感的 AVE 平方根值为 0.786，大于因子间相关系数绝对值的最大值 0.784；员工心理幸福感的 AVE 平方根值为 0.634，大于因子间相关系数绝对值的最大值 0.632。综上分析表明，员工幸福感 3 个因子之间具有良好的区分效度。

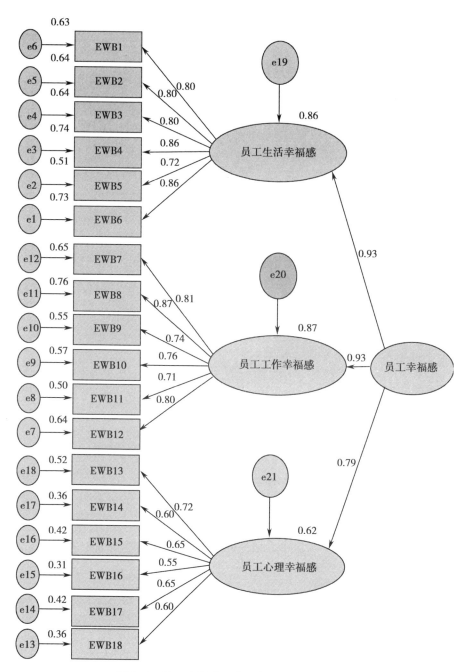

图 6-1　员工幸福感正式调查样本的结构模型

表6-10　员工幸福感正式调查样本各维度的区分效度分析

因子	员工生活幸福感	员工工作幸福感	员工心理幸福感
员工生活幸福感	0.802		
员工工作幸福感	0.784	0.786	
员工心理幸福感	0.607	0.632	0.634

注：斜对角线加粗数字为AVE平方根值。

（二）家庭支持型主管行为正式调查样本的聚合效度

家庭支持型主管行为正式调查样本的结构模型如图6-2所示，由分析可知：4个题项的标准载荷系数均大于0.4，表明各题项与家庭支持型主管行为因子之间的关系较强，均可以保留。进一步分析家庭支持型主管行为正式调查样本的聚合效度，家庭支持型主管行为因子对应的AVE值0.441，大于0.36，且CR值0.758，大于0.7，说明家庭支持型主管行为变量具有较好的聚合效度。

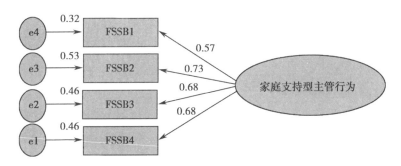

图6-2　家庭支持型主管行为正式调查样本的结构模型

（三）工作增益家庭正式调查样本的聚合效度

工作增益家庭正式调查样本的结构模型如图6-3所示，由分析可知：4个题项的标准载荷系数均大于0.4，表明各题项与工作增益家庭因子之间的关系较强，均可以保留。进一步对工作增益家庭正式调查样本的聚合效度分析，工作增益家庭因子对应的AVE值为0.436，大于0.36，且CR值为0.739，大于0.7，说明工作增益家庭变量具有较好的聚合效度。

（四）家庭增益工作正式调查样本的聚合效度

家庭增益工作正式调查样本的结构模型如图6-4所示，由分析可知：4个题项的标准载荷系数均大于0.4，表明各题项与家庭增益工作因子之间的关系较强，均可以保留。进一步对工作增益家庭正式调查样本的聚合效度分析，增益家庭工作因子对应的AVE值0.459，大于0.36，且CR值0.773，大于0.7，说明增益家庭工作变量具有较好的聚合效度。

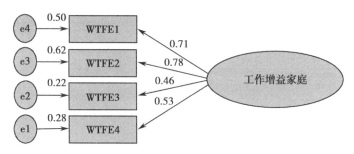

图 6-3　工作增益家庭正式调查样本的结构模型

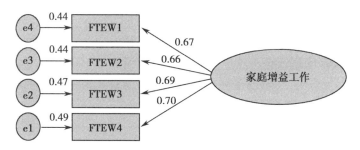

图 6-4　家庭增益工作正式调查样本的结构模型

（五）工作—家庭边界分割组织供给正式调查样本的聚合效度

工作—家庭边界分割组织供给正式调查样本的结构模型如图 6-5 所示，由分析可知：4 个题项的标准载荷系数均大于 0.4，表明各题项与工作—家庭边界分割组织供给因子之间的关系较强，均可以保留。进一步分析工作—家庭边界分割组织供给正式调查样本的聚合效度，各题项的标准载荷系数均大于 0.7，工作—家庭边界分割组织供给因子对应的 AVE 值 0.605，大于 0.36，且 CR 值 0.860，大于 0.7，说明工作—家庭边界分割组织供给具有较好的聚合效度。

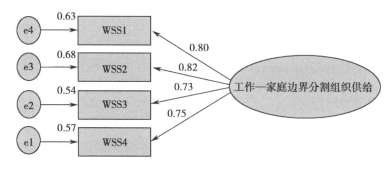

图 6-5　工作—家庭边界分割组织供给正式调查样本的结构模型

（六）工作—家庭边界分割员工偏好正式调查样本的聚合效度

工作—家庭边界分割员工偏好正式调查样本的结构模型如图 6-6 所示，由分析可知：4 个题项的标准载荷系数均大于 0.4，表明各题项与工作—家庭边界分割员工偏好因子之间的关系较强，均可以保留。进一步分析工作—家庭边界分割员工偏好正式调查样本的聚合效度，工作—家庭边界分割员工偏好因子对应的 AVE 值 0.800，大于 0.36，且 CR 值 0.941，大于 0.7，说明工作—家庭边界分割员工偏好具有较好的聚合效度。

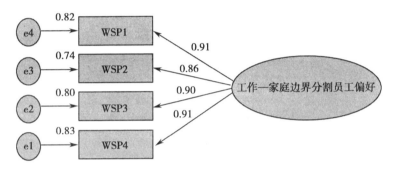

图 6-6　工作—家庭边界分割员工偏好正式调查样本的结构模型

（七）正念正式调查样本的聚合效度

正念正式调查样本的结构模型如图 6-7 所示，由分析可知：15 个题项的标准载荷系数均大于 0.4，表明各题项与正念因子之间的关系较强，均可以保留。进一步分析正念正式调查样本的聚合效度，正念因子对应的 AVE 值 0.411，大于 0.36，且 CR 值 0.912，大于 0.7，说明正念变量具有较好的聚合效度。

（八）工作专注正式调查样本的聚合效度

工作专注正式调查样本的结构模型如图 6-8 所示，由分析可知：6 个题项的标准载荷系数均大于 0.4，表明各题项与工作专注因子之间的关系较强，均可以保留。进一步分析工作专注正式调查样本进行验证性因子分析，工作专注因子对应的 AVE 值 0.447，大于 0.36，且 CR 值均 0.825，大于 0.7，说明工作专注变量具有较好的聚合效度。

（九）核心变量间的区分效度

核心变量间的区分效度分析结果如表 6-11 所示。依次对比各核心变量的 AVE 平方根值与其他变量间相关系数绝对值的最大值，如果前者均大于后者，说明各核心变量之间具有明显的区分效度。具体分析可知：员工幸福感的 AVE 平方根值为 0.689，大于因子间相关系数绝对值的最大值 0.639；家庭支

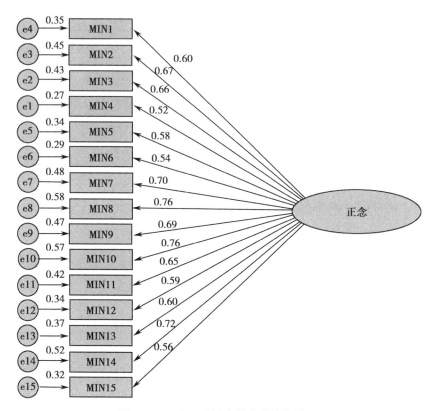

图 6-7 正念正式调查样本的结构模型

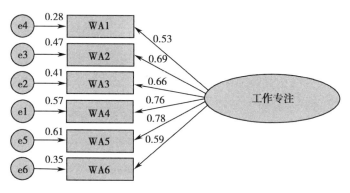

图 6-8 工作专注正式调查样本的结构模型

持型主管行为的 AVE 平方根值为 0.666，大于因子间相关系数绝对值的最大值 0.630；工作增益家庭的 AVE 平方根值为 0.657，大于因子间相关系数绝对值的最大值 0.639；家庭增益工作的 AVE 平方根值为 0.636，略小于因子间相关系数绝对值的最大值 0.639；基本可以接受工作—家庭边界分割组织供给的 AVE

平方根值为 0.778，大于因子间相关系数绝对值的最大值 0.368；工作—家庭边界分割员工偏好的 AVE 平方根值为 0.894，大于因子间相关系数绝对值的最大值 0.131；正念的 AVE 平方根值为 0.643，大于因子间相关系数绝对值的最大值 –0.327；工作专注的 AVE 平方根值为 0.669，大于因子间相关系数绝对值的最大值 0.571。综上表明，本书研究涉及的 8 个核心变量之间具有良好的区分效度。

表 6–11　核心变量间的区分效度分析

变量	1	2	3	4	5	6	7	8
员工幸福感（1）	0.689							
家庭支持型主管行为（2）	0.630	0.666						
工作增益家庭（3）	0.639	0.541	0.636					
家庭增益工作（4）	0.493	0.352	0.485	0.677				
工作—家庭边界分割组织供给（5）	0.341	0.368	0.360	0.125	0.778			
工作—家庭边界分割员工偏好（6）	–0.124	–0.036	–0.120	0.131	–0.010	0.894		
正念（7）	0.327	0.184	0.135	0.197	–0.048	–0.068	0.643	
工作专注（8）	0.571	0.420	0.521	0.371	0.225	–0.010	0.190	0.669

注：斜对角线加粗数字为 AVE 平方根值。

三、共同方法偏差检验

共同方法偏差（Common Method Variance，CMV），又称同源方法，指使用同种测量工具可能会导致特质间产生虚假的共同变异，常见于自陈量表测量的数据中（Spector 等，2010；熊红星等，2013）。问卷来源、测量时间、问卷设计等都可能引起共同方法偏差（朱海腾等，2019）。共同方法偏差检验方法有 Harman 单因子法（Harman，1960；Harman 等，1976；周浩等，2004）、控制未测量的潜在方法因子（ULMC）法（Ding 等，2015）、验证性因子分析（CFA）法（Williams 等，2010），其中验证性因子分析法检验力最高（汤丹丹等，2020）。因本书使用封闭式问卷测量法在同一时期连续对多个变量进行测量，有必要进行共同方法偏差检验。对比分析三种共同方法偏差检验方法，本书选择验证性因子分析法检验正式调查样本是否存在严重的共同方法偏差问题。具体而言，将每个核心变量变为一个因子，检验不同因子组合下的测量模型适配度，通常采用以下指标判定：χ^2/df（卡方自由度比）小于 3（小于 5 也可以接受），GFI（拟合优度指数）大于 0.9（大于 0.85 也可以接受），RMSEA（近似误差均方根）小于 0.05（小于 0.08 也可以接受），CFI（相对拟合指数）大于 0.9（大于 0.85 也可以接受），NFI（标准拟合指数）大于 0.9（大于 0.85 也可以接受），NNFI（非赋范拟合指数）大于 0.9（大于 0.85 也可以接受），AGFI（调整拟合优度指数）大于 0.9（大于 0.85 也可以接受）等，上述指标能够在可接受范围之内，说明模型的拟合度良好（Hu 等，1998，1999；温忠麟等，2004）。如果相较其他测量模型，上述指标中，单因子测量模型表现最差，且均不符合上述判定标准，则证明调查样本通过共同方法偏差检验。

本书对不同因子组合的测量模型比较分析结果如表 6-12 所示。分析发现，相比于八因子模型、七因子模型、六因子模型、五因子模型、四因子模型、三因子模型、二因子模型，单因子模型的适配度最差，且 χ^2/df、GFI、RMSEA、CFI、NFI、NNFI、AGFI 七项指标值均不在可接受范围之内，说明本书研究的 8 个核心变量无法聚焦成一个因子，样本数据不存在严重的共同方法偏差问题。

表 6-12　测量模型比较分析

模型	χ^2/df	GFI	RMSEA	CFI	NFI	NNFI	AGFI
八因子模型	2.572	0.795	0.047	0.884	0.823	0.877	0.776
七因子模型	4.618	0.718	0.067	0.764	0.712	0.753	0.694
六因子模型	4.336	0.698	0.068	0.751	0.700	0.740	0.673
五因子模型	5.225	0.637	0.077	0.684	0.637	0.670	0.608
四因子模型	6.046	0.587	0.084	0.621	0.579	0.606	0.556
三因子模型	7.582	0.559	0.096	0.570	0.537	0.552	0.522
二因子模型	7.754	0.554	0.097	0.559	0.525	0.540	0.517
单因子模型	0.814	0.556	0.102	0.545	0.515	0.525	0.518

注：八因子模型：EWB、FSSB、WTFE、FTWE、WSS、WSP、MIN、WA；七因子模型：EWB、FSSB、WTFE、FTWE、WSS+WSP、MIN、WA；六因子模型：EWB、FSSB、WTFE+FTWE、WSS+WSP、MIN、WA；五因子模型：EWB、FSSB、WTFE+FTWE、WSS+WSP、MIN+WA；四因子模型：EWB、FSSB、WTFE+FTWE、WSS+WSP+MIN+WA；三因子模型：EWB、FSSB、WTFE+FTWE+WSS+WSP+MIN+WA；二因子模型：EWB、FSSB+WTFE+FTWE+WSS+WSP+MIN+WA；单因子模型：EWB+FSSB+WTFE+FTWE+WSS+WSP+MIN+WA。

此外，测量模型比较分析结果还可以用于进一步检验核心变量之间的区分效度。如果相较其他测量模型，最大因子测量模型拟合度最优，且均符合判定标准，则证明调查样本通过区分效度检验。分析发现，相比于七因子模型、六因子模型、五因子模型、四因子模型、三因子模型、二因子模型、单因子模型，八因子模型的适配度最优，且 χ^2/df、RMSE、CFI、NNFI 四项指标值均在可接受范围之内，GFI、NFI、AGFI 三项指标值略低于 0.85，基本可以接受，进一步表明本书研究的 8 个核心变量之间具有明显的区分效度。

第三节　单因素方差分析与相关性分析

单因素方差分析，旨在揭示核心变量在不同类型的人口统计学变量上是否存在显著的差异。相关性分析，旨在揭示所有变量（包括核心变量和人口统计学变量）间是否存在显著的相关关系。单因素方差分析和相关性分析的结果，将为本书假设检验阶段控制变量的选取提供依据。

一、单因素方差分析

单因素方差分析（One-way ANOVA），用于反映 Y（定量变量）在不同组别下的 X（定类变量）是否存在显著性差异（Wilcox，2003；戴金辉等，2016）。如果单因素方差分析结果呈现显著性差异，则进一步通过对比在不同组别 X 下 Y 的平均值大小，描述具体差异所在；如果单因素方差分析结果没有呈现显著性，就说明在不同组别 X 下，Y 没有差异。本书将以个人层面的性别、年龄、教育程度，家庭层面的婚姻状况、正在照顾 18 岁以下子女数量、是否有父母（保姆等）帮助处理家务，工作层面的岗位属性、是否弹性办公、上下班单程通勤正常时间等 9 个定类人口统计学变量为单因素，依次检验上述因素是否在员工幸福感、家庭支持型主管行为、工作增益家庭、家庭增益工作、工作—家庭边界分割组织供给、工作—家庭边界分割员工偏好、正念、工作专注 8 个核心变量上存在显著性差异。

（一）性别为单因素的方差分析

性别为前因变量，8 个核心变量为结果变量，单因素方差分析结果如表 6-13 所示。具体而言，不同性别样本对于工作—家庭边界分割员工偏好（女性 > 男性）共 1 个核心变量呈现出显著性差异，而对于员工幸福感、家庭支持型主管行为、工作增益家庭、家庭增益工作、工作—家庭边界分割组织供给、正念、工作专注 7 个核心变量不会表现出显著性差异。

表 6-13　性别为单因素的方差分析

变量	性别（平均值 ± 标准差）		F	p
	1.0（n=365）	2.0（n=348）		
员工幸福感	5.00 ± 1.00	5.08 ± 0.95	1.217	0.270
家庭支持型主管行为	3.57 ± 0.77	3.59 ± 0.83	0.069	0.793
工作增益家庭	3.46 ± 0.77	3.52 ± 0.78	0.813	0.368
家庭增益工作	4.13 ± 0.62	4.18 ± 0.58	1.454	0.228
工作—家庭边界分割组织供给	3.00 ± 0.98	3.08 ± 0.99	1.131	0.288
工作—家庭边界分割员工偏好	3.97 ± 1.05	4.16 ± 0.96	6.238	0.013[*]
正念	3.91 ± 0.83	4.01 ± 0.82	2.677	0.102
工作专注	3.95 ± 0.85	3.97 ± 0.89	0.097	0.756

注：* 表示 $p<0.05$，** 表示 $p<0.01$。

（二）年龄为单因素的方差分析

年龄为前因变量，8 个核心变量为结果变量，单因素方差分析结果如表 6-14 所示。具体而言，不同年龄样本对于员工幸福感（36～40 岁 >31～35 岁 >41～45 岁 >46 岁及以上 >26～30 岁 >25 岁及以下）、家庭支持型主管行为（36～40 岁 >41～45 岁 >31～35 岁 >46 岁及以上 >26～30 岁 >25 岁及以下）、工作增益家庭（41～45 岁 >36～40 岁 >31～35 岁 >26～30 岁 >46 岁及以上 >25 岁及以下）、工作—家庭边界分割组织供给（46 岁及以上 >25 岁及以下 >26～30 岁 >31～35 岁 >36～40 岁 >41～45 岁）、工作专注（36～40 岁 >46 岁以上 >31～35 岁 >41～45 岁 >26～30 岁 >25 岁及以下）共 5 个核心变量呈现出显著性差异，而对于家庭增益工作、工作—家庭边界分割员工偏好、正念共 3 个核心变量不会表现出显著性差异。

（三）受教育程度为单因素的方差分析

受教育程度为前因变量，8 个核心变量为结果变量，单因素方差分析结果如表 6-15 所示。具体而言，不同受教育程度样本对于员工幸福感、家庭支持型主管行为、工作增益家庭、家庭增益工作、工作—家庭边界分割组织供给、工作—家庭边界分割员工偏好、正念、工作专注共 8 个核心变量均不会表现出显著性差异。

表6-14 年龄为单因素的方差分析

变量	年龄（平均值 ± 标准差）						F	p
	1.0（n=111）	2.0（n=328）	3.0（n=213）	4.0（n=37）	5.0（n=17）	6.0（n=7）		
员工幸福感	4.81±0.98	4.97±0.97	5.21±0.96	5.24±0.98	5.17±0.97	5.02±0.91	3.313	0.006**
家庭支持型主管行为	3.50±0.77	3.50±0.82	3.69±0.81	3.84±0.64	3.72±0.73	3.68±0.35	2.670	0.021*
工作增益家庭	3.16±0.75	3.43±0.77	3.69±0.73	3.70±0.74	3.81±0.65	3.29±0.65	8.889	0.000**
家庭增益工作	4.06±0.65	4.16±0.58	4.17±0.60	4.24±0.71	4.21±0.44	4.32±0.40	0.840	0.521
工作—家庭边界分割组织供给	2.92±0.95	2.97±0.97	3.15±0.99	3.46±1.02	3.07±0.96	2.54±1.07	3.011	0.011*
工作—家庭边界分割员工偏好	4.27±0.77	4.03±1.04	4.04±1.08	4.00±0.95	3.63±1.16	4.21±0.55	1.667	0.140
正念	3.85±0.76	3.93±0.80	4.02±0.88	4.04±0.98	4.18±0.73	3.78±0.63	1.110	0.354
工作专注	3.67±0.89	3.90±0.86	4.16±0.83	4.19±0.89	4.12±0.75	4.17±0.67	6.039	0.000**

注：* 表示 $p<0.05$，** 表示 $p<0.01$。

表6-15　受教育程度为单因素的方差分析

变量	受教育程度（平均值 ± 标准差）					F	p
	1.0 (n=10)	2.0 (n=94)	3.0 (n=530)	4.0 (n=76)	5.0 (n=3)		
员工幸福感	4.79±0.99	4.96±0.93	5.05±1.00	5.07±0.87	5.87±0.64	0.899	0.464
家庭支持型主管行为	3.60±0.44	3.63±0.67	3.58±0.82	3.47±0.86	4.17±0.14	0.865	0.484
工作增益家庭	3.13±0.78	3.37±0.82	3.52±0.76	3.44±0.78	3.67±0.14	1.500	0.200
家庭增益工作	4.08±0.55	4.18±0.62	4.16±0.60	4.09±0.64	4.42±0.58	0.433	0.785
工作—家庭边界分割组织供给	3.52±0.66	2.93±0.91	3.06±0.98	2.96±1.10	2.58±1.13	1.233	0.296
工作—家庭边界分割员工偏好	4.42±0.53	4.07±1.13	4.06±0.98	3.99±1.14	3.75±0.66	0.496	0.739
正念	3.69±0.52	3.91±0.72	3.95±0.85	4.04±0.83	4.18±0.27	0.560	0.692
工作专注	3.87±0.80	3.86±0.91	3.98±0.85	3.95±0.95	3.89±1.11	0.432	0.786

（四）婚姻状况为单因素的方差分析

婚姻状况为前因变量，8 个核心变量为结果变量，单因素方差分析结果如表 6-16 所示。具体而言，不同婚姻状况样本对于员工幸福感（已婚 > 未婚 > 离异或丧偶）、家庭支持型主管行为（已婚 > 未婚 > 离异或丧偶）、工作增益家庭（已婚 > 离异或丧偶 > 未婚）、家庭增益工作（已婚 > 未婚 > 离异或丧偶）、正念（已婚 > 未婚 > 离异或丧偶）、工作专注（已婚 > 未婚 > 离异或丧偶）6 个核心变量呈现出显著性差异，而对于工作—家庭边界分割组织供给、工作—家庭边界分割员工偏好共 2 个核心变量不会表现出显著性差异。

表 6-16　婚姻状况为单因素的方差分析

变量	婚姻状况（平均值 ± 标准差）			F	p
	1.0（n=218）	2.0（n=490）	3.0（n=5）		
员工幸福感	4.71 ± 1.01	5.19 ± 0.91	4.10 ± 1.59	21.715	0.000**
家庭支持型主管行为	3.46 ± 0.84	3.64 ± 0.77	2.70 ± 0.82	7.251	0.001**
工作增益家庭	3.25 ± 0.81	3.59 ± 0.73	3.30 ± 0.74	15.413	0.000**
家庭增益工作	4.03 ± 0.65	4.21 ± 0.57	3.75 ± 0.73	8.384	0.000**
工作—家庭边界分割组织供给	2.98 ± 0.99	3.05 ± 0.98	3.95 ± 0.33	2.619	0.074
工作—家庭边界分割员工偏好	4.36 ± 0.57	4.34 ± 0.43	4.60 ± 0.38	0.838	0.433
正念	3.76 ± 0.84	4.05 ± 0.80	3.44 ± 0.87	10.443	0.000**
工作专注	3.78 ± 0.87	4.05 ± 0.85	3.33 ± 1.06	8.718	0.000**

注：* 表示 p<0.05，** 表示 p<0.01。

（五）照顾 18 岁及以下子女数量为单因素的方差分析

照顾 18 岁及以下子女数量为前因变量，8 个核心变量为结果变量，单因素方差分析结果如表 6-17 所示。具体而言，不同照顾 18 岁及以下子女数量样本对于员工幸福感（3 个及以上 >1 个 >2 个 > 没有）、家庭支持型主管行为（3 个及以上 >1 个 >2 个 >0 个）、工作增益家庭（1 个 >2 个 >3 个及以上 >0 个）、家庭增益工作（1 个 >2 个 > 3 个及以上 >0 个）、正念（1 个 >0 个 >2 个 >3 个及以上）、工作专注（2 个 >1 个 > 3 个及以上 >0 个）7 个核心变量呈现出显著性差异，而对于工作—家庭边界分割组织供给、工作—家庭边界分割员工偏好共 2 个核心变量不会表现出显著性差异。

表 6-17 照顾 18 岁及以下子女数量为单因素的方差分析

变量	照顾 18 岁及以下子女数量（平均值 ± 标准差）				F	p
	1.0（n=279）	2.0（n=376）	3.0（n=54）	4.0（n=4）		
员工幸福感	4.73 ± 1.04	5.25 ± 0.88	5.14 ± 0.84	5.65 ± 1.18	16.979	0.000**
家庭支持型主管行为	3.39 ± 0.86	3.70 ± 0.74	3.69 ± 0.72	3.94 ± 0.47	9.226	0.000**
工作增益家庭	3.26 ± 0.80	3.64 ± 0.72	3.62 ± 0.67	3.56 ± 0.59	14.816	0.000**
家庭增益工作	4.05 ± 0.67	4.23 ± 0.53	4.17 ± 0.65	4.06 ± 0.13	4.923	0.002**
工作—家庭边界分割组织供给	2.98 ± 0.99	3.04 ± 0.97	3.23 ± 0.99	3.81 ± 0.80	1.870	0.133
工作—家庭边界分割员工偏好	4.07 ± 1.06	4.05 ± 0.99	4.06 ± 0.95	4.56 ± 0.31	0.351	0.788
正念	3.82 ± 0.81	4.08 ± 0.81	3.80 ± 0.85	3.32 ± 1.23	7.053	0.000**
工作专注	3.76 ± 0.88	4.09 ± 0.84	4.11 ± 0.83	3.92 ± 0.89	8.685	0.000**

注：* 表示 $p<0.05$，** 表示 $p<0.01$。

（六）是否有父母（或保姆）帮助处理家务为单因素的方差分析

是否有父母（或保姆）帮助处理家务为前因变量，8 个核心变量为结果变量，单因素方差分析结果如表 6-18 所示。具体而言，是否有父母（或保姆）帮助处理家务样本对于员工幸福感、家庭支持型主管行为、工作增益家庭、家庭增益工作、工作—家庭边界分割组织供给、工作—家庭边界分割员工偏好、正念、工作专注 8 个核心变量均不会表现出显著性差异。

表 6-18 是否有父母（或保姆）帮助处理家务为单因素的方差分析

变量	是否有父母（或保姆）帮助处理家务（平均值 ± 标准差）		F	p
	1.0（n=454）	2.0（n=259）		
员工幸福感	5.05 ± 0.97	5.02 ± 0.99	0.239	0.625
家庭支持型主管行为	3.61 ± 0.80	3.53 ± 0.80	1.352	0.245
工作增益家庭	3.51 ± 0.77	3.45 ± 0.77	0.971	0.325

续表

变量	是否有父母（或保姆）帮助处理家务（平均值 ± 标准差）		F	p
	1.0（n=454）	2.0（n=259）		
家庭增益工作	4.17 ± 0.58	4.13 ± 0.65	0.469	0.494
工作—家庭边界分割组织供给	3.04 ± 0.98	3.03 ± 1.00	0.009	0.923
工作—家庭边界分割员工偏好	4.07 ± 1.00	4.05 ± 1.04	0.084	0.772
正念	3.93 ± 0.84	4.00 ± 0.80	1.289	0.257
工作专注	3.96 ± 0.86	3.96 ± 0.88	0.002	0.965

（七）是否实行弹性工作时间为单因素的方差分析

是否实行弹性工作时间为前因变量，8 个核心变量为结果变量，单因素方差分析结果如表 6–19 所示。具体而言，是否实行弹性工作时间样本对于员工幸福感（是＞否）、家庭支持型主管行为（是＞否）、工作增益家庭（是＞否）、工作—家庭边界分割组织供给（否＞是）、工作专注（是＞否）5 个核心变量呈现出显著性差异，而对于家庭增益工作、工作—家庭边界分割员工偏好、正念 3 个核心变量不会表现出显著性差异。

表 6–19　是否实行弹性工作时间为单因素的方差分析

变量	是否实行弹性工作时间（平均值 ± 标准差）		F	p
	1.0（n=177）	2.0（n=536）		
员工幸福感	5.41 ± 0.82	4.92 ± 0.99	36.439	0.000[**]
家庭支持型主管行为	3.82 ± 0.69	3.50 ± 0.82	21.645	0.000[**]
工作增益家庭	3.80 ± 0.63	3.38 ± 0.79	41.636	0.000[**]
家庭增益工作	4.21 ± 0.49	4.14 ± 0.63	2.237	0.135
工作—家庭边界分割组织供给	3.44 ± 0.90	2.90 ± 0.97	41.915	0.000[**]
工作—家庭边界分割员工偏好	3.99 ± 0.97	4.08 ± 1.03	1.075	0.300
正念	3.89 ± 0.99	3.98 ± 0.76	1.540	0.215
工作专注	4.21 ± 0.89	3.88 ± 0.85	19.518	0.000[**]

注：* 表示 $p<0.05$，** 表示 $p<0.01$。

（八）上下班单程通勤正常时间为单因素的方差分析

上下班单程通勤正常时间为前因变量，8 个核心变量为结果变量，单因素方差分析结果如表 6-20 所示。具体而言，不同上下班单程通勤正常时间样本对于员工幸福感（21 ~ 40 分钟 >41 ~ 60 分钟 >61 ~ 80 分钟 >20 分钟及以下 >81 ~ 100 分钟 >101 分钟以上）、家庭支持型主管行为（21 ~ 40 分钟 >41 ~ 60 分钟 >20 分钟及以下 >61 ~ 80 分钟 >81 ~ 100 分钟 >101 分钟以上）、工作专注（61 ~ 80 分钟 >21 ~ 40 分钟 >41 ~ 60 分钟 >20 分钟及以下 >81 ~ 100 分钟 >101 分钟以上）4 个核心变量呈现出显著性差异，而对于工作增益家庭、家庭增益工作、工作—家庭边界分割组织供给、工作—家庭边界分割员工偏好、正念这 4 个核心变量项不会表现出显著性差异。

（九）岗位属性为单因素的方差分析

岗位属性为前因变量，8 个核心变量为结果变量，单因素方差分析结果如表 6-21 所示。具体而言，不同岗位属性样本对于员工幸福感（高层管理者 > 中层管理者 > 基层管理者 > 普通员工）共 1 个核心变量呈现出显著性差异，而对于家庭支持型主管行为、工作增益家庭、家庭增益工作、工作—家庭边界分割组织供给、工作—家庭边界分割员工偏好、正念、工作专注 7 个核心变量不会表现出显著性差异。

二、相关性分析

相关性分析，用于研究变量之间的关系情况，包括是否有关系、关系紧密程度等（Shrout 等，1979）。本书采用 Pearson 分析法（Coefficient，1996；Nahler 等，2009）检验各变量之间的相关性，结果如表 6-22 所示。本书主要分析员工幸福感和其他变量之间的相关关系。具体可知：员工幸福感与家庭支持型主管行为、工作增益家庭、家庭增益工作、工作—家庭边界分割组织供给、工作—家庭边界分割员工偏好、正念、工作专注、年龄、婚姻状况、照顾 18 岁及以下子女数量、是否实行弹性工作时间、岗位属性 12 个变量之间的相关系数值呈现出显著性；员工幸福感与性别、受教育程度、是否有父母（或保姆）帮助处理家务、上下班单程通勤正常时间 4 个变量之间的相关系数值并不会呈现出显著性。研究结论表明：家庭支持型主管行为、工作增益家庭、家庭增益工作、工作—家庭边界分割组织供给、工作—家庭边界分割员工偏好、正念、工作专注 7 个核心变量与员工幸福感显著相关，为进一步采用回归分析方法探究前因变量与员工幸福感之间的关系提供了依据；年龄、婚姻状况、照顾 18 岁及以下子女数量、岗位属性、是否实行弹性工作时间 5 个统计学变量与员工幸福感显著相关。

表 6-20 上下班单程通勤正常时间为单因素的方差分析

变量	上下班单程通勤正常时间（平均值 ± 标准差）						F	p
	1.0（n=132）	2.0（n=350）	3.0（n=163）	4.0（n=46）	5.0（n=18）	6.0（n=4）		
员工幸福感	4.83±0.95	5.15±0.96	5.03±1.07	5.00±0.92	4.79±0.89	4.10±0.84	3.167	0.008**
家庭支持型主管行为	3.45±0.79	3.66±0.76	3.65±0.79	3.29±0.92	3.13±0.91	2.81±0.85	4.922	0.000**
工作增益家庭	3.35±0.71	3.52±0.78	3.53±0.83	3.54±0.65	3.31±0.75	3.69±0.52	1.428	0.212
家庭增益工作	4.08±0.67	4.20±0.58	4.11±0.64	4.22±0.49	4.01±0.52	4.25±0.35	1.313	0.257
工作—家庭边界分割组织供给	3.05±0.89	3.08±0.98	3.07±1.00	2.82±1.12	2.46±1.12	2.03±1.16	2.041	0.071
工作—家庭边界分割员工偏好	4.02±1.06	4.03±1.03	4.11±0.92	4.14±0.94	4.06±1.36	4.56±0.43	0.423	0.833
正念	3.93±0.72	4.01±0.83	3.90±0.86	3.79±0.92	4.06±0.90	3.80±0.25	0.944	0.452
工作专注	3.77±0.77	4.02±0.91	4.01±0.84	4.09±0.81	3.59±0.80	3.37±1.23	3.027	0.010*

注：* 表示 $p<0.05$，** 表示 $p<0.01$。

表 6-21　岗位属性为单因素的方差分析

变量	岗位属性（平均值 ± 标准差）				F	p
	1.0（n=319）	2.0（n=260）	3.0（n=120）	4.0（n=14）		
员工幸福感	4.88 ± 1.05	5.09 ± 0.90	5.30 ± 0.87	5.49 ± 0.92	7.060	0.000**
家庭支持型主管行为	3.51 ± 0.82	3.63 ± 0.79	3.59 ± 0.77	4.02 ± 0.58	2.532	0.056
工作增益家庭	3.43 ± 0.78	3.55 ± 0.76	3.50 ± 0.77	3.63 ± 0.77	1.504	0.212
家庭增益工作	4.10 ± 0.64	4.22 ± 0.51	4.16 ± 0.67	4.14 ± 0.45	2.163	0.091
工作—家庭边界分割组织供给	3.05 ± 0.97	3.00 ± 1.00	3.09 ± 0.94	3.11 ± 1.24	0.284	0.837
工作—家庭边界分割员工偏好	4.01 ± 1.07	4.09 ± 0.96	4.10 ± 1.00	4.30 ± 0.76	0.731	0.534
正念	3.91 ± 0.85	3.95 ± 0.78	4.05 ± 0.84	4.24 ± 0.93	1.280	0.280
工作专注	3.91 ± 0.86	3.97 ± 0.87	4.03 ± 0.86	4.39 ± 1.01	1.706	0.164

注：* 表示 p<0.05。

表 6-22　相关性分析

变量	1	2	3	4	5	6	7	8	9	10	11	12	13	14	15	16	17
员工幸福感（1）	1																
家庭支持型主管行为（2）	0.630**	1															
工作增益家庭（3）	0.639**	0.541**	1														
家庭增益工作（4）	0.493**	0.352**	0.485**	1													
工作—家庭边界分割组织供给（5）	0.341**	0.368**	0.360**	0.125**	1												
工作—家庭边界分割员工偏好（6）	-0.126**	-0.036	-0.120**	0.031	-0.610	1											
正念（7）	0.327**	0.184**	0.135**	0.197**	-0.118	-0.068	1										
工作专注（8）	0.571**	0.420**	0.521**	0.371**	-0.225**	-0.100**	0.190**	1									
性别（9）	0.041	0.01	0.034	0.045	0.090	0.093*	0.061	0.012	1								
年龄（10）	0.126*	0.113*	0.201**	0.068	0.084*	-0.072	0.07	0.178**	-0.04	1							
受教育程度（11）	0.052	-0.032	0.054	-0.016	-0.021	-0.038	0.052	0.029	0.003	0.065	1						
婚姻状况（12）	0.201**	0.083*	0.193**	0.124**	-0.052	-0.021	0.144**	0.124**	0.024	0.456**	0.034	1					
照顾18岁及以下子女数量（13）	0.221**	0.174**	0.210**	0.108**	0.075*	0.003	0.065	0.165**	0.044	0.448**	-0.067	0.641**	1				
是否有父母（或保姆）帮助处理家务（14）	-0.018	-0.044	-0.037	-0.026	0.004	-0.011	0.043	-0.002	-0.002	0.016	0.014	-0.053	-0.144**	1			
是否实行弹性工作时间（15）	-0.221**	-0.172**	-0.235**	-0.056	0.236**	0.039	0.046	-0.163**	0.048	-0.03	-0.029	-0.04	-0.071	0.029	1		
上下班单程通勤正常时间（16）	-0.009	-0.062	0.043	0.003	-0.081*	0.041	-0.034	0.026	0.017	0.048	0.028	0.058	0.032	0.033	-0.068	1	
岗位属性（17）	0.170**	0.115**	0.133**	0.053	0.009	-0.056	0.089*	0.124**	-0.048	0.233**	0.191**	0.208**	0.231**	0.011	-0.083*	0.048	1

注：* 表示 $p<0.05$，** 表示 $p<0.01$。

三、控制变量选取

控制变量是除自变量外，可能对结果变量造成影响的非研究变量（温忠麟等，2018），与自变量并列的无关变量应当在模型中被作为控制变量（温忠麟，2017）。进一步分析发现，组织行为与人力资源管理领域的研究通常选择人口统计学变量作为控制变量纳入理论模型。本书研究的结果变量是员工幸福感，有必要选取影响员工幸福感的人口统计学变量作为控制变量。总结单因素方差分析结果发现，年龄、婚姻状况、照顾 18 岁及以下子女数量、是否实行弹性工作时间、上下班单程通勤时间、岗位属性 6 个人口统计学变量在员工幸福感方面存在显著性差异。总结相关性分析发现，年龄、婚姻状况、照顾 18 岁及以下子女数量、是否实行弹性工作时间、岗位属性 5 个人口统计学变量与员工幸福感之间存在显著相关关系。综合单因素方差分析相关性分析的结果，为控制影响员工幸福感的人口计学因素，本书确定选取年龄、婚姻状况、照顾 18 岁及以下子女数量、是否实行弹性工作时间、岗位属性 5 个人口统计学变量为控制变量，并进一步将上述控制变量代入理论模型，进行假设检验。

第七章

假设检验

本章主要基于正式调查样本，采用第五章阐述的假设检验方法，对第四章提出的 9 个研究假设及其子假设逐一进行实证检验，并根据假设检验结果修正理论模型。

第一节　家庭支持型主管行为对员工幸福感及其各维度影响的主效应检验

家庭支持型主管行为对员工幸福感及其各维度影响的主效应模型如图 7-1 所示。本书采用第五章的主效应检验方法，基于正式调查的 713 份样本，对假设 H1 及其子假设进行检验，并根据检验结果，比较分析家庭支持型主管行为对员工幸福感各维度影响的主效应值。

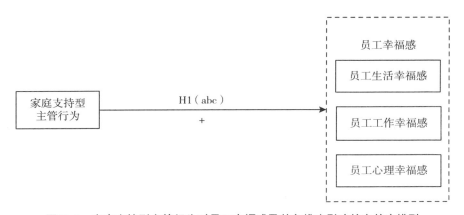

图 7-1　家庭支持型主管行为对员工幸福感及其各维度影响的主效应模型

一、主效应检验结果

家庭支持型主管行为对员工幸福感及其各维度影响的主效应检验共涉及 4 个模型，各模型回归结果如表 7-1 所示。

表 7-1 家庭支持型主管行为对员工幸福感及其各维度影响的主效应检验

	员工幸福感（模型1）	员工生活幸福感（模型2）	员工工作幸福感（模型3）	员工心理幸福感（模型4）
常数	2.251** （11.434）	2.020** （6.958）	1.459** （5.574）	3.368** （16.780）
年龄	−0.036 （−1.119）	−0.066 （−1.402）	−0.041 （−0.967）	−0.003 （−0.089）
婚姻状况	0.241** （3.253）	0.275* （2.524）	0.293** （2.978）	0.204** （2.706）
照顾18岁及以下子女数量	0.039 （0.692）	0.031 （0.374）	0.048 （0.654）	0.043 （0.761）
是否实行弹性工作时间	−0.213** （−3.472）	−0.408** （−4.501）	−0.239** （−2.930）	−0.029 （−0.464）
岗位属性	0.096** （2.700）	0.156** （2.978）	0.100* （2.114）	0.045 （1.250）
家庭支持型主管行为	0.722** （20.263）	0.775** （15.709）	0.915** （20.545）	0.476** （13.966）
R^2	0.434	0.339	0.431	0.265
调整 R^2	0.429	0.333	0.426	0.258
F 值	F=90.142, p=0.000	F=60.294, p=0.000	F=90.102, p=0.000	F=42.317, p=0.000

注：* 表示 $p<0.05$，** 表示 $p<0.01$，括号里面为 t 值。

表 7-1 中模型 1 将员工幸福感作为因变量，家庭支持型主管行为作为自变量，年龄、婚姻状况、照顾 18 岁及以下子女数量、是否实行弹性工作时间、岗位属性作为控制变量，进行线性回归分析。模型 R^2 值为 0.434，表明前因变量可以解释员工幸福感的 43.4% 变化原因。回归模型通过 F 检验（F=90.142，$p<0.01$）。家庭支持型主管行为对员工幸福感的回归系数值为 0.722（$p<0.01$）。根据第四章的主效应检验方法，结果表明家庭支持型主管行为显著正向影响员工幸福感，证明了假设 H1 成立。

表 7-1 中模型 2 将员工生活幸福感作为因变量，家庭支持型主管行为作为自变量，年龄、婚姻状况、照顾 18 岁及以下子女数量、是否实行弹性工作时间、岗位属性作为控制变量，进行线性回归分析。模型 R^2 值为 0.339，表明前因变量可以解释员工生活幸福感 33.9% 的变化原因。回归模型通过 F 检验（F=60.294，p<0.01）。家庭支持型主管行为对员工生活幸福感的回归系数值为 0.775（p<0.01）。根据第五章的主效应检验方法，结果表明家庭支持型主管行为显著正向影响员工生活幸福感，证明了假设 H1a 成立。

表 7-1 中模型 3 将员工工作幸福感作为因变量，家庭支持型主管行为作为自变量，年龄、婚姻状况、照顾 18 岁及以下子女数量、是否实行弹性工作时间、岗位属性作为控制变量，进行线性回归分析。模型 R^2 值为 0.431，表明前因变量可以解释员工工作幸福感 43.1% 的变化原因。回归模型通过 F 检验（F=90.102，p<0.01）。家庭支持型主管行为对员工工作幸福感的回归系数值为 0.915（p<0.01）。根据第五章的主效应检验方法，结果表明家庭支持型主管行为显著正向影响员工工作幸福感，证明了假设 H1b 成立。

表 7-1 中模型 4 将员工心理幸福感作为因变量，家庭支持型主管行为作为自变量，年龄、婚姻状况、照顾 18 岁及以下子女数量、是否实行弹性工作时间、岗位属性作为控制变量，进行线性回归分析。模型 R^2 值为 0.265，表明前因变量可以解释员工心理幸福感 26.5% 的变化原因。回归模型通过 F 检验（F=42.317，p<0.01）。家庭支持型主管行为对员工心理幸福感的回归系数值为 0.476（p<0.01）。根据第五章的主效应检验方法，结果表明家庭支持型主管行为显著正向影响员工心理幸福感，证明了假设 H1c 成立。

综上所述，假设 H1 及其子假设 H1a、假设 H1b、假设 H1c 均得到了有效验证，证明家庭支持型主管行为正向影响员工幸福感及其各维度。

二、主效应对比

本书根据家庭支持型主管行为的回归系数，进一步对家庭支持型主管行为影响员工幸福感各维度的主效应进行对比，具体如图 7-2 所示。分析发现，家庭支持型主管行为对员工幸福感各维度，即员工生活幸福感、员工工作幸福感、员工心理幸福感的回归系数分别为 0.775、0.915、0.476，表明家庭支持型主管行为对员工工作幸福感的影响最强，对员工心理幸福感的影响最弱。

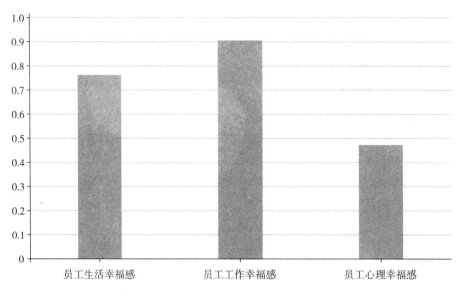

图 7-2　家庭支持型主管行为对员工幸福感各维度影响的主效应对比

第二节　工作增益家庭与家庭增益工作的
单步双重中介效应检验

　　工作增益家庭与家庭增益工作对家庭支持型主管行为与员工幸福感及其各维度关系的双重中介效应模型如图 7-3 所示。本书采用第五章的中介效应检验方法，基于正式调查的 713 份样本，对假设 H2、假设 H3 及其子假设进行检验，并根据检验结果，比较分析工作增益家庭和家庭增益工作对家庭支持型主管行为与员工幸福感及其各维度关系的中介效应值。

　　需要说明的是，因自变量对中介变量的影响显著是检验中介效应的基本前提，不能将两个中介变量作为因变量同时代入回归模型，因此需要对各中介变量的中介效应依次进行检验。因此，本书将分别对工作增益家庭和家庭增益工作对家庭支持型主管行为与员工幸福感及其各维度关系的中介效应进行检验。

一、工作增益家庭的中介效应检验结果

　　在家庭支持型主管行为对员工幸福感及其各维度影响的主效应检验 4 个模型的基础上，工作增益家庭对家庭支持型主管行为与员工幸福感及其各维度关系的中介效应检验共涉及 5 个模型，各模型回归结果如表 7-2 所示。

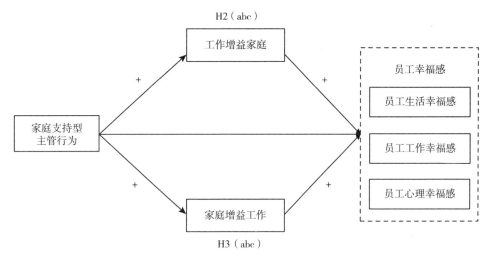

图 7-3　工作增益家庭和家庭增益工作的单步双重中介效应模型

表 7-2　工作增益家庭的中介效应检验

	工作 增益家庭 （模型 5）	员工 幸福感 （模型 6）	员工 生活幸福感 （模型 7）	员工 工作幸福感 （模型 8）	员工 心理幸福感 （模型 9）
常数	1.714** （9.583）	1.452** （7.653）	1.046** （3.615）	0.393 （1.558）	2.855** （13.874）
年龄	0.067* （2.319）	−0.067* （−2.309）	−0.104* （−2.353）	−0.083* （−2.148）	−0.023 （−0.730）
婚姻状况	0.149* （2.209）	0.172* （2.547）	0.191 （1.860）	0.201* （2.244）	0.160* （2.188）
照 顾 18 岁 及 以下子女数量	0.006 （0.116）	0.036 （0.709）	0.027 （0.356）	0.045 （0.667）	0.041 （0.757）
是否实行弹性 工作时间	−0.241** （−4.325）	−0.101 （−1.786）	−0.271** （−3.144）	−0.089 （−1.189）	0.043 （0.706）
岗位属性	0.050 （1.558）	0.072* （2.247）	0.127** （2.591）	0.068 （1.600）	0.030 （0.864）
家庭支持型主 管行为	0.477** （15.692）	0.484** （12.910）	0.507** （9.349）	0.617** （13.173）	0.333** （8.718）
工作增益家庭		0.500** （12.517）	0.573** （10.028）	0.625** （12.540）	0.300** （7.384）

续表

	工作 增益家庭 （模型5）	员工 幸福感 （模型6）	员工 生活幸福感 （模型7）	员工 工作幸福感 （模型8）	员工 心理幸福感 （模型9）
R^2	0.344	0.535	0.420	0.536	0.317
调整 R^2	0.338	0.531	0.414	0.531	0.310
F 值	F=61.633, p=0.000	F=116.015, p=0.000	F=72.901, p=0.000	F=116.349, p=0.000	F=46.702, p=0.000

注：* 表示 $p<0.05$，** 表示 $p<0.01$，括号里面为 t 值。

表 7-2 中模型 5 将工作增益家庭作为因变量，家庭支持型主管行为作为自变量，年龄、婚姻状况、照顾 18 岁及以下子女数量、是否实行弹性工作时间、岗位属性作为控制变量，进行线性回归分析。模型 R^2 值为 0.344，表明前因变量可以解释工作增益家庭的 34.4% 变化原因。回归模型通过 F 检验（F=61.633，$p<0.01$）。家庭支持型主管行为对工作增益家庭的回归系数值为 0.477（$p<0.01$），表明家庭支持型主管行为显著正向影响工作增益家庭。

表 7-2 中模型 6 在模型 1 的基础上加入工作增益家庭，进行线性回归分析。模型 R^2 值为 0.535，相较模型 1 的 R^2 值 0.434，增加 0.101，解释力度有所增强。回归模型通过 F 检验（F=116.015，$p<0.01$）。家庭支持型主管行为对员工幸福感的回归系数值为 0.444（t=12.565，$p<0.01$），表明家庭支持型主管行为显著正向影响员工幸福感，工作增益家庭对员工幸福感的回归系数值为 0.500（$p<0.01$），表明工作增益家庭显著正向影响员工幸福感。综上表明，模型 5 中家庭支持型主管行为对工作增益家庭的回归系数 a 和模型 6 中工作增益家庭对员工幸福感的回归系数 b 均显著为正，且相较模型 1，加入工作增益家庭后，模型 6 中家庭支持型主管行为对员工幸福感的回归系数 c' 仍显著为正。根据第五章的中介效应检验方法，结果表明工作增益家庭在家庭支持型主管行为与员工幸福感关系之间发挥部分中介作用，中介效应值为 $a \times b = 0.238$，中介效应占总效应的比重为 $a \times b/c = 33.023\%$，证明了假设 H2 成立。

表 7-2 中模型 7 在模型 2 的基础上加入工作增益家庭，进行线性回归分析。模型 R^2 值为 0.420，相较模型 2 的 R^2 值 0.339，增加 0.081，解释力度有所增强。回归模型通过 F 检验（F=72.901，$p<0.01$）。家庭支持型主管行为对员工生活幸福感的回归系数值为 0.501（$p<0.01$），表明家庭支持型主管行为显著正向影响员工幸福感，工作增益家庭对员工生活幸福感的回归系数值为 0.573（$p<0.01$），表明工作增益家庭显著正向影响员工生活幸福感。综上表明，

模型 5 中家庭支持型主管行为对工作增益家庭的回归系数 a 和模型 7 中工作增益家庭对员工生活幸福感的回归系数 b 均显著为正，且相较模型 2，加入工作增益家庭后，模型 7 中家庭支持型主管行为对员工生活幸福感的回归系数 c′仍显著为正。根据第五章的中介效应检验方法，结果表明工作增益家庭在家庭支持型主管行为与员工生活幸福感关系之间发挥部分中介作用，中介效应值为 a×b=0.274，中介效应占总效应的比重为 a×b/c=35.296%，证明了假设 H2a 成立。

　　表 7-2 中模型 8 在模型 3 的基础上加入工作增益家庭，进行线性回归分析。模型 R^2 值为 0.536，相较模型 3 的 R^2 值 0.431，增加 0.105，解释力度有所增强。回归模型通过 F 检验（F=116.349，p<0.01）。家庭支持型主管行为对员工工作幸福感的回归系数值为 0.617（p<0.01），表明家庭支持型主管行为显著正向影响员工工作幸福感，工作增益家庭对员工生活幸福感的回归系数值为 0.625（p<0.01），表明工作增益家庭显著正向影响员工工作幸福感。综上表明，模型 5 中家庭支持型主管行为对工作增益家庭的回归系数 a 和模型 8 中工作增益家庭对员工工作幸福感的回归系数 b 均显著为正，且相较模型 3，加入工作增益家庭后，模型 8 中家庭支持型主管行为对员工工作幸福感的回归系数 c′仍显著为正。根据第五章的中介效应检验方法，结果表明工作增益家庭在家庭支持型主管行为与员工工作幸福感关系之间发挥部分中介作用，中介效应值为 a×b=0.298，中介效应占总效应的比重为 a×b/c=32.618%，证明了假设 H2b 成立。

　　表 7-2 中模型 9 在模型 4 的基础上加入工作增益家庭，进行线性回归分析。模型 R^2 值为 0.317，相较模型 4 的 R^2 值 0.265，增加 0.052，解释力度有所增强。回归模型通过 F 检验（F=46.702，p<0.01）。家庭支持型主管行为对员工心理幸福感的回归系数值为 0.333（p<0.01），表明家庭支持型主管行为显著正向影响员工心理幸福感，工作增益家庭对员工心理幸福感的回归系数值为 0.300（p<0.01），表明工作增益家庭显著正向影响员工心理幸福感。综上表明，模型 5 中家庭支持型主管行为对工作增益家庭的回归系数 a 和模型 9 中工作增益家庭对员工心理幸福感的回归系数 b 均显著为正，且相较模型 4，加入工作增益家庭后，模型 9 中家庭支持型主管行为对员工心理幸福感的回归系数 c′仍显著为正。根据第五章的中介效应检验方法，结果表明工作增益家庭在家庭支持型主管行为与员工心理幸福感关系之间发挥部分中介作用，中介效应值为 a×b=0.143，中介效应占总效应的比重为 a×b/c=30.104%，证明了假设 H2c 成立。

　　综上所述，假设 H2 及其子假设 H2a、假设 H2b、假设 H2c 均得到有效验证，证明家庭增益工作中介家庭支持型主管行为与员工幸福感及其各维度的关系。

二、家庭增益工作的中介效应检验结果

在家庭支持型主管行为对员工幸福感及其各维度影响的主效应检验 4 个模型的基础上，家庭增益工作对家庭支持型主管行为与员工幸福感及其各维度关系的中介效应检验共涉及 5 个模型，各模型回归结果具体如表 7-3 所示。

表 7-3　家庭增益工作的中介效应检验

	家庭增益工作（模型 10）	员工幸福感（模型 11）	员工生活幸福感（模型 12）	员工工作幸福感（模型 13）	员工心理幸福感（模型 14）
常数	3.193** （21.398）	0.816** （3.432）	0.970** （2.638）	−0.380 （−1.196）	1.765** （7.375）
年龄	−0.003 （−0.134）	−0.034 （−1.141）	−0.065 （−1.398）	−0.039 （−0.976）	−0.001 （−0.041）
婚姻状况	0.103 （1.833）	0.195** （2.787）	0.242* （2.239）	0.234* （2.509）	0.153* （2.173）
照顾 18 岁及以下子女数量	0.010 （0.234）	0.034 （0.651）	0.027 （0.339）	0.043 （0.610）	0.038 （0.726）
是否实行弹性工作时间	−0.003 （−0.059）	−0.212** （−3.669）	−0.407** （−4.553）	−0.238** （−3.079）	−0.028 （−0.476）
岗位属性	0.014 （0.503）	0.090** （2.687）	0.151** （2.933）	0.092* （2.061）	0.038 （1.144）
家庭支持型主管行为	0.263** （9.698）	0.595** （16.878）	0.666** （13.027）	0.764** （17.209）	0.355** （10.522）
家庭增益工作		0.483** （10.561）	0.414** （6.242）	0.575** （9.087）	0.460** （10.499）
R^2	0.116	0.499	0.358	0.495	0.367
调整 R^2	0.109	0.494	0.351	0.490	0.361
F 值	F=15.463, p=0.000	F=100.490, p=0.000	F=56.090, p=0.000	F=98.608, p=0.000	F=58.395, p=0.000

注：* 表示 $p<0.05$，** 表示 $p<0.01$，括号里面为 t 值。

表 7-3 中模型 10 将家庭增益工作作为因变量，家庭支持型主管行为作为自变量，年龄、婚姻状况、照顾 18 岁及以下子女数量、是否实行弹性工作

时间、岗位属性作为控制变量，进行线性回归分析。模型 R^2 值为 0.116，表明前因变量可以解释工作增益家庭的 11.6% 变化原因。回归模型通过 F 检验（F=15.463，p<0.01）。家庭支持型主管行为对家庭增益工作的回归系数值为 0.263（p<0.01），表明家庭支持型主管行为显著正向影响家庭增益工作。

表 7-3 中模型 11 在模型 1 的基础上加入家庭增益工作，进行线性回归分析。模型 R^2 值为 0.499，相较模型 1 的 R^2 值 0.434，增加 0.065，解释力度有所增强。回归模型通过 F 检验（F=100.490，p<0.01）。家庭支持型主管行为对员工幸福感的回归系数值为 0.595（p<0.01），表明家庭支持型主管行为显著正向影响员工幸福感，家庭增益工作对员工幸福感的回归系数值为 0.483（p<0.01），表明家庭增益工作显著正向影响员工幸福感。综上表明，模型 10 中家庭支持型主管行为对家庭增益工作的回归系数 a 和模型 11 中家庭增益工作对员工幸福感的回归系数 b 均显著为正，且相较模型 1，加入家庭增益工作后，模型 11 中家庭支持型主管行为对员工幸福感的回归系数 c′ 仍显著为正。根据第五章的中介效应检验方法，结果表明家庭增益工作在家庭支持型主管行为与员工幸福感关系之间发挥部分中介作用，中介效应值为 a×b=0.127，中介效应占总效应的比重为 a×b/c=17.599%，证明了假设 H3 成立。

表 7-3 中模型 12 在模型 2 的基础上加入家庭增益工作，进行线性回归分析。模型 R^2 值为 0.358，相较模型 2 的 R^2 值 0.339，增加 0.019，解释力度有所增强。回归模型通过 F 检验（F=56.090，p<0.01）。家庭支持型主管行为对员工生活幸福感的回归系数值为 0.666（p<0.01），表明家庭支持型主管行为显著正向影响员工生活幸福感，家庭增益工作对员工生活幸福感的回归系数值为 0.414（p<0.01），表明家庭增益工作显著正向影响员工生活幸福感。综上表明，模型 10 中家庭支持型主管行为对家庭增益工作的回归系数 a 和模型 12 中家庭增益工作对员工生活幸福感的回归系数 b 均显著为正，且相较模型 2，加入家庭增益工作后，模型 12 中家庭支持型主管行为对员工生活幸福感的回归系数 c′ 仍显著为正。根据第五章的中介效应检验方法，结果表明家庭增益工作在家庭支持型主管行为与员工生活幸福感关系之间发挥部分中介作用，中介效应值为 a×b=0.109，中介效应占总效应的比重为 a×b/c=14.057%，证明了假设 H3a 成立。

表 7-3 中模型 13 在模型 3 的基础上加入家庭增益工作，进行线性回归分析。模型 R^2 值为 0.495，相较模型 3 的 R^2 值 0.431，增加 0.064，解释力度有所增强。回归模型通过 F 检验（F=98.608，p<0.01）。家庭支持型主管行为对员工工作幸福感的回归系数值为 0.764（p<0.01），表明家庭支持型主管行为显著正向影响员工工作幸福感，家庭增益工作对员工工作幸福感的回

归系数值为 0.575（p<0.01），表明家庭增益工作显著正向影响员工工作幸福感。综上表明，模型 10 中家庭支持型主管行为对家庭增益工作的回归系数 a 和模型 13 中家庭增益工作对员工工作幸福感的回归系数 b 均显著为正，且相较模型 3，加入家庭增益工作后，模型 13 中家庭支持型主管行为对员工工作幸福感的回归系数 c′ 仍显著为正。根据第五章的中介效应检验方法，结果表明家庭增益工作在家庭支持型主管行为与员工工作幸福感关系之间发挥部分中介作用，中介效应值为 a×b=0.151，中介效应占总效应的比重为 a×b/c=16.534%，证明了假设 H3b 成立。

表 7–3 中模型 14 在模型 4 的基础上加入家庭增益工作，进行线性回归分析。模型 R^2 值为 0.367，相较模型 4 的 R^2 值 0.265，增加 0.102，解释力度有所增强。回归模型通过 F 检验（F=58.395，p<0.01）。家庭支持型主管行为对员工心理幸福感的回归系数值为 0.355（p<0.01），表明家庭支持型主管行为显著正向影响员工心理幸福感，家庭增益工作对员工心理幸福感的回归系数值为 0.460（p<0.01），表明家庭增益工作显著正向影响员工心理幸福感。综上表明，模型 10 中家庭支持型主管行为对家庭增益工作的回归系数 a 和模型 14 中家庭增益工作对员工心理幸福感的回归系数 b 均显著为正，且相较模型 4，加入家庭增益工作后，模型 14 中家庭支持型主管行为对员工心理幸福感的回归系数 c′ 仍然显著为正。根据第五章的中介效应检验方法，结果表明家庭增益工作在家庭支持型主管行为与员工工作幸福感关系之间发挥部分中介作用，中介效应值为 a×b=0.121，中介效应占总效应的比重为 a×b/c=25.405%，证明了假设 H3c 成立。

综上所述，假设 H3 及其子假设 H3a、假设 H3b、假设 H3c 均得到有效验证，证明家庭增益工作中介家庭支持型主管行为与员工幸福感及其各维度的关系。

三、单步双重中介对应对比

（一）工作增益家庭与家庭增益工作对家庭支持型主管行为与员工幸福感关系的中介效应对比

根据家庭支持型主管行为对工作增益家庭的回归系数 a 与工作增益家庭对员工幸福感的回归系数 b 的乘积，可确定工作增益家庭对家庭支持型主管行为与员工幸福感关系的中介效应；根据家庭支持型主管行为对家庭增益工作的回归系数 a 与家庭增益工作对员工幸福感及其各维度的回归系数 b 的乘积，可确定工作增益家庭与家庭增益工作对家庭支持型主管行为与员工幸福感关系的中介效应。进一步对比工作增益家庭、家庭增益工作对家庭支持型主管行为与员工幸福感关系的中介效应，具体如图 7–4 所示。工作增益家庭、家庭增益工作对家庭支持型主管行为与员工幸福感关系的中介效应分别为 0.238、0.127，表明相较家庭增益工作，工作增益家庭对家庭支持型主管行为与员工幸福感关系的中介效应更强。

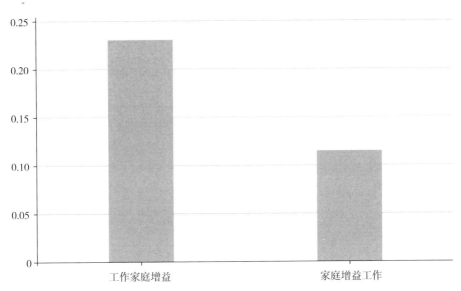

图 7-4　工作增益家庭和家庭增益工作的中介效应对比

（二）工作增益家庭对家庭支持型主管行为与员工幸福感各维度关系的中介效应对比

根据家庭支持型主管行为对工作增益家庭的回归系数 a 与工作增益家庭对员工幸福感各维度的回归系数 b 的乘积，可确定工作增益家庭对家庭支持型主管行为与员工幸福感各维度关系的中介效应。进一步对比工作增益家庭对家庭支持型主管行为与员工幸福感各维度关系的中介效应，具体如图 7-5 所示。工作增益家庭对家庭支持型主管行为与员工生活幸福感、员工工作幸福感、员工心理幸福感关系的中介效应分别为 0.274、0.298、0.143，表明工作增益家庭对家庭支持型主管行为与员工工作幸福感关系的中介效应最强，对家庭支持型主管行为与员工心理幸福感关系的中介效应最弱。

（三）家庭增益工作对家庭支持型主管行为与员工幸福感各维度关系的中介效应对比

根据家庭支持型主管行为对家庭增益工作的回归系数 a 与家庭增益工作对员工幸福感及各维度的回归系数 b 的乘积，可确定家庭增益工作对家庭支持型主管行为与员工幸福感各维度关系的中介效应。进一步对比家庭增益工作对家庭支持型主管行为与员工幸福感各维度的中介效应，具体如图 7-6 所示。家庭增益工作对家庭支持型主管行为与员工生活幸福感、员工工作幸福感、员工心

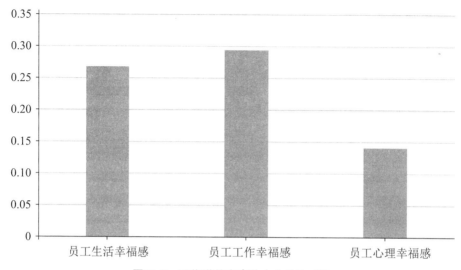

图 7-5　工作增益家庭的中介效应对比

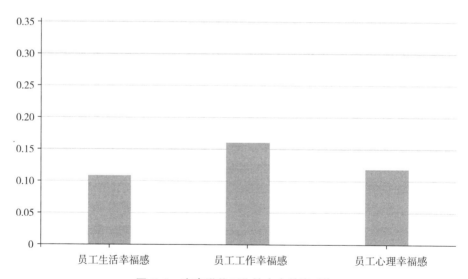

图 7-6　家庭增益工作的中介效应对比

理幸福感关系的中介效应分别为 0.109、0.151、0.121，表明家庭增益工作对家庭支持型主管行为与员工工作幸福感关系的中介效应最强，对家庭支持型主管行为与员工生活幸福感关系的中介效应最弱。

（四）单步双重中介效应对比汇总

进一步对比工作增益家庭和家庭增益工作对家庭支持型主管行为与员工幸福感及其各维度的中介效应，具体如表 7-4 所示。对比各回归模型的中介效应值发现，工作增益家庭对家庭支持型主管行为与员工幸福感及其员工生活幸福感、员工工作幸福感、员工心理幸福感关系各维度的中介效应值均高于家庭增益工作，表明相较家庭增益工作，工作增益家庭的中介效应更为明显；工作增益家庭、家庭增益工作对家庭支持型主管行为与员工工作幸福感关系的中介效应值均高于对家庭支持型主管行为与员工生活幸福感、员工心理幸福感的关系，表明相较员工生活幸福感、员工心理幸福感，工作增益家庭、家庭增益工作对家庭支持型主管行为和员工工作幸福感关系的中介效应更为明显。

表 7-4 工作增益家庭和家庭增益工作的中介效应对比

回归模型	c 总效应	a	b	a×b 中介效应	a×b （95% BootCI）	c' 直接效应	a×b/c 中介效应占比（%）
家庭支持型主管行为→工作增益家庭→员工幸福感	0.722	0.477	0.500	0.238	0.151 ~ 0.246	0.484	33.023
家庭支持型主管行为→工作增益家庭→员工生活幸福感	0.775	0.477	0.573	0.274	0.132 ~ 0.230	0.507	35.296
家庭支持型主管行为→工作增益家庭→员工工作幸福感	0.915	0.477	0.625	0.298	0.155 ~ 0.248	0.617	32.618
家庭支持型主管行为→工作增益家庭→员工心理幸福感	0.476	0.417	0.300	0.143	0.093 ~ 0.187	0.333	30.104
家庭支持型主管行为→家庭增益工作→员工幸福感	0.722	0.263	0.483	0.127	0.070 ~ 0.139	0.595	17.599
家庭支持型主管行为→家庭增益工作→员工生活幸福感	0.775	0.263	0.414	0.109	0.039 ~ 0.104	0.666	14.057
家庭支持型主管行为→家庭增益工作→员工工作幸福感	0.915	0.263	0.575	0.151	0.066 ~ 0.134	0.764	16.534
家庭支持型主管行为→家庭增益工作→员工心理幸福感	0.476	0.263	0.460	0.121	0.079 ~ 0.162	0.355	25.405

第三节　工作增益家庭与家庭增益工作的链式双重中介效应检验

工作增益家庭与家庭增益工作对家庭支持型主管行为与员工幸福感及其各维度关系的双重链式中介效应模型如图 7-7 所示。本书采用第四章阐述的双重中介效应检验方法，基于正式调查的 713 份样本，对假设 H4 及其子假设进行检验，并根据检验结果，比较分析工作增益家庭和家庭增益工作对家庭支持型主管行为与员工幸福感及其各维度关系的中介效应值。

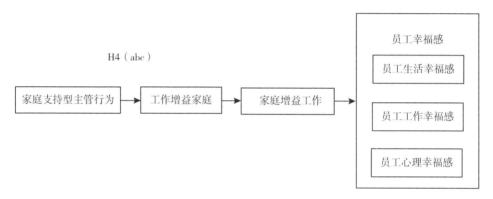

图 7-7　工作增益家庭与家庭增益工作的链式双重中介效应模型

需要说明的是，相较单步双重中介效应，双重链式中介效应进一步构建两个模型进行检验，一个是中介变量 M1 对中介变量 M2 的回归模型，另一个是中介变量 M1 和中介变量 M2 同时对自变量和因变量关系的中介效应回归模型。因双重链式中介效应的路径相对复杂，本书进一步采用 Bootstrap 抽样检验法检验 M1 和 M2 的双重链式中介效应是否成立。因此，本书分别对工作增益家庭和家庭增益工作对家庭支持型主管行为与员工幸福感及其各维度关系的中介效应进行检验。

一、链式双重中介效应检验结果

在家庭支持型主管行为对员工幸福感及其各维度影响的主效应检验 4 个模型、工作增益家庭对家庭支持型主管行为与员工幸福感及其各维度关系的中介效应检验 5 个模型、家庭增益工作对家庭支持型主管行为与员工幸福感及其各维度关系的中介效应检验 5 个模型的基础上，工作增益家庭与家庭增益工作对家庭支持型主管行为与员工幸福感及其各维度关系的链式双重中介效应检验共涉及 5 个模型，各模型回归结果具体如表 7-5 所示。

表 7-5 工作增益家庭与家庭增益工作的链式双重中介效应检验

	家庭 增益工作 （模型 15）	员工 幸福感 （模型 16）	员工 生活幸福感 （模型 17）	员工 工作幸福感 （模型 18）	员工 心理幸福感 （模型 19）
常数	2.697** （17.913）	0.737** （3.228）	0.896* （2.509）	−0.562 （−1.852）	1.759** （7.304）
年龄	−0.024 （−1.060）	−0.050 （−1.774）	−0.083 （−1.899）	−0.065 （−1.740）	−0.008 （−0.277）
婚姻状况	0.058 （1.110）	0.171** （2.601）	0.214* （2.081）	0.194* （2.223）	0.142* （2.056）
照顾 18 岁及以下子女数量	0.007 （0.178）	0.041 （0.823）	0.038 （0.496）	0.050 （0.770）	0.040 （0.768）
是否实行弹性工作时间	0.072 （1.647）	−0.138* （−2.516）	−0.307** （−3.573）	−0.132 （−1.813）	0.007 （0.116）
岗位属性	−0.017 （−0.750）	0.004 （0.156）	−0.007 （−0.164）	0.041 （1.056）	−0.017 （−0.573）
家庭支持型主管行为	0.103** （3.498）	0.451** （12.315）	0.481** （8.932）	0.579** （12.592）	0.293** （7.965）
工作增益家庭	0.336** （10.728）	0.392** （9.410）	0.505** （8.237）	0.503** （9.596）	0.170** （4.052）
家庭增益工作		0.319** （6.857）	0.203** （2.970）	0.365** （6.245）	0.389** （8.323）
R^2	0.234	0.555	0.416	0.555	0.381
调整 R^2	0.226	0.550	0.409	0.550	0.374
F 值	F=30.687, p=0.000	F=109.606, p=0.000	F=62.611, p=0.000	F=109.628, p=0.000	F=54.181, p=0.000

注：* 表示 $p<0.05$，** 表示 $p<0.01$，括号里面为 t 值。

表 7-5 中模型 15 将家庭增益工作作为因变量，工作增益家庭作为自变量，家庭支持型主管行为、年龄、婚姻状况、照顾 18 岁及以下子女数量、是否实行弹性工作时间、岗位属性作为控制变量，进行线性回归分析。模型 R^2 值为 0.234，表明前因变量可以解释工作增益家庭的 23.4% 变化原因。回归模型通

过 F 检验（F=30.687，p<0.01）。工作增益家庭对家庭增益工作的回归系数值为 0.366（p<0.01），表明工作增益家庭显著正向影响家庭增益工作。

表 7-5 中模型 16 将员工幸福感作为因变量，家庭支持型主管行为作为自变量，工作增益家庭、家庭增益工作、年龄、婚姻状况、照顾 18 岁及以下子女数量、是否实行弹性工作时间、岗位属性作为控制变量，进行线性回归分析。模型 R^2 值为 0.555，表明前因变量可以解释员工幸福感的 55.5% 变化原因。回归模型通过 F 检验（F=109.606，p<0.01）。家庭支持型主管行为对员工幸福感的回归系数值为 0.451（t=12.415，p<0.01），表明家庭支持型主管行为显著正向影响员工幸福感，工作增益家庭、家庭增益工作分别对员工幸福感的回归系数值为 0.392（p<0.01）和 0.319（p<0.01），表明工作增益家庭、家庭增益工作均显著正向影响员工幸福感。综上表明，模型 10 中家庭支持型主管行为对家庭增益工作的回归系数 a 和模型 16 中工作增益家庭、家庭增益工作对员工幸福感的回归系数 b_1 和 b_2 均显著为正，且相较模型 4，加入工作增益家庭、家庭增益工作后，模型 16 中家庭支持型主管行为对员工幸福感的回归系数 c' 仍然显著为正。进一步使用 Bootstrap 抽样检验法进行分析，抽样次数为 1000 次，结果显示：95% 区间并不包括数字 0（95% CI：0.025 ~ 0.063），中介效应值 0.051，因而表明家庭支持型主管行为→工作增益家庭→家庭增益工作→员工幸福感的中介效应路径存在。上述结果证明了假设 H4 成立。

表 7-5 中模型 17 将员工生活幸福感作为因变量，家庭支持型主管行为作为自变量，工作增益家庭、家庭增益工作、年龄、婚姻状况、照顾 18 岁及以下子女数量、是否实行弹性工作时间、岗位属性作为控制变量，进行线性回归分析。模型 R^2 值为 0.481，表明前因变量可以解释员工生活幸福感的 41.6% 变化原因。回归模型通过 F 检验（F=62.611，p<0.01）。家庭支持型主管行为对员工生活幸福感的回归系数值为 0.501（t=9.251，p<0.01），表明家庭支持型主管行为显著正向影响员工生活幸福感，工作增益家庭、家庭增益工作分别对员工幸福感的回归系数值为 0.505（p<0.01）和 0.203（p>0.05），表明工作增益家庭显著正向影响员工生活幸福感，但家庭增益工作对员工生活幸福感的影响不显著。综上表明，模型 10 中家庭支持型主管行为对家庭增益工作的回归系数 a 和模型 17 中工作增益家庭对员工生活幸福感的回归系数 b_1 均显著为正，模型 17 中家庭增益工作对员工生活幸福感的回归系数 b_2 为正但不显著，相较模型 4，加入工作增益家庭、家庭增益工作后，模型 17 中家庭支持型主管行为对员工生活幸福感的回归系数 c' 仍然显著为正。进一步使用 Bootstrap 抽样检验法进行分析，抽样次数为 1000 次，结果显示：95% 区间并不包括数字 0（95% CI：0.002 ~ 0.041），中介效应值 0.033，因而表明家庭支持型主管行

为→工作增益家庭→家庭增益工作→员工生活幸福感的中介效应路径存在。上述结果证明了假设 H4a 成立。

表 7-5 中模型 18 将员工工作幸福感作为因变量，家庭支持型主管行为作为自变量，工作增益家庭、家庭增益工作、年龄、婚姻状况、照顾 18 岁及以下子女数量、是否实行弹性工作时间、岗位属性作为控制变量，进行线性回归分析。模型 R^2 值为 0.555，表明前因变量可以解释员工工作幸福感的 55.5% 变化原因。回归模型通过 F 检验（F=109.628，p<0.01）。家庭支持型主管行为对员工工作幸福感的回归系数值为 0.579（p<0.01），表明家庭支持型主管行为显著正向影响员工工作幸福感，工作增益家庭、家庭增益工作分别对员工幸福感的回归系数值为 0.503（p<0.01）和 0.365（p>0.05），表明工作增益家庭、家庭增益工作均显著正向影响员工工作幸福感。综上表明，模型 10 中家庭支持型主管行为对家庭增益工作的回归系数 a 和模型 18 中工作增益家庭、家庭增益工作对员工工作幸福感的回归系数 b_1、b_2 均显著为正，相较模型 4，加入工作增益家庭、家庭增益工作后，模型 18 中家庭支持型主管行为对员工工作幸福感的回归系数 c′ 仍然显著为正。进一步使用 Bootstrap 抽样检验法进行分析，抽样次数为 1000 次，结果显示：95% 区间并不包括数字 0（95% CI：0.022～0.058），中介效应值 0.058，因而表明家庭支持型主管行为→工作增益家庭→家庭增益工作→员工工作幸福感的中介效应路径存在。上述结果证明了假设 H4b 成立。

表 7-5 中模型 19 将员工心理幸福感作为因变量，家庭支持型主管行为作为自变量，工作增益家庭、家庭增益工作、年龄、婚姻状况、照顾 18 岁及以下子女数量、是否实行弹性工作时间、岗位属性作为控制变量，进行线性回归分析。模型 R^2 值为 0.381，表明前因变量可以解释员工生活幸福感的 38.1% 变化原因。回归模型通过 F 检验（F=54.181，p<0.01）。家庭支持型主管行为对员工心理幸福感的回归系数值为 0.293（p<0.01），表明家庭支持型主管行为显著正向影响员工心理幸福感，工作增益家庭、家庭增益工作分别对员工心理幸福感的回归系数值为 0.170（p<0.01）和 0.389（p<0.01），表明工作增益家庭、家庭增益工作均显著正向影响员工心理幸福感。综上表明，模型 10 中家庭支持型主管行为对家庭增益工作的回归系数 a 和模型 19 中工作增益家庭、家庭增益工作对员工心理幸福感的回归系数 b_1、b_2 均显著为正，相较模型 4，加入工作增益家庭、家庭增益工作后，模型 19 中家庭支持型主管行为对员工心理幸福感的回归系数 c′ 仍然显著为正。进一步使用 Bootstrap 抽样检验法进行分析，抽样次数为 1000 次，结果显示：95% 区间并不包括数字 0（95% CI：0.040～0.087），中介效应值 0.062，因而表明家庭支持型主管行为→工作增益

家庭→家庭增益工作→员工心理幸福感的中介效应路径存在。上述结果证明了假设 H4c 成立。

综上所述，假设 H4 及其子假设 H4a、假设 H4b、假设 H4c 均得到有效验证，证明工作增益家庭、家庭增益工作链式中介家庭支持型主管行为与员工幸福感及其各维度的关系成立。

二、链式双重中介效应对比

根据 Bootstrap 抽样检验结果，进一步对比家庭增益工作对家庭支持型主管行为与员工幸福感各维度的中介效应，具体如图 7-8 所示。工作增益家庭、家庭增益工作对家庭支持型主管行为与员工生活幸福感、员工工作幸福感、员工心理幸福感关系的中介效应分别为 0.013、0.058、0.062，表明工作增益家庭、家庭增益工作对家庭支持型主管行为与员工心理幸福感关系的链式双重中介效应最强，对家庭支持型主管行为与员工生活幸福感关系的链式双重中介效应最弱。

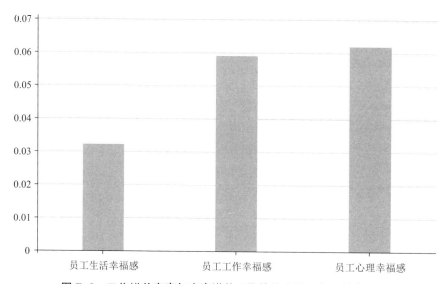

图 7-8　工作增益家庭与家庭增益工作的链式双重中介效应对比

第四节　工作—家庭边界分割组织供给与工作— 家庭边界分割员工偏好的双重调节效应检验

工作—家庭边界分割组织供给与工作—家庭边界分割员工偏好对家庭支持型主管行为与员工幸福感及其各维度关系的双重调节效应模型如图 7-9 所示。

本书采用第四章阐述的双重调节效应检验方法，基于正式调查的 713 份样本，对假设 H5 及其子假设进行检验，并根据检验结果，比较分析工作—家庭边界分割组织供给与工作—家庭边界分割员工偏好对家庭支持型主管行为与员工幸福感各维度关系的双重调节效应值。

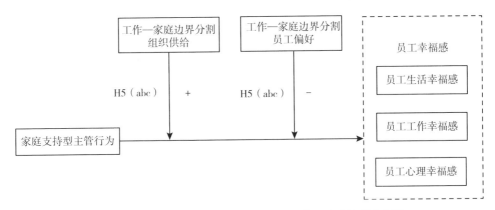

图 7-9　工作—家庭边界分割组织供给与工作—家庭边界分割员工
偏好的双重调节效应模型

一、双重调节效应检验结果

在家庭支持型主管行为对员工幸福感及其各维度影响的主效应检验 4 个模型的基础上，工作—家庭边界分割组织供给、工作—家庭边界分割员工偏好对家庭支持型主管行为与员工幸福感关系的双重调节效应检验共涉及 4 个模型，各模型回归结果如表 7-6 所示。

表 7-6　工作—家庭边界分割组织供给与工作—家庭边界分割组织供给的
双重调节效应检验

	员工幸福感 （模型 20）	员工生活幸福感 （模型 21）	员工工作幸福感 （模型 22）	员工心理幸福感 （模型 23）
常数	5.064** （31.249）	6.070** （24.662）	6.659** （34.366）	5.656** （31.929）
年龄	−0.032 （−1.157）	−0.069 （−1.602）	−0.029 （−0.855）	−0.000 （−0.014）
婚姻状况	0.187** （2.918）	0.223* （2.217）	0.194* （2.443）	0.182* （2.516）
照顾 18 岁及以下子女数量	0.044 （0.908）	0.039 （0.510）	0.061 （1.020）	0.040 （0.726）

续表

	员工幸福感 （模型 20）	员工生活幸福感 （模型 21）	员工工作幸福感 （模型 22）	员工心理幸福感 （模型 23）
是否实行弹性 工作时间	−0.147** （−2.772）	−0.334** （−4.004）	−0.133* （−2.021）	0.005 （0.089）
岗位属性	0.048 （1.630）	0.107* （2.305）	0.021 （0.565）	0.023 （0.703）
家庭支持型主 管行为	0.689** （18.686）	0.704** （13.795）	0.867** （18.699）	0.496** （13.859）
工作—家庭边界 分割组织供给	0.114** （3.815）	0.207** （5.015）	0.146** （3.880）	−0.611 （−0.385）
家庭支持型主管 行为 × 工作— 家庭边界分割组 织供给	0.110** （3.589）	0.127** （2.979）	0.110** （2.837）	0.094** （3.169）
工作—家庭边界 分割员工偏好	−0.098** （−3.700）	−0.149** （−4.057）	−0.124** （−3.720）	−0.021 （−0.834）
家庭支持型主 管行为 × 工作— 家庭边界分割员 工偏好	−0.112** （−3.877）	−0.098* （−2.452）	−0.103** （−2.821）	−0.136** （−4.831）
R^2	0.579	0.440	0.635	0.326
调整 R^2	0.573	0.432	0.629	0.316
F 值	F=96.461， p=0.000	F=55.196， p=0.000	F=121.866， p=0.000	F=33.893， p=0.000

注：* 表示 p<0.05，** 表示 p<0.01，括号里面为 t 值。

表 7-6 中模型 20 在模型 1 的基础上加入工作—家庭边界分割组织供给、工作—家庭边界分割组织供给与家庭支持型主管行为的交互项、工作—家庭边界分割员工偏好、工作—家庭边界分割员工偏好与家庭支持型主管行为的交互项，进行线性回归分析。模型 R^2 值为 0.579，相较模型 1 的 R^2 值 0.434，增加 0.145，对员工幸福感的解释力度有所增强。回归模型通过 F 检验（F=96.461，p<0.01）。工作—家庭边界分割组织供给与家庭支持型主管行为交互项对员工幸福感的回归系数值为 0.110（p<0.01），表明工作—家庭边界分割组织供给正向调节家庭支持型主管行为与员工幸福感的关系；工作—家庭边界分割员工偏好与家庭支持型主管行为交互项对员工幸福感的回归系数值为 −0.098（p<0.01），表明工作—家庭边界分割员工偏好负向调节家庭支持型主管行为与员工幸福感的

关系。根据第四章双重调节效应检验方法，综上分析表明，在高工作—家庭边界分割组织供给、低工作—家庭边界分割员工偏好的边界条件下，家庭支持型主管行为对员工幸福感的影响效果最大，假设 H5 得到验证。

工作—家庭边界分割组织供给对家庭支持型主管行为与员工幸福感关系的调节效应如图 7-10 所示。高工作—家庭边界分割组织供给组的回归斜率大于低工作—家庭边界分割组织供给组。因此，相较低工作—家庭边界分割组织供给的员工，高工作—家庭边界分割组织供给的员工感知到的家庭支持型主管行为与员工幸福感之间的正向关系更强。

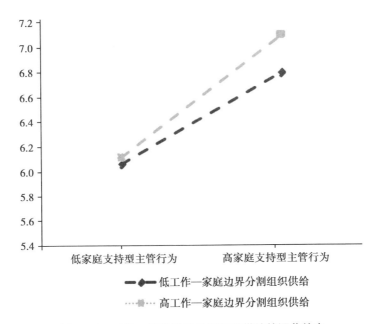

图 7-10 工作—家庭边界分割组织供给的调节效应

工作—家庭边界分割员工偏好对家庭支持型主管行为与员工幸福感关系的调节效应如图 7-11 所示。低工作—家庭边界分割员工偏好组的回归斜率大于高工作—家庭边界分割偏好组。因此，相较高工作—家庭边界分割偏好的员工，低工作—家庭边界分割偏好的员工感知到的家庭支持型主管行为与员工幸福感之间的正向关系更强。

表 7-6 中模型 21 在模型 2 的基础上加入工作—家庭边界分割组织供给、工作—家庭边界分割组织供给与家庭支持型主管行为的交互项、工作—家庭边界分割员工偏好、工作—家庭边界分割员工偏好与家庭支持型主管行为的交互项，进行线性回归分析。模型 R^2 值为 0.440，相较模型 2 的 R^2 值 0.339，增加 0.101，对员工生活幸福感的解释力度有所增强。回归模型通过 F 检验

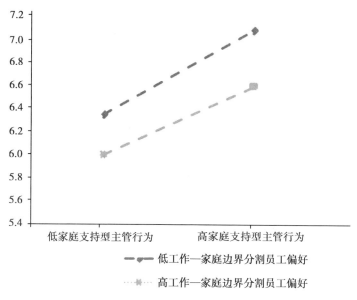

图 7-11　工作—家庭边界分割员工偏好的调节效应

（F=55.196，p<0.01）。工作—家庭边界分割组织供给与家庭支持型主管行为交互项对员工生活幸福感的回归系数值为 0.127（p<0.01），表明工作—家庭边界分割组织供给正向调节家庭支持型主管行为与员工生活幸福感的关系；工作—家庭边界分割员工偏好与家庭支持型主管行为交互项对员工生活幸福感的回归系数值为 –0.098（p<0.05），表明工作—家庭边界分割员工偏好负向调节家庭支持型主管行为与员工生活幸福感的关系。根据第四章双重调节效应检验方法，综上分析表明，在高工作—家庭边界分割组织供给、低工作—家庭边界分割员工偏好的边界条件下，家庭支持型主管行为对员工生活幸福感的影响效果最大，假设 H5a 得到验证。

工作—家庭边界分割组织供给对家庭支持型主管行为与员工生活幸福感关系的调节效应如图 7-12 所示。高工作—家庭边界分割组织供给组的回归斜率大于低工作—家庭边界组织供给组。因此，相较低工作—家庭边界分割组织供给的员工，高工作—家庭边界分割组织供给的员工感知到的家庭支持型主管行为与员工生活幸福感之间的正向关系更强。

工作—家庭边界分割员工偏好对家庭支持型主管行为与员工生活幸福感关系的调节效应如图 7-13 所示。低工作—家庭边界分割员工偏好组的回归斜率大于高工作—家庭边界分割偏好组。因此，相较高工作—家庭边界分割偏好的员工，低工作—家庭边界分割偏好的员工感知到的家庭支持型主管行为与员工生活幸福感之间的正向关系更强。

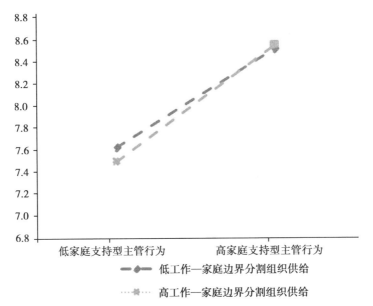

图 7-12　工作—家庭边界分割组织供给的调节效应（a）

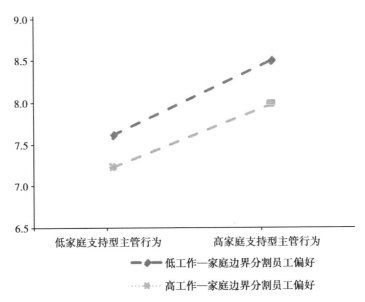

图 7-13　工作—家庭边界分割员工偏好的调节效应（a）

表 7-6 中模型 22 在模型 3 的基础上加入工作—家庭边界分割组织供给、工作—家庭边界分割组织供给与家庭支持型主管行为的交互项、工作—家庭边界分割员工偏好、工作—家庭边界分割员工偏好与家庭支持型主管行为的交互项，进行线性回归分析。模型 R^2 值为 0.635，相较模型 3 的 R^2 值 0.431，

增加 0.204，对员工工作幸福感的解释力度有所增强。回归模型通过 F 检验
（F=121.866，p<0.01）。工作—家庭边界分割组织供给与家庭支持型主管行为
交互项对员工工作幸福感的回归系数值为 0.110（p<0.01），表明工作—家庭边
界分割组织供给正向调节家庭支持型主管行为与员工工作幸福感的关系；工
作—家庭边界分割员工偏好与家庭支持型主管行为交互项对员工工作幸福感的
回归系数值为 –0.103（p<0.01），表明工作—家庭边界分割员工偏好负向调节
家庭支持型主管行为与员工工作幸福感的关系。根据第四章的双重调节效应检
验方法，综上分析表明，在高工作—家庭边界分割组织供给、低工作—家庭边
界分割员工偏好的边界条件下，家庭支持型主管行为对员工工作幸福感的影响
效果最大，假设 H5b 得到验证。

　　工作—家庭边界分割组织供给对家庭支持型主管行为与员工工作幸福感关
系的调节效应如图 7–14 所示。高工作—家庭边界分割组织供给组的回归斜率
大于低工作—家庭边界分割组织供给组。因此，相较低工作—家庭边界分割组
织供给的员工，高工作—家庭边界分割组织供给的员工感知到的家庭支持型主
管行为与员工心理工作感之间的正向关系更强。

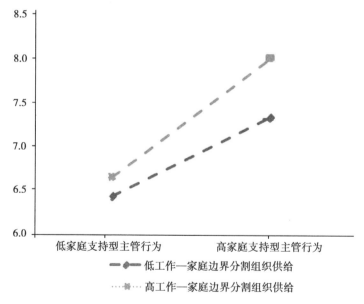

图 7–14　工作—家庭边界分割组织供给的调节效应（b）

　　工作—家庭边界分割员工偏好对家庭支持型主管行为与员工工作幸福感关
系的调节效应如图 7–15 所示。低工作—家庭边界分割员工偏好组的回归斜率
大于高工作—家庭边界分割偏好组。因此，相较高工作—家庭边界分割偏好的

员工，低工作—家庭边界分割偏好的员工感知到的家庭支持型主管行为与员工工作幸福感之间的正向关系更强。

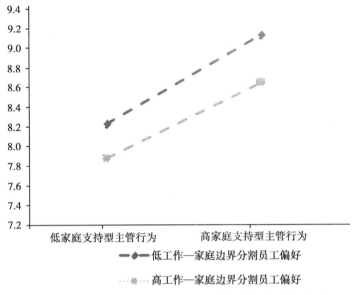

图 7-15　工作—家庭边界分割员工偏好的调节效应（b）

表 7-6 中模型 23 在模型 4 的基础上加入工作—家庭边界分割组织供给、工作—家庭边界分割组织供给与家庭支持型主管行为的交互项、工作—家庭边界分割员工偏好、工作—家庭边界分割员工偏好与家庭支持型主管行为的交互项，进行线性回归分析。模型 R^2 值为 0.326，相较模型 4 的 R^2 值 0.265，增加 0.061，对员工心理幸福感的解释力度有所增强。回归模型通过 F 检验（F=33.893，p<0.01）。工作—家庭边界分割组织供给与家庭支持型主管行为交互项对员工心理幸福感的回归系数值为 0.094（p<0.01），表明工作—家庭边界分割组织供给正向调节家庭支持型主管行为与员工心理幸福感的关系；工作—家庭边界分割员工偏好与家庭支持型主管行为交互项对员工心理幸福感的回归系数值为 –0.136（p<0.01），表明工作—家庭边界分割员工偏好负向调节家庭支持型主管行为与员工心理幸福感的关系。根据第四章的双重调节效应检验方法，综上分析表明，在高工作—家庭边界分割组织供给、低工作—家庭边界分割员工偏好的边界条件下，家庭支持型主管行为对员工心理幸福感的影响效果最大，假设 H5c 得到验证。

工作—家庭边界分割组织供给对家庭支持型主管行为与员工心理幸福感关系的调节效应如图 7-16 所示。高工作—家庭边界分割组织供给组的回归斜率大于低工作—家庭边界分割组织供给组。因此，相较低工作—家庭边界分割组织供给的员工，高工作—家庭边界分割组织供给的员工感知到的家庭支持型主管行为与员工心理幸福感之间的正向关系更强。

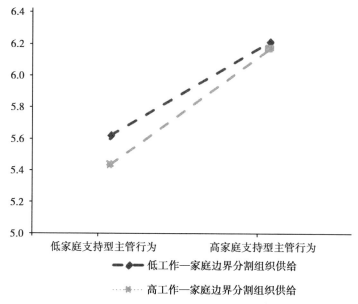

图 7-16　工作—家庭边界分割组织供给的调节效应（c）

工作—家庭边界分割员工偏好对家庭支持型主管行为与员工心理幸福感关系的调节效应如图 7-17 所示。低工作—家庭边界分割员工偏好组的回归斜率大于高工作—家庭边界分割偏好组。因此，相较高工作—家庭边界分割偏好的员工，低工作—家庭边界分割偏好的员工感知到的家庭支持型主管行为与员工心理幸福感之间的正向关系更强。

综上所述，假设 H5 及其子假设 H5a、假设 H5b、假设 H5c 均得到有效验证，证明在高工作—家庭边界分割组织供给、低工作—家庭边界分割员工偏好的边界条件下，家庭支持型主管行为对员工幸福感及其各维度的影响效果最大。

二、双重调节效应对比

根据双重调节效应回归模型（模型 16 ~ 模型 18）的 R^2 与主效应回归模型（模型 2 ~ 模型 4）的 R^2 的差值，可比较工作—家庭边界分割组织供给与工作—家庭边界分割员工偏好对家庭支持型主管行为与员工幸福感各维度双重调节效应的效果量，具体如图 7-18 所示。分析发现，工作—家庭边界分割组织供给与工作—家庭边界分割员工偏好对家庭支持型主管行为与员工生活幸福

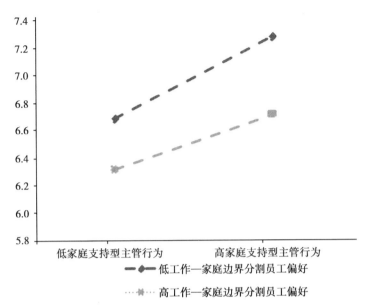

图 7-17 工作—家庭边界分割员工偏好的调节效应（c）

感、员工工作幸福感、员工心理幸福感关系的调节效应量分别为 0.047、0.032、0.032，表明工作—家庭边界分割组织供给与工作—家庭边界分割员工偏好对家庭支持型主管行为与员工工作幸福感的调节效应最强，对家庭支持型主管行为与员工工作幸福感、员工心理幸福感关系的调节效应次之。

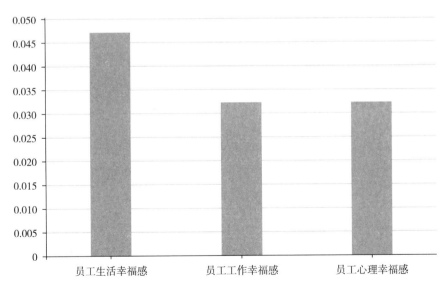

图 7-18 工作—家庭边界分割组织供给与工作—家庭边界分割员工偏好的
双重调节效应对比

第五节　正念的调节效应检验

正念对家庭支持型主管行为与员工幸福感及其各维度关系的调节效应模型如图7-19所示。本书采用第四章阐述的调节效应检验方法，基于正式调查的713份样本，对假设H6及其子假设进行检验，并根据检验结果，比较分析正念对家庭支持型主管行为与员工幸福感各维度关系的调节效应值。

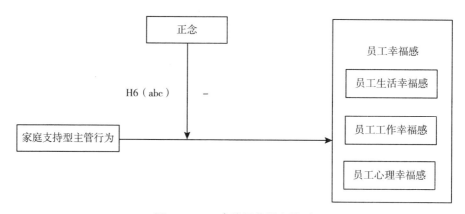

图7-19　正念的调节效应模型

一、调节效应检验结果

在家庭支持型主管行为对员工幸福感及其各维度影响的主效应检验4个模型（模型1~模型4）的基础上，正念对家庭支持型主管行为与员工幸福感关系的调节效应检验共涉及4个模型，各模型回归结果如表7-7所示。

表7-7　正念的调节效应检验

	员工幸福感（模型24）	员工生活幸福感（模型25）	员工工作幸福感（模型26）	员工心理幸福感（模型27）
常数	4.914** （32.709）	5.168** （22.897）	4.969** （24.384）	5.275** （34.520）
年龄	−0.017 （−0.574）	−0.037 （−0.817）	−0.023 （−0.569）	0.008 （0.261）
婚姻状况	0.192** （2.704）	0.227* （2.127）	0.242* （2.508）	0.145* （2.004）

续表

	员工幸福感 （模型24）	员工生活幸福感 （模型25）	员工工作幸福感 （模型26）	员工心理幸福感 （模型27）
照顾18岁及以下子女数量	0.063 （1.175）	0.063 （0.792）	0.075 （1.034）	0.062 （1.143）
是否实行弹性工作时间	−0.273** （−4.674）	−0.488** （−5.558）	−0.303** （−3.824）	−0.076 （−1.276）
岗位属性	0.002 （0.073）	−0.013 （−0.286）	0.019 （0.454）	0.004 （0.134）
家庭支持型主管行为	0.670** （17.621）	0.706** （13.348）	0.878** （18.284）	0.425** （11.781）
正念	0.119** （3.049）	0.108* （1.994）	0.083 （1.695）	0.165** （4.456）
家庭支持型主管行为 × 正念	−0.173** （−4.053）	−0.220** （−3.708）	−0.121* （−2.240）	−0.178** （−4.393）
R^2	0.483	0.373	0.462	0.332
调整 R^2	0.477	0.366	0.456	0.324
F 值	F=82.330, p=0.000	F=52.439, p=0.000	F=75.483, p=0.000	F=43.711, p=0.000

注：* 表示 $p<0.05$，** 表示 $p<0.01$，括号里面为 t 值。

表7-7中模型24在模型1的基础上加入正念、正念与家庭支持型主管行为的交互项，进行线性回归分析。模型 R^2 值为0.483，相较模型1的 R^2 值0.434，增加0.049，对员工幸福感的解释力度有所增强。回归模型通过 F 检验（F=82.330，$p<0.01$）。正念与家庭支持型主管行为对员工幸福感的回归系数值为 −0.173（$p<0.01$）。根据第四章调节效应检验方法，结果表明正念负向调节家庭支持型主管行为与员工幸福感的关系，假设 H6 得到了验证。

正念对家庭支持型主管行为与员工幸福感关系的调节效应如图7-20所示。低正念组的回归斜率大于高正念组。因此，相较高正念的员工，低正念的员工家庭支持型主管行为对员工幸福感的影响更强。

表7-7中模型25在模型2的基础上加入正念、正念与家庭支持型主管行为的交互项，进行线性回归分析。模型 R^2 值为0.373，相较模型2的 R^2 值0.339，增加0.034，对员工生活幸福感的解释力度有所增强。回归模型通过 F 检验（F=52.439，$p<0.01$）。正念与家庭支持型主管行为对员工生活幸福感的回归系数值为 −0.220（$p<0.01$）。根据第四章调节效应检验方法，结果表明正念负向调节家庭支持型主管行为与员工生活幸福感的关系，假设 H6a 得到了验证。

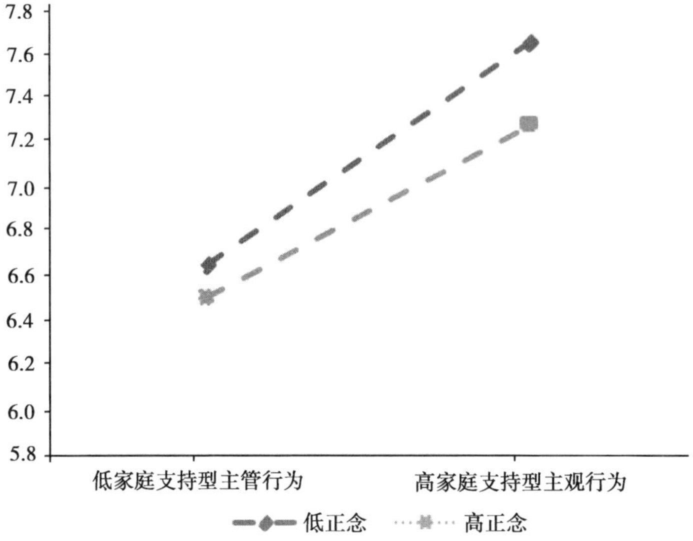

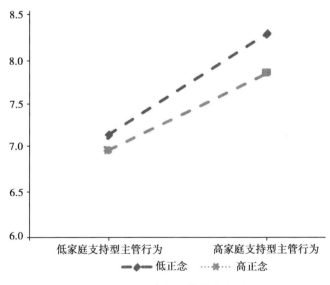

图 7-20　正念的调节效应

正念对家庭支持型主管行为与员工生活幸福感关系的调节效应如图 7-21 所示。低正念组的回归斜率大于高正念组。因此，相较高正念的员工，低正念的员工家庭支持型主管行为对员工生活幸福感的影响更强。

图 7-21　正念的调节效应（a）

表 7-7 中模型 26 在模型 3 的基础上加入正念、正念与家庭支持型主管行为的交互项，进行线性回归分析。模型 R^2 值为 0.462，相较模型 3 的 R^2 值 0.431，

增加 0.031，对员工工作幸福感的解释力度有所增强。回归模型通过 F 检验
（F=75.483，p<0.01）。正念与家庭支持型主管行为对员工工作幸福感的回归系数
值为 –0.121（p<0.01）。根据第四章调节效应检验方法，结果表明正念负向调节
家庭支持型主管行为与员工工作幸福感的关系，假设 H6b 得到了验证。

正念对家庭支持型主管行为与员工工作幸福感关系的调节效应如图 7–22
所示。低正念组的回归斜率大于高正念组。因此，相较高正念的员工，低正念
的员工家庭支持型主管行为对员工工作幸福感的影响更强。

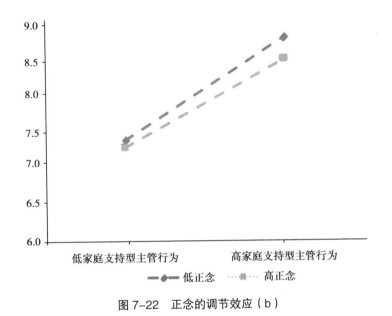

图 7–22　正念的调节效应（b）

表 7–7 中模型 27 在模型 4 的基础上加入正念、正念与家庭支持型主管
行为的交互项，进行线性回归分析。模型 R^2 值为 0.332，相较模型 4 的 R^2 值
0.265，增加 0.067，对员工心理幸福感的解释力度有所增强。回归模型通过 F
检验（F=43.711，p<0.01）。正念与家庭支持型主管行为对员工心理幸福感的
回归系数值为 –0.178（p<0.01）。根据第四章调节效应检验方法，结果表明正
念负向调节家庭支持型主管行为与员工心理幸福感的关系，假设 H6c 得到了
验证。

正念对家庭支持型主管行为与员工心理幸福感关系的调节效应如图 7–23
所示。低正念组的回归斜率大于高正念组。因此，相较高正念的员工，低正念
的员工家庭支持型主管行为对员工心理幸福感的影响更强。

综上所述，假设 H6 及其子假设 H6a、假设 H6b、假设 H6c 均得到有效验
证，证明正念负向调节家庭支持型主管行为与员工幸福感及其各维度的关系。

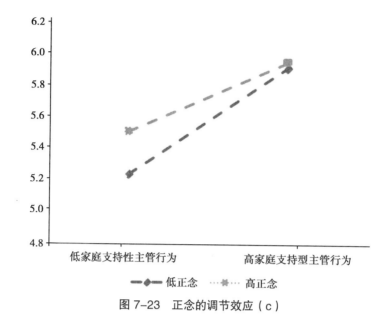

图 7-23　正念的调节效应（c）

二、调节效应对比

根据调节效应回归模型（模型 25 到模型 27）的 R^2 与主效应回归模型（模型 2 到模型 4）的 R^2 的差值，可比较正念对家庭支持型主管行为与员工幸福感各维度调节效应的效果量，具体如图 7-24 所示。分析发现，正念对家庭

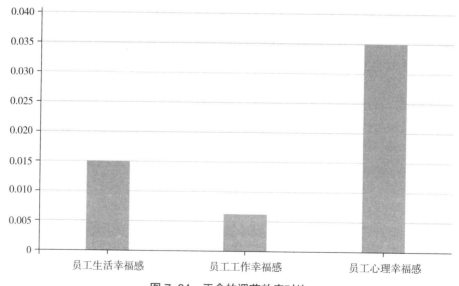

图 7-24　正念的调节效应对比

支持型主管行为与员工生活幸福感、员工工作幸福感、员工心理幸福感的关系的调节效应量分别为 0.015、0.006、0.035，表明正念对家庭支持型主管行为与员工心理幸福感关系的调节效应最强，对家庭支持型主管行为与员工工作幸福感关系的调节效应最弱。

第六节　工作专注中介正念的调节效应检验

工作专注中介正念对家庭支持型主管行为与员工幸福感及其各维度关系的调节效应模型如图 7-25 所示。本书采用第四章阐述的有中介的调节效应检验方法，基于正式调查的 713 份样本，对假设 H7 及其子假设进行检验，并根据检验结果，比较分析工作专注中介正念对家庭支持型主管行为与员工幸福感各维度关系的调节效应值。

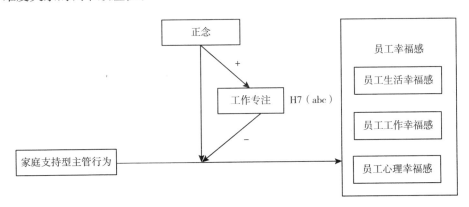

图 7-25 工作专注中介正念的调节效应模型

一、有中介的调节效应检验结果

在正念对家庭支持型主管行为与员工幸福感及其各维度关系的调节效应检验 4 个模型的基础上，工作专注中介正念对家庭支持型主管行为与员工幸福感及其各维度关系的调节作用检验共涉及 5 个模型，各模型回归结果如表 7-8 所示。

表 7-8　工作专注中介正念的调节效应检验

	工作专注（模型 28）	员工幸福感（模型 29）	员工生活幸福感（模型 30）	员工工作幸福感（模型 31）	员工心理幸福感（模型 32）
常数	2.143**	3.236**	0.839*	0.468	2.600**
	(8.773)	(17.799)	(2.321)	(1.520)	(10.411)

	工作专注 （模型 28）	员工 幸福感 （模型 29）	员工 生活幸福感 （模型 30）	员工 工作幸福感 （模型 31）	员工 心理幸福感 （模型 32）
年龄	0.097** （2.776）	−0.055* （−2.023）	−0.081 （−1.895）	−0.076* （−2.087）	−0.016 （−0.532）
婚姻状况	−0.005 （−0.062）	0.188** （2.953）	0.214* （2.132）	0.230** （2.689）	0.131 （1.886）
照顾18岁及以下子女数量	0.056 （0.904）	0.038 （0.804）	0.042 （0.562）	0.047 （0.741）	0.051 （0.974）
是否实行弹性工作时间	−0.204** （−2.991）	−0.171** （−3.238）	−0.374** （−4.483）	−0.157* （−2.205）	−0.005 （−0.089）
岗位属性	0.028 （0.772）	0.023 （0.820）	0.015 （0.337）	0.012 （0.316）	0.054 （1.771）
家庭支持型主管行为	0.414** （10.140）	0.412** （11.120）	0.439** （7.989）	0.557** （11.863）	0.241** （6.352）
正念	−0.035 （−0.838）	0.265** （8.492）	0.282** （6.091）	0.254** （6.437）	0.259** （8.102）
家庭支持型主管行为 × 正念	0.000 （0.004）	−0.248** （−6.347）	−0.286** （−4.956）	−0.219** （−4.441）	−0.237** （−5.931）
工作专注		0.432** （12.965）	0.452** （9.154）	0.584** （13.842）	0.261** （7.623）
正念 × 工作专注		0.182** （4.887）	0.143** （2.603）	0.254** （5.396）	0.148** （3.881）
R^2	0.222	0.589	0.448	0.579	0.387
调整 R^2	0.213	0.583	0.440	0.573	0.378
F 值	F=25.041, p=0.000	F=100.685, p=0.000	F=56.927, p=0.000	F=96.368, p=0.000	F=44.338, p=0.000

注：* 表示 p<0.05，** 表示 p<0.01，括号里面为 t 值。

表 7-8 中模型 28 将工作专注作为因变量，家庭支持型主管行为作为自变量，正念、家庭支持型主管行为与正念的交互项，以及年龄、婚姻状况、照顾 18 岁及以下子女数量、是否实行弹性工作时间、岗位属性等作为控制变量。模型 R^2 值为 0.222，表明前因变量可以解释工作专注的 22.2% 变化原因。回归模型通过 F 检验（F=25.041，p<0.01）。家庭支持型主管行为对工作专注的回归系数 a_1 为 0.414，且在 0.01 水平下显著，正念对工作专注的回归系数 a_2 为 −0.035，家庭支持型主管行为与正念交互项对工作专注的回归系数 a_3

为 0.000（小数点后四位不显示），均不显著。

表 7-8 中模型 29 以员工幸福感为因变量，在模型 24 的基础上加入工作专注、正念与工作专注的交互项。模型 R^2 值为 0.589，相较模型 24 的 R^2 值 0.483，增加 0.106，对员工幸福感的解释力度有所增强。回归模型通过 F 检验（F=100.685，p<0.01）。工作专注对员工幸福感的回归系数 b_1 为 0.432，且在 0.01 水平下显著，正念与工作专注交互项对员工幸福感的回归系数 b_2 为 0.182，且在 0.01 水平下显著。综合模型 24 和模型 29 的回归结果，模型 24 中家庭支持型主管行为对工作专注的回归系数 a_1 和模型 29 中正念与工作专注交互项对员工幸福感的回归系数 b_2 显著，证明工作专注中介正念的调节模型成立，进一步分析发现，模型 29 中家庭支持型主管行为与正念交互项对员工幸福感的回归系数 c'_3 为 –0.248，且在 0.01 水平下显著。根据第四章有中介的调节效应检验方法，结果表明工作专注对正念调节家庭支持型主管行为与员工幸福感关系发挥部分中介效应，假设 H7 得到了验证。

表 7-8 中模型 30 以员工生活幸福感为因变量，在模型 25 的基础上加入工作专注、正念与工作专注的交互项。模型 R^2 值为 0.448，相较模型 25 的 R^2 值 0.373，增加 0.075，对员工生活幸福感的解释力度有所增强。回归模型通过 F 检验（F=56.927，p<0.01）。工作专注对员工生活幸福感的回归系数 b_1 为 0.452，且在 0.01 水平下显著，正念与工作专注交互项对员工生活幸福感的回归系数 b_2 为 0.143，且在 0.01 水平下显著。综合模型 25 和模型 30 的回归结果，模型 25 中家庭支持型主管行为对工作专注的回归系数 a_1 和模型 30 中正念与工作专注交互项对员工生活幸福感的回归系数 b_2 显著，证明工作专注中介正念的调节模型成立，进一步分析发现，模型 30 中家庭支持型主管行为与正念交互项对员工生活幸福感的回归系数 c'_3 为 –0.286，且在 0.01 水平下显著。根据第四章有中介的调节效应检验方法，结果表明工作专注对正念调节家庭支持型主管行为与员工生活幸福感关系发挥部分中介效应，假设 H7a 得到了验证。

表 7-8 中模型 31 以员工工作幸福感为因变量，在模型 26 的基础上加入工作专注、正念与工作专注的交互项。模型 R^2 值为 0.579，相较模型 26 的 R^2 值 0.462，增加 0.117，对员工工作幸福感的解释力度有所增强。回归模型通过 F 检验（F=96.368，p<0.01）。工作专注对员工工作幸福感的回归系数 b_1 为 0.584，且在 0.01 水平下显著，正念与工作专注交互项对员工工作幸福感的回归系数 b_2 为 0.254，且在 0.01 水平下显著。综合模型 21 和模型 31 的回归结果，模型 26 中家庭支持型主管行为对工作专注的回归系数 a_1 和模型 31 中正念与工作专注交互项对员工工作幸福感的回归系数 b_2 显著，证明工作专

注中介正念的调节模型成立，进一步分析发现，模型 31 中家庭支持型主管行为与正念交互项对员工工作幸福感的回归系数 c'_3 为 –0.219，且在 0.01 水平下显著。根据第四章有中介的调节效应检验方法，结果表明工作专注对正念调节家庭支持型主管行为与员工工作幸福感关系发挥部分中介效应，假设 H7b 得到了验证。

表 7–8 中模型 32 以员工心理幸福感为因变量，在模型 27 的基础上加入工作专注、正念与工作专注的交互项。模型 R^2 值为 0.387，相较模型 27 的 R^2 值 0.332，增加 0.055，对员工心理幸福感的解释力度有所增强。回归模型通过 F 检验（F=44.338，p<0.01）。工作专注对员工心理幸福感的回归系数 b_1 为 0.261，且在 0.01 水平下显著，正念与工作专注交互项对员工心理幸福感的回归系数 b_2 为 0.148，且在 0.01 水平下显著。综合模型 27 和模型 32 的回归结果，模型 27 中家庭支持型主管行为对工作专注的回归系数 a_1 和模型 32 中正念与工作专注交互项对员工心理幸福感的回归系数 b_2 显著，证明工作专注中介正念的调节模型成立，进一步分析发现，模型 32 中家庭支持型主管行为与正念交互项的回归系数 c'_3 为 –0.237，且在 0.01 水平下显著。根据第四章有中介的调节效应检验方法，结果表明工作专注对正念调节家庭支持型主管行为与员工心理幸福感关系发挥部分中介效应，假设 H7c 得到了验证。

综上所述，假设 H7 及其子假设 H7a、假设 H7b、假设 H7c 均得到了有效验证，证明工作专注中介正念对家庭支持型主管行为与员工幸福感及其各维度关系的调节效应。

二、有中介的调节效应对比

根据有中介的调节效应回归模型（模型 30 ~模型 32）的 R^2 与无中介的调节效应回归模型（模型 25 ~模型 27）的 R^2 的差值，可比较工作专注中介正念对家庭支持型主管行为与员工幸福感各维度调节效应的效果量，具体如图 7–26 所示。分析发现，工作专注中介正念对家庭支持型主管行为与员工生活幸福感、员工工作幸福感、员工心理幸福感的关系的调节效应量分别为 0.099、0.140、0.090，表明工作专注中介正念对家庭支持型主管行为与员工工作幸福感的调节效应最强，中介正念对家庭支持型主管行为与员工心理幸福感的调节效应最弱。

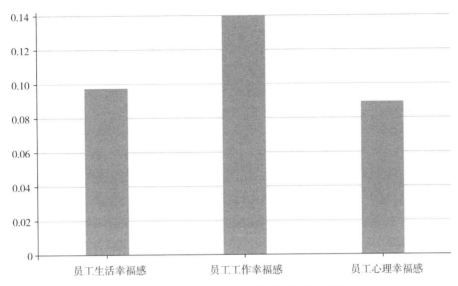

图 7-26　工作专注中介正念的调节效应对比

第七节　正念调节工作增益家庭、家庭增益工作的中介效应检验

正念调节工作增益家庭、家庭增益工作对家庭支持型主管行为与员工幸福感及其各维度关系的中介效应模型如图 7-27 所示。本书采用第四章阐述的有

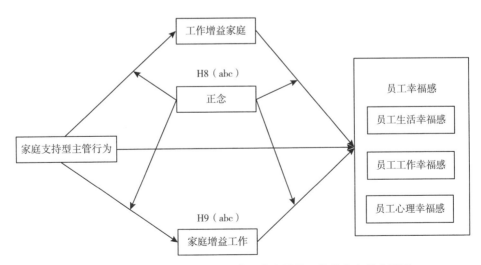

图 7-27　正念调节工作增益家庭、家庭增益工作的中介效应模型

调节的中介效应检验方法，基于正式调查的 713 份样本，对假设 H8、假设 H9 及其子假设进行检验，并根据检验结果，比较分析正念调节工作增益家庭、家庭增益工作对家庭支持型主管行为与员工幸福感各维度关系的中介效应值。

一、正念调节工作增益家庭的中介效应检验结果

在正念对家庭支持型主管行为与员工幸福感及其各维度关系的调节效应检验 4 个模型（模型 24 ~模型 27）的基础上，正念调节工作增益家庭对家庭支持型主管行为与员工幸福感及其各维度关系的中介效应检验共涉及 5 个模型，各模型回归结果如表 7-9 所示。

表 7-9　正念调节工作增益家庭的中介效应检验

	工作增益家庭（模型 33）	员工幸福感（模型 34）	员工生活幸福感（模型 35）	员工工作幸福感（模型 36）	员工心理幸福感（模型 37）
常数	0.993（1.898）	3.471**（18.564）	3.555**（12.246）	2.898**（11.367）	4.289**（20.955）
年龄	0.072*（2.470）	−0.051（−1.862）	−0.076（−1.815）	−0.068（−1.846）	−0.014（−0.455）
婚姻状况	0.149*（2.171）	0.129*（2.017）	0.153（1.537）	0.154（1.762）	0.106（1.507）
照顾 18 岁及以下子女数量	0.021（0.410）	0.056（1.169）	0.052（0.695）	0.068（1.046）	0.059（1.122）
是否实行弹性工作时间	0.054*（2.138）	−0.152**（−2.861）	−0.340**（−4.118）	−0.142（−1.960）	0.002（0.030）
岗位属性	−0.001（−0.022）	−0.016（−0.566）	−0.029（−0.675）	0.020（0.524）	−0.039（−1.282）
家庭支持型主管行为	0.462**（13.689）	0.436**（12.178）	0.447**（8.568）	0.572**（12.441）	0.289**（7.812）
工作增益家庭		0.486**（12.872）	0.557**（10.124）	0.613**（12.636）	0.288**（7.390）
正念	0.031（1.030）	0.274**（8.951）	0.315**（7.053）	0.254**（6.466）	0.254**（8.013）
家庭支持型主管行为 × 正念	−0.028（−0.756）				

续表

	工作增益家庭（模型 33）	员工幸福感（模型 34）	员工生活幸福感（模型 35）	员工工作幸福感（模型 36）	员工心理幸福感（模型 37）
工作增益家庭 × 正念		-0.162^{**}（-4.667）	-0.234^{**}（-4.618）	-0.129^{**}（-2.894）	-0.123^{**}（-3.439）
R^2	0.327	0.584	0.461	0.562	0.377
调整 R^2	0.318	0.579	0.454	0.556	0.369
F 值	F=42.666 p=0.000	F=109.648 p=0.000	F=66.788 p=0.000	F=100.243 p=0.000	F=47.235 p=0.000

注：* 表示 $p<0.05$，** 表示 $p<0.01$，括号里面为 t 值。

表 7-9 中模型 33 将工作增益家庭作为因变量，家庭支持型主管行为作为自变量，正念、家庭支持型主管行为与正念的交互项，以及年龄、婚姻状况、照顾 18 岁及以下子女数量、是否实行弹性工作时间、岗位属性等作为控制变量。模型 R^2 值为 0.327，表明前因变量可以解释员工幸福感的 32.7% 变化原因。回归模型通过 F 检验（F=42.666，$p<0.01$）。家庭支持型主管行为对工作增益家庭的回归系数 a_1 为 0.462，且在 0.01 水平下显著，正念对工作增益家庭的回归系数 a_2 为 0.031，但是不显著，家庭支持型主管行为与正念交互项对工作增益家庭的回归系数 a_3 为 -0.028，但是不显著。

表 7-9 中模型 34 将员工幸福感作为因变量，家庭支持型主管行为作为自变量、正念、工作增益家庭与正念的交互项，以及年龄、婚姻状况、照顾 18 岁及以下子女数量、是否实行弹性工作时间、岗位属性等作为控制变量。模型 R^2 值为 0.584，表明前因变量可以解释员工幸福感的 58.4% 变化原因。回归模型通过 F 检验（F=109.648，$p<0.01$）。工作增益家庭对员工幸福感的回归系数 b_1 为 0.486，且在 0.01 水平下显著，工作增益家庭与正念的交互项对员工幸福感的回归系数 b_2 为 -0.162，且在 0.01 水平下显著。综合模型 33 和模型 34 的回归结果，模型 33 中家庭支持型主管行为对工作专注的回归系数 a_1 和模型 34 中正念与工作专注交互项对员工幸福感的回归系数 b_2 显著。根据第四章有调节的中介效应检验方法，证明正念负向调节工作增益家庭对家庭支持型主管行为与员工幸福感关系的中介效应成立，具体调节后半路径，即相比高正念组，低正念组工作增益家庭对家庭支持型主管行为与员工幸福感关系的中介效应更强，假设 H8 得到了验证。

表 7-9 中模型 35 将员工生活幸福感作为因变量，家庭支持型主管行为作

为自变量，正念、工作增益家庭与正念的交互项，以及年龄、婚姻状况、照顾 18 岁及以下子女数量、是否实行弹性工作时间、岗位属性等作为控制变量。模型 R^2 值为 0.461，表明前因变量可以解释员工生活幸福感的 46.1% 变化原因。回归模型通过 F 检验（F=66.788，p<0.01）。工作增益家庭对员工生活幸福感的回归系数 b_1 为 0.613，且在 0.01 水平下显著，工作增益家庭与正念的交互项对员工生活幸福感的回归系数 b_2 为 –0.129，且在 0.01 水平下显著。综合模型 33 和模型 35 的回归结果，模型 33 中家庭支持型主管行为对工作专注的回归系数 a_1 和模型 35 中正念与工作专注交互项对员工生活幸福感的回归系数 b_2 显著。根据第四章有调节的中介效应检验方法，证明正念负向调节工作增益家庭对家庭支持型主管行为与员工生活幸福感关系的中介效应成立，具体调节后半路径，即相比高正念组，低正念组工作增益家庭对家庭支持型主管行为与员工生活幸福感关系的中介效应更强，假设 H8a 得到了验证。

表 7-9 中模型 36 将员工工作幸福感作为因变量，家庭支持型主管行为作为自变量，正念、工作增益家庭与正念的交互项，以及年龄、婚姻状况、照顾 18 岁及以下子女数量、是否实行弹性工作时间、岗位属性等作为控制变量。模型 R^2 值为 0.562，表明前因变量可以解释员工工作幸福感的 56.2% 变化原因。回归模型通过 F 检验（F=100.243，p<0.01）。工作增益家庭对员工工作幸福感的回归系数 b_1 为 0.613，且在 0.01 水平下显著，工作增益家庭与正念的交互项对员工工作幸福感的回归系数 b_2 为 –0.129，且在 0.01 水平下显著。综合模型 33 和模型 36 的回归结果，模型 33 中家庭支持型主管行为对工作专注的回归系数 a_1 和模型 36 中正念与工作专注交互项对员工工作幸福感的回归系数 b_2 显著。根据第四章有调节的中介效应检验方法，证明正念负向调节工作增益家庭对家庭支持型主管行为与员工工作幸福感关系的中介效应成立，具体调节后半路径，即相比高正念组，低正念组工作增益家庭对家庭支持型主管行为与员工工作幸福感关系的中介效应更强，假设 H8b 得到了验证。

表 7-9 中模型 37 将员工心理幸福感作为因变量，家庭支持型主管行为作为自变量，正念、工作增益家庭与正念的交互项，以及年龄、婚姻状况、照顾 18 岁及以下子女数量、是否实行弹性工作时间、岗位属性等作为控制变量。模型 R^2 值为 0.377，表明前因变量可以解释员工心理幸福感的 37.7% 变化原因。回归模型通过 F 检验（F=47.235，p<0.01）。工作增益家庭对员工心理幸福感的回归系数 b_1 为 0.288，且在 0.01 水平下显著，工作增益家庭与正念的交互项对员工心理幸福感的回归系数 b_2 为 –0.123，且在 0.01 水平下显著。综合模型 33 和模型 37 的回归结果，模型 33 中家庭支持型主管行为对工作专注的回归系数 a_1 和模型 37 中正念与工作专注交互项对员工心理幸福感的回归系数

b_2 显著。根据第四章有调节的中介效应检验方法，证明正念负向调节工作增益家庭对家庭支持型主管行为与员工心理幸福感关系的中介效应成立，具体调节后半路径，即相比高正念组，低正念组工作增益家庭对家庭支持型主管行为与员工心理幸福感关系的中介效应更强，假设 H8c 得到了验证。

二、正念调节家庭增益工作的中介效应检验结果

在正念对家庭支持型主管行为与员工幸福感及其各维度关系的调节效应检验 4 个模型（模型 24～模型 27）的基础上，正念调节家庭增益工作对家庭支持型主管行为与员工幸福感及其各维度关系的中介效应检验共涉及 5 个模型，各模型回归结果如表 7-10 所示。

表 7-10　正念调节家庭增益工作的中介效应检验

	工作增益家庭（模型 38）	员工幸福感（模型 39）	员工生活幸福感（模型 40）	员工工作幸福感（模型 41）	员工心理幸福感（模型 42）
常数	4.079** （33.933）	3.008** （15.611）	2.796** （9.284）	2.277** （8.761）	4.167** （21.627）
年龄	0.000 （0.014）	−0.021 （−0.738）	−0.043 （−0.949）	−0.029 （−0.751）	0.007 （0.250）
婚姻状况	0.082 （1.475）	0.155* （2.263）	0.199 （1.858）	0.184* （1.992）	0.114 （1.672）
照顾 18 岁及以下子女数量	0.015 （0.369）	0.065 （1.263）	0.069 （0.870）	0.078 （1.136）	0.058 （1.143）
是否实行弹性工作时间	−0.017 （−0.376）	−0.267** （−4.767）	−0.486** （−5.548）	−0.291** （−3.856）	−0.071 （−1.259）
岗位属性	−0.021 （−0.855）	−0.001 （−0.018）	−0.013 （−0.279）	0.040 （0.996）	−0.028 （−0.926）
家庭支持型主管行为	0.237** （8.082）	0.657** （18.581）	0.726** （14.323）	0840** （18.929）	0.407** （12.214）
家庭增益工作		0.383** （7.321）	0.276** （3.692）	0.513** （7.831）	0.358** （7.284）
正念	0.066* （2.210）	0.086* （2.138）	0.068 （1.180）	0.086 （1.700）	0.105** （2.753）
家庭支持型主管行为 × 正念	−0.087** （−2.645）				

续表

	工作增益家庭（模型38）	员工幸福感（模型39）	员工生活幸福感（模型40）	员工工作幸福感（模型41）	员工心理幸福感（模型42）
家庭增益工作 × 正念		−0.009（−0.161）	−0.033（−0.423）	0.114（1.684）	−0.107*（−2.115）
R^2	0.133	0.526	0.377	0.511	0.407
调整 R^2	0.123	0.519	0.369	0.505	0.399
F 值	F=13.533 p=0.000	F=86.524 p=0.000	F=47.350 p=0.000	F=81.646 p=0.000	F=53.614 p=0.000

注：* 表示 $p<0.05$，** 表示 $p<0.01$，括号里面为 t 值。

表 7-10 中模型 38 将家庭增益工作作为因变量，家庭支持型主管行为作为自变量，正念、家庭支持型主管行为与正念的交互项，以及年龄、婚姻状况、照顾 18 岁及以下子女数量、是否实行弹性工作时间、岗位属性等作为控制变量。模型 R^2 值为 0.133，表明前因变量可以解释员工幸福感的 13.3% 变化原因。回归模型通过 F 检验（F=13.533，$p<0.01$）。家庭支持型主管行为对家庭增益工作的回归系数 a_1 为 0.237，且在 0.01 水平下显著，正念对家庭增益工作的回归系数 a_2 为 0.066，且在 0.05 水平下显著，家庭支持型主管行为与正念交互项对家庭增益工作的回归系数 a_3 为 −0.087，且在 0.01 水平下显著。

表 7-10 中模型 39 将员工幸福感作为因变量，家庭支持型主管行为作为自变量，正念、家庭增益工作与正念的交互项，以及年龄、婚姻状况、照顾 18 岁及以下子女数量、是否实行弹性工作时间、岗位属性等作为控制变量。模型 R^2 值为 0.526，表明前因变量可以解释员工幸福感的 52.6% 变化原因。回归模型通过 F 检验（F=86.524，$p<0.01$）。家庭增益工作对员工幸福感的回归系数 b_1 为 0.383，且在 0.01 水平下显著，家庭增益工作与正念的交互项对员工幸福感的回归系数 b_2 为 −0.009，但是不显著。综合模型 38 和模型 39 的回归结果，模型 38 和模型 39 中 a_1 和 b_2、a_3 和 b_2 不能同时显著，a_3 和 b_1 同时显著。根据第四章有调节的中介效应检验方法，证明正念显著负向调节家庭增益工作对家庭支持型主管行为与员工幸福感关系的中介效应，具体调节前半路径，假设 H9 得到验证。

表 7-10 中模型 40 将员工生活幸福感作为因变量，家庭支持型主管行为作为自变量，正念、家庭增益工作与正念的交互项，以及年龄、婚姻状况、照顾 18 岁及以下子女数量、是否实行弹性工作时间、岗位属性等作为控制变量。模型 R^2 值为 0.377，表明前因变量可以解释员工生活幸福感的 37.7% 变化原因。回归模型通过 F 检验（F=47.350，$p<0.01$）。家庭增益工作对员工生活幸

福感的回归系数 b_1 为 0.276，且在 0.01 水平下显著，家庭增益工作与正念的交互项对员工生活幸福感的回归系数 b_2 为于 0.033，但是不显著。综合模型 38 和模型 40 的回归结果，a_1 和 b_2、a_3 和 b_2 不能同时显著，a_3 和 b_1 同时显著。根据第四章有调节的中介效应检验方法，证明正念显著负向调节家庭增益工作对家庭支持型主管行为与员工生活幸福感关系的中介效应，具体调节前半路径，假设 H9a 得到验证。

表 7–10 中模型 41 将员工工作幸福感作为因变量，家庭支持型主管行为作为自变量，正念、家庭增益工作与正念的交互项，以及年龄、婚姻状况、照顾 18 岁及以下子女数量、是否实行弹性工作时间、岗位属性等作为控制变量。模型 R^2 值为 0.511，表明前因变量可以解释员工工作幸福感的 51.1% 变化原因。回归模型通过 F 检验（F=81.646，p<0.01）。家庭增益工作对员工工作幸福感的回归系数 b_1 为 0.513，且在 0.01 水平下显著，家庭增益工作与正念的交互项对员工工作幸福感的回归系数 b_2 为 0.114，但是不显著。综合模型 38 和模型 41 的回归结果，a_1 和 b_2、a_3 和 b_2 不能同时显著，a_3 和 b_1 同时显著。根据第四章有调节的中介效应检验方法，证明正念显著负向调节家庭增益工作对家庭支持型主管行为与员工工作幸福感关系的中介效应，具体调节前半路径，假设 H9b 得到验证。

表 7–10 中模型 42 将员工心理幸福感作为因变量，家庭支持型主管行为作为自变量，正念、家庭增益工作与正念的交互项，以及年龄、婚姻状况、照顾 18 岁及以下子女数量、是否实行弹性工作时间、岗位属性等作为控制变量。模型 R^2 值为 0.407，表明前因变量可以解释员工心理幸福感的 40.7% 变化原因。回归模型通过 F 检验（F=53.614，p<0.01）。家庭增益工作对员工心理幸福感的回归系数 b1 为 0.358，且在 0.01 水平下显著，家庭增益工作与正念的交互项对员工心理幸福感的回归系数 b_2 为 –0.107，且在 0.05 水平下显著。综合模型 38 和模型 42 的回归结果，a_3 和 b_1、a_3 和 b_2、a_1 和 b_2 均能同时显著，但是 b_2 显著性可以忽略。根据第四章有调节的中介效应检验方法，证明正念显著负向调节家庭增益工作对家庭支持型主管行为与员工心理幸福感关系的中介效应，具体调节前半路径，假设 H9c 得到验证。

第八节　检验结果汇总

本书在梳理国内外员工幸福感、家庭支持型主管行为相关文献的基础上，基于资源保存理论，提出了家庭支持型主管行为影响员工幸福感机制的 9 个研究假设及其子假设，构建了理论模型。通过调查得到713份样本，对9个研究假设及其子假设进行了检验。假设检验结果表明，本书提出的9个研究假设及其子假设均得到了有效验证。假设检验结果汇总如表7–11所示。

表 7–11　假设检验结果汇总

假设类型	假设代码	假设内容	检验结果
主效应	H1	家庭支持型主管行为正向影响员工幸福感	接受
	H1a	家庭支持型主管行为正向影响员工生活幸福感	接受
	H1b	家庭支持型主管行为正向影响员工工作幸福感	接受
	H1c	家庭支持型主管行为正向影响员工心理幸福感	接受
单步双重中介效应	H2	工作增益家庭中介家庭支持型主管行为与员工幸福感的关系	接受
	H2a	工作增益家庭中介家庭支持型主管行为与员工生活幸福感的关系	接受
	H2b	工作增益家庭中介家庭支持型主管行为与员工工作幸福感的关系	接受
	H2c	工作增益家庭中介家庭支持型主管行为与员工心理幸福感的关系	接受
	H3	家庭增益工作中介家庭支持型主管行为与员工幸福感的关系	接受
	H3a	家庭增益工作中介家庭支持型主管行为与员工生活幸福感的关系	接受
	H3b	家庭增益工作中介家庭支持型主管行为与员工工作幸福感的关系	接受
	H3c	家庭增益工作中介家庭支持型主管行为与员工心理幸福感的关系	接受
链式双重中介效应	H4	工作增益家庭、家庭增益工作链式中介家庭支持型主管行为与员工幸福感的关系	接受
	H4a	工作增益家庭、家庭增益工作链式中介家庭支持型主管行为与员工生活幸福感的关系	接受
	H4b	工作增益家庭、家庭增益工作链式中介家庭支持型主管行为与员工工作幸福感的关系	接受
	H4c	工作增益家庭、家庭增益工作链式中介家庭支持型主管行为与员工心理幸福感的关系	接受
双重调节效应	H5	在高工作—家庭边界分割组织供给、低工作—家庭边界分割员工偏好的边界条件下，家庭支持型主管行为对员工幸福感的影响效果最大	接受
	H5a	在高工作—家庭边界分割组织供给、低工作—家庭边界分割员工偏好的边界条件下，家庭支持型主管行为对员工生活幸福感的影响效果最大	接受

续表

假设类型	假设代码	假设内容	检验结果
双重调节效应	H5b	在高工作—家庭边界分割组织供给、低工作—家庭边界分割员工偏好的边界条件下，家庭支持型主管行为对员工工作幸福感的影响效果最大	接受
	H5c	在高工作—家庭边界分割组织供给、低工作—家庭边界分割员工偏好的边界条件下，家庭支持型主管行为对员工心理幸福感的影响效果最大	接受
调节效应	H6	正念负向调节家庭支持型主管行为与员工幸福感的关系	接受
	H6a	正念负向调节家庭支持型主管行为与员工生活幸福感的关系	接受
	H6b	正念负向调节家庭支持型主管行为与员工工作幸福感的关系	接受
	H6c	正念负向调节家庭支持型主管行为与员工心理幸福感的关系	接受
有中介的调节效应	H7	工作专注中介正念对家庭支持型主管行为与员工幸福感关系的调节效应	接受
	H7a	工作专注中介正念对家庭支持型主管行为与员工生活幸福感关系的调节效应	接受
	H7b	工作专注中介正念对家庭支持型主管行为与员工工作幸福感关系的调节效应	接受
	H7c	工作专注中介正念对家庭支持型主管行为与员工心理幸福感关系的调节效应	接受
有调节的中介效应	H8	正念负向调节工作增益家庭对家庭支持型主管行为与员工幸福感关系的中介作用	接受
	H8a	正念负向调节工作增益家庭对家庭支持型主管行为与员工生活幸福感关系的中介作用	接受
	H8b	正念负向调节工作增益家庭对家庭支持型主管行为与员工工作幸福感关系的中介作用	接受
	H8c	正念负向调节工作增益家庭对家庭支持型主管行为与员工心理幸福感关系的中介作用	接受
	H9	正念负向调节家庭增益工作对家庭支持型主管行为与员工幸福感关系的中介作用	接受
	H9a	正念负向调节家庭增益工作对家庭支持型主管行为与员工生活幸福感关系的中介作用	接受
	H9b	正念负向调节家庭增益工作对家庭支持型主管行为与员工工作幸福感关系的中介作用	接受
	H9c	正念负向调节家庭增益工作对家庭支持型主管行为与员工心理幸福感关系的中介作用	接受

第九节　理论模型修正

基于研究假设结果，本书对理论模型进行了修正，具体如图 7-28 所示。相较第四章基于研究假设提出的理论模型，主要在两个方面进行了修订：一是明确了 H8 及其子假设的后半调节路径，表明正念不能负向调节家庭支持型主管行为与工作增益家庭的关系，只能负向调节工作增益家庭与员工幸福感及其各维度的关系；二是明确了 H9 及其子假设的前半调节路径的 H9 及其子假设，表明正念只能负向调节家庭支持型主管行为与家庭增益工作的关系，不能负向调节家庭增益工作与员工幸福感及其各维度的关系。

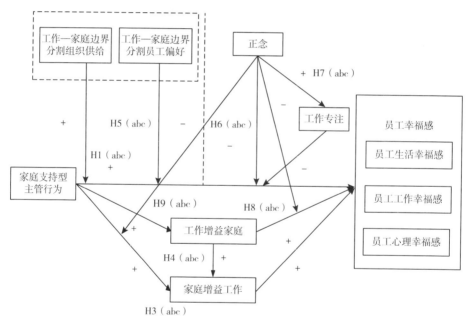

图 7-28　基于假设检验结果的理论模型修正

基于假设 H1 及其子假设构建了主效应模型，研究目的是揭示家庭支持型主管行为能否显著影响员工幸福感及其各维度。假设检验结果表明，假设 H1 及其子假设 H1a、假设 H1b、假设 H1c 均成立，即证实了家庭支持型主管行为正向影响员工幸福感及其各维度。

基于假设 H2、假设 H3、假设 H4 及其子假设构建了双重中介效应模型，研究目的是基于工作增益家庭、家庭增益工作的视角，揭示家庭支持型主管行为影响员工幸福感及其各维度的中介机制。假设检验结果表明，假设 H2 及其子假设 H2a、假设 H2b、假设 H2c，假设 H3 及其子假设 H3a、假设 H3b、假设 H3c，假设 H4 及其子假设 H4a、假设 H4b、假设 H4c 均成立，即证实了工作增益家庭和家庭增益工作单步双重中介家庭支持型主管行为与员工幸福感及其各维度的关系，工作增益家庭和家庭增益工作链式双重中介家庭支持型主管行为与员工幸福感及其各维度的关系。

　　基于假设 H5 及其子假设构建了双重调节效应模型，研究目的是基于工作—家庭边界分割组织供给、工作—家庭边界分割员工偏好的视角，揭示家庭支持型主管行为影响员工幸福感及其各维度的边界条件。假设检验结果表明，假设 H5 及其子假设 H5a、假设 H5b、假设 H5c 均成立，即证实了在高工作—家庭边界分割组织供给、低关注工作—家庭边界分割员工偏好的情形下，家庭支持型主管行为对员工幸福感的影响效果最为明显。

　　基于假设 H6 及其子假设构建了调节效应模型，研究目的是基于正念的视角，进一步揭示家庭支持型主管行为对员工幸福感及其各维度影响的边界条件。假设检验结果表明，假设 H6 及其子假设 H6a、假设 H6b、假设 H6c 均成立，即证实了正念负向调节家庭支持型主管行为与员工幸福感及其各维度的关系。

　　基于假设 H7 及其子假设构建了有中介的调节效应模型，研究目的是基于工作专注的视角，揭示正念发挥调节效应的中介机制。假设检验结果表明，假设 H7 及其子假设 H7a、假设 H7b、假设 H7c 均成立，即证实了工作专注中介正念对家庭支持型主管行为与员工幸福感及其各维度关系的调节作用。

　　基于假设 H8、假设 H9 及其子假设构建了有调节的中介效应模型，研究目的是基于正念的视角，揭示工作增益家庭、家庭增益工作发挥中介效应的调节机制。假设检验结果表明，假设 H8 及其子假设 H8a、假设 H8b、假设 H8c 均成立，即证实了正念负向调节工作增益家庭对家庭支持型主管行为与员工幸福感及其各维度关系的中介效应，具体调节后半路径。假设 H9 及其子假设 H9a、假设 H9b、假设 H9c 也均成立，即证实了正念负向调节家庭增益工作对家庭支持型主管行为与员工幸福感及其各维度关系的中介效应，具体调节前半路径。

第八章

研究结论与展望

本书对影响员工幸福感的形成机制展开了进一步的探讨，一定程度上揭示了家庭支持型主管行为对员工幸福感及其各维度影响的主效应、中介机制与边界条件，研究结论对组织提升员工幸福感的管理实践具有一定的参考价值。但是，限于研究条件限制，本书研究主要在数据采集、变量测量、模型构建三个方面存在一定的不足，期待今后的研究予以加强或突破。

第一节　理论贡献

本书在梳理国内外员工幸福感、家庭支持型主管行为相关文献的基础上，基于资源保存理论，构建了家庭支持型主管行为对员工幸福感影响机制的理论模型，并提出了9个研究假设及其子假设。通过调查得到713份样本，对9个研究假设及其子假设进行了检验。假设检验结果的理论贡献主要体现在六个方面：

（一）家庭支持型主管行为对员工幸福感及其各维度影响的主效应研究结论

本书研究表明，家庭支持型主管行为正向影响员工幸福感及其各维度。进一步对比家庭支持型主管行为对员工幸福感各维度影响的主效应，发现家庭支持型主管行为对员工工作幸福感的影响最大。分析原因，可能源于家庭支持型主管行为作为一种来自工作场所的有效工作—家庭支持行为，对员工工作幸福感的溢出效应最大。对比 Matthews 等（2014）和宋一晓等（2019）基于主观幸福感视角的研究，本书研究在证明家庭支持型主管行为正向影响员工主观幸福感（对应本书的员工生活幸福感、员工工作幸福感维度）的同时，进一步证明家庭支持型主管行为可正向影响员工心理幸福感及员工整合幸福感。

（二）工作增益家庭与家庭增益工作的双重中介效应研究结论

本书研究表明，工作增益家庭、家庭增益工作单步双重中介家庭支持型主管行为与员工幸福感及其各维度的关系，工作增益家庭、家庭增益工作链式双重中介家庭支持型主管行为与员工幸福感及其各维度的关系。对二者单步中介效应的比较分析发现，相较家庭增益工作，工作增益家庭的中介效应更为明显，分析原因，可能源于家庭支持型主管表现出的角色榜样行为、创新式工作—家庭管理行为等，对员工将工作中所学迁移到家庭，即工作增益家庭的影响更明显，进而导致工作增益家庭对员工幸福感及其各维度的影响也更明显；相比员工生活幸福感、员工心理幸福感，工作增益家庭、家庭增益工作对家庭支持型主管行为和员工工作幸福感关系的中介效应更强，分析原因，可能源于家庭支持型主管行为对员工工作过程的心理感知程度影响最强，因此通过工作增益家庭、家庭增益工作对员工工作幸福感的溢出效应也更强。对二者链式中介效应的比较分析发现，相较员工生活幸福感、员工工作幸福感，工作增益家庭、家庭增益工作对家庭支持型主管行为与员工心理幸福感关系的链式双重中介效应最强，分析原因，可能源于家庭支持型主管行为依次通过工作增益家庭、家庭增益工作对员工幸福感及其各维度影响的过程中，员工心理幸福的感知程度影响最强。对比已有研究，Matthews 等（2014）证明，工作投入在家庭支持型主管行为与员工幸福感之间发挥中介效应，宋一晓等（2019）证明，工作—家庭冲突在家庭支持型主管行为与员工幸福感之间发挥中介效应。本书基于工作增益家庭、家庭增益工作视角，进一步拓展了家庭支持型主管行为影响员工幸福感的中介机制。

（三）工作—家庭边界分割组织供给与工作—家庭边界分割员工偏好的双重调节效应研究结论

本书研究表明，在高工作—家庭边界分割组织供给、低工作—家庭边界分割员工偏好的情形下，家庭支持型主管行为对员工幸福感的影响效果最为明显。进一步对比工作—家庭边界分割组织供给与工作—家庭边界分割员工偏好的双重调节效应发现，且相较员工工作幸福感、员工心理幸福感，工作—家庭边界分割组织供给与工作—家庭边界分割员工偏好对家庭支持型主管行为与员工生活幸福感关系的调节效应最强，分析原因，可能源于家庭支持型主管行为与员工工作幸福感之间的关系更强，因此更容易受到高工作—家庭边界分割组织供给与低工作—家庭边界分割员工偏好的正向调节，即高工作—家庭边界分割组织供给员工，更容易感知到家庭支持型主管行为对其生活幸福感的积极影响，低工作—家庭边界分割偏好员工，更容易感知到家庭支持型主管行为对其生活幸福感的积极影响。针对家庭支持型主管行为与员工幸福感关系的调节效应研究存在一定缺失的情况，本书基于工作—家庭边界分割组织供给、工作—家庭边界分割员工偏好的视角，拓展了家庭支持型主管行为影响员工幸福感的边界条件。

（四）正念的调节效应研究结论

本书研究表明，正念负向调节家庭支持型主管行为与员工幸福感及其各维度的关系。进一步对比正念的调节效应发现，相较员工生活幸福感、员工工作幸福感，正念对家庭支持型主管行为与员工心理幸福感关系的调节效应更强，分析原因，可能源于家庭支持型主管行为与员工心理幸福感关系更弱，更容易受到正念的负向调节，即低正念员工，更容易感知到家庭支持型主管行为对其心理幸福感的积极影响。针对家庭支持型主管行为与员工幸福感关系的调节效应存在一定缺失的情况，本书基于正念的视角，进一步拓展了家庭支持型主管行为影响员工幸福感的边界条件。

（五）工作专注中介正念的调节效应研究结论

本书研究表明，工作专注中介正念对家庭支持型主管行为与员工幸福感及其各维度关系的调节作用。进一步对比工作专注中介正念的调节效应发现，且相较员工生活幸福感、员工心理幸福感，工作专注对正念调节家庭支持型主管行为与员工工作幸福感关系的中介效应更强，分析原因，可能源于家庭支持型主管行为与员工工作幸福感的关系更强，在高工作专注的中介作用下，高正念员工更容易负向家庭支持型主管行为与工作幸福感的关系，即高正念员工因为高工作专注，更不容易感知到家庭支持型主管行为对其工作幸福感的积极影响。正念单独对员工幸福感产生正向影响，但与家庭支持型主管行为的交互项对员工幸福感却产生负向影响。导致这种结果的背后根源是什么？本书对此做了进一步探讨。对比已有研究，本书基于工作专注的视角，进一步拓展了正念这一边界条件对家庭支持型主管行为与员工幸福感关系发生调节作用的中介机制。

（六）正念调节工作增益家庭、家庭增益工作的中介效应研究结论

本书研究表明，正念负向调节工作增益家庭对家庭支持型主管行为与员工幸福感及其各维度关系的中介效应，具体调节后半路径，正念显著负向调节家庭增益工作对家庭支持型主管行为与员工幸福感及其各维度关系的中介效应具体调节前半路径。在不同正念水平下，工作增益家庭、家庭增益工作对家庭支持型主管行为与员工幸福感及其各维度关系的中介效应产生何种变化？本书对此做了进一步探讨。对比已有研究，本书基于正念的视角，进一步拓展了工作增益家庭、家庭增益工作对家庭支持型主管行为与员工幸福感关系发生中介作用的调节机制。

第二节　实践框架

本书研究结论对组织提升员工幸福感的管理实践提供了较为具体的路径参考和借鉴，具有一定的应用价值和推广价值。基于家庭支持型主管行为视角，可构建员工幸福感培育的实践框架，如图 8-1 所示。

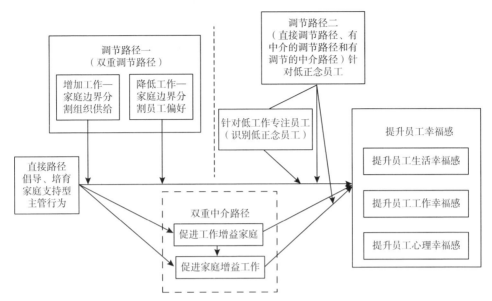

图 8-1　基于家庭支持型主管行为视角提升员工幸福感的实践框架

（一）家庭支持型主管行为对员工幸福感及其各维度影响的直接作用路径

研究表明，影响员工幸福感的前因变量众多，其中，工作因素及其衍生的工作—家庭关系因素与员工幸福感的关系密切。家庭支持型主管行为可显著提升员工幸福感及其各维度，且对员工工作幸福感的作用最强，这一结论可为组织提升员工幸福感提供一定的路径参考。在组织提升员工幸福感特别是员工工作幸福感的管理实践中，应该积极倡导、培育家庭支持型主管行为。

第一，营造家庭友好型的组织氛围。研究发现，组织环境对主管表现出的家庭支持型行为具有重要的影响。主管知觉到家庭友好型组织文化后，会促使其表现出更多的家庭支持型主管行为（Las Heras 等，2015）。Kwan（2014）研究发现，家庭支持型主管行为在组织中存在传递效应，主管的上级向主管提供的家庭支持型行为后，主管将会模仿向下属提供类似的家庭支持型行为。具体而言，为营造家庭友好型的组织氛围，组织可出台工作—家庭支持政策，鼓励各级主管有效执行，并评选典型进行表彰，为组织内各级主管树立家庭支持型主管行为的标杆，并在整个组织内部推广实施。

第二，开展家庭支持型主管行为培训。研究表明，家庭支持型主管行为可通过培训加以形成并强化。Hammer 等（2011）研究发现，组织开展家庭支持型主管行为培训可显著提高家庭支持型主管行为的数量和质量。Kelly 等（2014）和 Odle-Dusseau 等（2016）研究发现，家庭支持型主管培训可以提高员工工作满意感、工作绩效、工作投入、组织承诺和健康水平，降低员工离职意愿，员工感知到的家庭支持型主管行为在这其中起到中介作用。姜海（2016）通过前后测对比的方式研究发现，家庭支持型主管行为培训干预对员工工作态度和工作投入具有积极影响。因此，可组织定期、不定期邀请外部专家或者组织内部讲师对各级主管进行工作—家庭关系平衡的知识、方法和技术等方面的培训，以不断提高各级主管对员工家庭支持的认知与技能。

（二）家庭支持型主管行为对员工幸福感及其各维度影响的中介路径：工作增益家庭与家庭增益工作的双重中介路径

中介机制揭示了家庭支持型主管行为显著提升员工幸福感的内在机理，回答了"家庭支持型主管行为为什么会提升员工幸福感"的问题。在实施家庭支持型主管行为时，应及时强化中介变量的作用，以更加有效地提升员工幸福感。本书构建的双重中介效应模型，验证了工作增益家庭和家庭增益工作对家庭支持型主管行为与员工幸福感及其各维度关系的双重中介效应，且相较家庭增益工作，工作增益家庭的中介效应更为明显，相较员工生活幸福感、员工心理幸福感，工作增益家庭、家庭增益工作对家庭支持型主管行为与员工工作幸福感关系的中介效应更为明显，相较员工生活幸福感、员工工作幸福感，工作增益家庭、家庭增益工作对家庭支持型主管行为与员工心理幸福感关系的链式双重中介效应最强。上述研究结论表明，组织在提升员工幸福感的实践中，当实施家庭支持型主管行为时，应及时促进工作增益家庭、家庭增益工作，且优先促进工作增益家庭。

一是促进工作增益家庭。在组织提升员工幸福感的管理实践中，当实施家庭支持型主管行为时，及时促进工作增益家庭，将对员工幸福感的提升效果更为明显。具体而言，组织可鼓励员工将工作中的所知应用到家庭中、将工作中的责任迁移到家庭中，并积极营造工作让员工家庭更和谐的组织氛围，及时促进员工工作对家庭的增益。

二是促进家庭增益工作。在组织提升员工幸福感的管理实践中，当实施家庭支持型主管行为时，及时促进家庭增益工作，将对员工幸福感的提升效果更为明显。具体而言，组织可鼓励员工将家庭中的所学应用到工作中、将家庭中的责任迁移到工作中，并积极营造家庭让员工工作更高效的组织氛围，及时促进员工家庭对工作的增益。

（三）家庭支持型主管行为对员工幸福感及其各维度影响的调节路径一：工作—家庭边界分割组织供给与工作—家庭边界分割员工偏好的双重调节路径

调节效应揭示了家庭支持型主管行为影响员工幸福感的边界，回答了"家庭支持型主管行为对员工幸福感的影响在何种边界条件的调节作用下会增强或减弱"的问题，当实施家庭支持型主管行为时，应兼顾调节变量的作用，以更加有效地提升员工幸福感。本书研究发现，在高工作—家庭边界分割组织供给、低工作—家庭边界分割员工偏好的边界条件下，家庭支持型主管行为对员工幸福感及其各维度的影响效果最大，且相比员工工作幸福感、员工心理幸福感，工作—家庭边界分割组织供给与工作—家庭边界分割员工偏好对家庭支持型主管行为与员工生活幸福感关系的调节效应更强。上述研究结论对组织提升员工幸福感特别是员工生活幸福感的管理实践具有一定的借鉴意义。

一是加强组织工作—家庭边界分割组织供给。工作—家庭边界分割组织供给正向调节家庭支持型主管行为与员工幸福感及其各维度的关系。相比低工作—家庭边界分割组织供给，在高工作—家庭边界分割组织供给的情形下，家庭支持型主管行为对员工幸福感的影响效果更为明显。因此，组织在提升员工幸福感特别是员工工作幸福感的管理实践中，当实施家庭支持型主管行为时，应同步加强工作—家庭边界分割组织供给，缩短员工上下班通勤时间、为员工创造工作同时看护子女的条件、营造组织支持家庭的氛围等，从而发挥主管与组织平衡员工工作—家庭关系的协同效应，更加有效地提升员工幸福感。

二是引导员工降低工作—家庭边界分割偏好。工作—家庭边界分割员工偏好负向调节家庭支持型主管行为与员工幸福感及其各维度的关系。相比高工作—家庭边界分割员工偏好，在低工作—家庭边界分割员工偏好的情形下，家庭支持型主管行为对员工幸福感的影响效果更为明显。因此，组织在提升员工幸福感特别是员工工作幸福感的管理实践中，当实施家庭支持型主管行为时，应同步引导员工降低工作—家庭边界分割偏好，如营造家文化的组织氛围、允许员工将工作带回家或在工作时处理家庭事务、支持员工将工作与家庭有机融合、打破工作与家庭的分割界限，将更能显著提升员工的幸福感。

（四）家庭支持型主管行为对员工幸福感及其各维度影响的调节路径二：正念的调节路径

正念进一步揭示了家庭支持主管行为对员工幸福感影响的边界条件。正念负向调节家庭支持型主管行为与员工幸福感及其各维度的关系，表明低正念的员工感知到的家庭支持型主管行为对其幸福感的影响更为明显，进一步分析表明，相较员工生活幸福感、员工工作幸福感，正念对家庭支持型主管行为与员工心理幸福感关系的调节效应更强。因此，组织在提升员工幸福感特别是员工心理幸福感的管理实践中，当实施家庭支持型主管行为时，重点关注低正念的员工，将更能显著提升低正念群体员工的幸福感。

工作专注进一步揭示了正念对家庭支持主管行为与员工幸福感关系发挥调节效应的中介机制。正念作为一种稳定的人格特质，相对难以被识别，也难以被改变。本书的研究为组织识别不同正念水平的员工提供了依据，即不同正念水平的员工往往会表现出同等的工作专注，并通过工作专注负向调节家庭支持型主管行为与员工幸福感的关系，且相较员工生活幸福感、员工心理幸福感，工作专注对正念调节家庭支持型主管行为与员工工作幸福感关系的中介效应更强。因此，组织在提升员工幸福感特别是员工工作幸福感的管理实践中，当实施家庭支持型主管行为时，通过低工作专注加以识别并重点针对低正念的员工，将更能显著提升低工作专注及低正念群体员工的幸福感。

正念进一步揭示了工作增益家庭、家庭增益工作对家庭支持型主管行为与员工幸福感及其各维度关系发挥中介效应的调节机制。本书研究表明，相比高正念员工，低正念员工表现出工作增益家庭、家庭增益工作对家庭支持型主管行为与员工幸福感及其各维度关系更强的中介效应。因此，组织在提升员工幸福感的管理实践中，当实施家庭支持型主管行为时，重点促进低正念员工的工作增益家庭、家庭增益工作将更能提升低正念员工的幸福感。

第三节 研究不足与展望

限于研究条件的限制，本书研究主要在数据采集、变量测量、模型构建三个方面存在一定的不足。针对本书研究存在的不足，期待后续研究进一步完善和深化家庭支持型主管行为对员工幸福感影响机制的研究结论。

（一）数据采集方面

本书采用随机抽样方式，通过问卷星平台采集到713份有效正式调查样本。梳理样本结构发现，年龄方面，主要集中在35岁及以下，占比达到91.44%，表明本书的调查样本主要以新生代员工（伍晓奕，2007）为主；受教育程度方面，拥有本科及以上学历员工达到85.42%，表明本书的调查样本主要以知识型员工（江林，2002）为主。分析原因，可能与35岁以上年龄群体对调查问卷填写的配合度较低有关、大专及以下学历对调查问卷题项的接受度和理解力较低有关。因此，本书研究结论尚不知能否有效推广到不同年龄、不同受教育群体，仍有待理论研究及管理实践做出进一步的验证。针对研究样本结构存在的问题，期待今后的研究可以进一步采用多阶段进行调查，基于上一阶段的调查结果，在下一阶段适时调整调查对象，以相对均衡地涉及不同年龄、受教育程度的群体，从而提高样本的代表性及研究结论的普遍适用性。

本书研究也未对员工做具体行业、职业的分类，不同行业、职业的员工幸福感可能存在差异，特别是面临较高工作—家庭冲突的员工，如医护人员（张银玲等，2010；李超平等，2003）、外派员工（谢雅萍，2008a；谢雅萍2008b）等，其幸福感值得特别关注和研究。期待今后的研究专门针对具体人群进一步展开，以提高研究结论的针对性。

限于研究条件，本书采集的是横截面数据，即在某一时点收集不同研究对象的数据。虽然核心变量已通过同源偏差检验，但仍然无法从根本上避免横截面数据可能带来的问题，比如，忽略了个体在不同时点可能存在的变化，导致研究结论可能存在一定的偏差；同时也无法解释前因变量对结果变量作用的时间滞后性等。针对横截面数据可能存在的问题，建议学者们可以采用经验抽样法予以解决。经验取样法，作为一种通过在现实情境下对被试多次重复测量进行数据收集方法，可有效解决横截面数据的弊端，正在越来越多地被心理和行为学科的研究接受和采纳（段锦云等，2012；张银普等，2016；刁惠悦等，2019；张昱城等，2019）。因果关系分析是否需要追踪数据取决于所研究的问题和变量，只有因果影响是历时性的，才需要追踪设计（温忠麟，2017）。针对本书研究，家庭支持型主管行为对员工生活幸福感和员工工作幸福感等主观幸福感的影响是即时性的，对员工心理幸福感的影响可能也是历时性的。因此，期待今后的研究能够拓展数据采集方法，采用经验取样法收集追踪数据（面板数据），以提高家庭支持型主管行为对员工心理幸福感研究结论的有效性。

本书数据采集也未对员工和主管进行配对，导致不能对样本做跨层研究。跨层研究，又称多层研究，可同时开展个体、团队、组织、行业、社会等研究层面中两个或两个以上层次变量的研究设计，并通过不同层次系统地理解嵌套现象（Klein 等，2000；Dickinson，2005；Michael，2007；方杰等，2011；Kozlowski 等，2012；中国人民大学课题组，2017）。近年来，跨层研究受到组织行为与人力资源管理研究领域的越来越多关注。针对家庭支持型主管行为对员工幸福感的影响机制研究，期待后来学者能够采集员工和主管配对数据，采用跨层研究方法，进一步探讨不同层面的家庭支持型主管行为对不同层面的员工幸福感影响机制。一方面，可采用团队和个人两个层面的跨层次研究方法，更加准确地揭示团队层面家庭支持型主管行为对个人层面员工幸福感的影响机制，并揭示团队层面家庭支持型主管行为差异对团队层面员工幸福感的影响机制（梁彦清等，2019）；另一方面，在上述基础上增加组织层面，引入组织层面的组织家庭支持感（Allen，2001；赵阳，2015）、家庭角色工作氛围（Kossek等，2001）等变量，采用组织、团队与个人三个层面的跨层次研究方法，进一步探讨组织家庭支持感、家庭角色工作氛围等组织层面变量对团队和个人层面的家庭支持型主管行为与员工幸福感关系的调节作用。

（二）变量测量方面

本书测量家庭支持型主管行为，采用的是 Hammer 等（2013）开发的单维度量表，相较 Hammer 等（2009）开发的四维度量表，不能全面验证家庭支持型主管行为各维度对员工幸福感的影响机制。本书仅在研究假设阶段分析了家庭支持型主管行为的情感性支持和工具性支持维度正向影响员工生活幸福感和员工心理幸福感，家庭支持型主管行为的角色榜样行为、创新式工作—家庭管理维度正向影响员工心理幸福感，上述假设分析有待进一步基于四维度的家庭支持型主管行为量表进行验证。梳理发现，国内学者也较多采用单维度量表测量家庭支持型主管行为。笔者曾尝试在其他研究中引用四维度的家庭支持型主管行为量表，但发现不能通过聚合效度和区分效度检验，分析原因可能是国外的四维度家庭支持型主管行为量表不能有效适用于中国情境（宋一晓，2016）。因此，不同国家或地区具有不同的文化情境，家庭支持型主管行为的内涵和外延可能存在一定的差异。期待后续学者能够融合中国元素对家庭支持型主管行为量表进行适度改编，或者基于中国调查样本加强家庭支持型主管行为的外部效度检验，在准确测量中国情境下的家庭支持型主管行为变量基础上，进一步探究家庭支持型主管行为及其各维度对包括员工幸福感在内的结果变量的影响机制。

此外，本书的家庭支持型主管行为量表由员工报告，可能与由主管报告的结果存在差异。Marescaux 等（2020）对员工与主管对家庭支持型主管行为认知的一致性与员工的内在动机和离职意向之间的关系进行了探讨。Sianoja 等（2020）分别检验了主管报告和员工报告的家庭支持型主管行为对员工睡眠质量的影响。上述研究均表明，仅由员工报告家庭支持型主管行为可能存在一定的偏差，可能与主管报告的家庭支持型主管行为存在不一致的情况，因此有必要进一步比较分析员工与主管报告的家庭支持型主管行为。但梳理文献发现，学者们较多基于员工感知视角，选取员工报告的家庭支持型主管行为进行测量。期待今后的研究能够选择更多的由主管和员工共同报告的家庭支持型主管行为量表，并进一步比较分析由不同主体报告的家庭支持型主管行为对包括员工幸福感在内的结果变量产生影响的差异及其原因。

（三）模型构建方面

本书在研究家庭支持型主管行为对员工幸福感的影响机制时，构建了理论模型，并得到了有效验证，但仅揭示了家庭支持型主管行为影响员工幸福感的部分机制。在揭示中介机制方面，本书选取工作增益家庭、家庭增益工作作为中介变量，构建了双重中介效应模型，发现工作增益家庭、家庭增益工作分别在家庭支持型主管行为与员工幸福感及其各维度关系之间发挥部分中介作用，工作增益家庭、家庭增益工作依次在家庭支持型主管行为与员工幸福感及其各维度关系之间发挥链式中介作用，表明家庭支持型主管行为与员工幸福感之间还存在其他中介变量有待被进一步挖掘。在揭示边界条件方面，本书选取工作—家庭边界分割组织供给、工作—家庭边界分割员工偏好变量，构建了双重调节效应模型，选取正念、工作专注变量，构建了调节模型和有中介的调节模型，选取正念、工作增益家庭、家庭增益工作变量，构建了有调节的中介模型，可能仅仅是众多边界条件的"冰山一角"。因此，在家庭支持型主管行为对员工幸福感及其各维度影响过程中发挥调节效应的其他边界条件还有待被进一步验证。在构建家庭支持型主管行为对员工幸福感研究机制的理论模型时，可选择的研究变量还有很多。

本书进一步提出家庭支持型主管行为对员工幸福感影响机制的研究框架，具体如图 8-2 所示。需要说明的是，本书提出的研究框架尚不够成熟。一方面，该研究框架分析可能不够全面，可能缺失部分关键变量；另一方面，该研究框架仅为理论框架，缺乏实证的有效性检验。因此，有必要选取具体的研究变量，进一步展开实证研究，以验证并完善上述研究框架。期待学者们参考但不限于选择上述变量，进一步对家庭支持型主管行为对员工幸福感影响的中介机制和边界条件展开研究。研究框架主要包括两部分内容：

一部分是家庭支持型主管行为对员工幸福感影响的中介机制，即回答"家庭支持型主管行为通过什么变量影响员工幸福感"的问题。本书提出，工作—

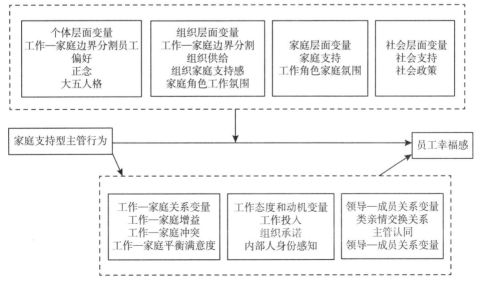

图 8-2 家庭支持型主管行为对员工幸福感影响机制的研究框架

家庭关系相关变量、工作态度和动机相关变量、主管—成员关系相关变量三大类变量可解释家庭支持型主管行为对员工幸福感影响的中介机制。具体而言，工作—家庭增益、工作—家庭冲突、工作—家庭平衡满意度等工作—家庭关系相关变量，工作投入、组织承诺、内部人身份感知等工作态度和动机相关变量，类亲情交换关系、主管认同、领导—成员交换质量等领导—成员关系相关变量可能在家庭支持型主管行为与员工幸福感之间发挥中介作用。

　　另一部分是家庭支持型主管行为对员工幸福感影响的边界条件，即回答"家庭支持型主管行为对员工幸福感的影响效果在何种变量的调节下能够实现更大的目标"的问题。本书提出，个体层面相关变量、组织层面相关变量、家庭层面相关变量、社会层面相关变量可作为家庭支持型主管行为对员工幸福感影响的边界条件。具体而言，工作—家庭边界分割员工偏好、正念、大五人格等个体层面相关变量，工作—家庭边界分割组织供给、组织家庭支持感、家庭角色工作氛围等组织层面相关变量，家庭支持、工作角色家庭氛围等家庭层面相关变量，社会支持、社会政策等社会层面相关变量可能在家庭支持型主管行为对员工幸福感的影响过程中发挥调节作用。

参考文献

［1］宝贡敏，徐碧祥. 组织认同理论研究述评［J］. 外国经济与管理，2006，28（1）：39-45.

［2］鲍昭，罗萍. 工作—家庭增益对主观幸福感的影响：核心自我评价的调节作用［J］. 人口与社会，2015（3）：89-95.

［3］曹凤超. 家庭支持型主管行为对员工工作绩效的统计分析［J］. 生产力研究，2020（6）：146-149.

［4］曹霞，瞿皎姣. 资源保存理论溯源、主要内容探析及启示［J］. 中国人力资源开发，2014（15）：75-80.

［5］陈春花，宋一晓，曹洲涛. 组织支持资源影响员工幸福感的内在机理：基于视睿科技的案例研究［J］. 管理学报，2014，11（2）：206-214.

［6］陈春花，宋一晓. 组织支持资源对员工幸福感的影响机制：双案例比较研究［J］. 管理学报，2014，11（11）：1639-1645.

［7］陈浩彬，苗元江. 主观幸福感、心理幸福感与社会幸福感的关系研究［J］. 心理研究，2012，5（4）：46-52.

［8］陈恒盼. 核心自我评价与员工满意感、离职意向的关系研究：工作家庭促进的中介作用［D］. 浙江大学硕士学位论文，2008.

［9］陈建安，陈明艳，金晶. 支持性人力资源管理与员工工作幸福感——基于中介机制的实证研究［J］. 外国经济与管理，2018（1）：79-92.

［10］陈建安，金晶. 能动主义视角下的工作幸福管理［J］. 经济管理，2013，35（3）：183-194.

［11］陈晶，吴均林. 工作倦怠理论与研究展望［J］. 中国健康心理学杂志，2009，17（9）：1141-1143.

［12］陈霖霖. 工作压力对员工主观幸福感的影响机制研究［D］. 厦门大学硕士学位论文，2014.

［13］陈绒伟，董福荣. 员工工作幸福感形成机制及其提升策略［J］. 企业活力，2012（8）：46-51.

［14］陈姝娟，周爱保. 主观幸福感研究综述［J］. 心理与行为研究，2003，1（3）：214-217.

［15］陈思佚，崔红，周仁来，贾艳艳. 正念注意觉知量表（Maas）的修订及信效度检验

［J］.中国临床心理学杂志，2012（2）：10–13.

［16］陈晓萍，沈伟.组织与管理研究的实证方法（第3版）［M］.北京：北京大学出版社，2018.

［17］陈晓暾，杨晓梅，任旭.家庭支持型主管行为对女性知识型员工工作绩效的影响：一个有调节的中介模型［J］.南开管理评论，2020（4）：190–200.

［18］陈晓暾，袁生娜.家庭支持型主管行为对女性员工创新绩效的影响研究［J］.领导科学，2021（10）：68–72.

［19］戴金辉，袁靖.单因素方差分析与多元线性回归分析检验方法的比较［J］.统计与决策，2016，453（9）：23–26.

［20］邓宝文.工作家庭冲突与员工幸福感的关系［D］.广东外语外贸大学硕士学位论文，2013.

［21］刁惠悦，宋继文，吴伟.经验取样法在组织行为学和人力资源管理研究中的贡献、应用误区与展望［J］.中国人力资源开发，2019，36（1）：18–36.

［22］杜红，王重鸣.领导—成员交换理论的研究与应用展望［J］.浙江大学学报（人文社会科学版），2002，32（6）：73–79.

［23］杜旌，李难难，龙立荣.基于自我效能中介作用的高绩效工作系统与员工幸福感研究［J］.管理学报，2014，11（2）：215–221.

［24］段锦云，陈文平.基于动态评估的取样法：经验取样法［J］.心理科学进展，2012，20（7）：1110–1120.

［25］段锦云，杨静，朱月龙.资源保存理论：内容、理论比较及研究展望［J］.心理研究，2020，13（1）：49–57.

［26］方杰，邱皓政，张敏强.基于多层结构方程模型的情境效应分析——兼与多层线性模型比较［J］.心理科学进展，2011，19（2）：284–292.

［27］方杰，温忠麟，梁东梅，李霓霓.基于多元回归的调节效应分析［J］.心理科学，2015（3）：715–720.

［28］方杰，温忠麟，张敏强，孙配贞.基于结构方程模型的多重中介效应分析［J］.心理科学，2014，37（3）：735–741.

［29］方杰，张敏强，邱皓政.中介效应的检验方法和效果量测量：回顾与展望［J］.心理发展与教育，2012（1）：107–113.

［30］冯利伟.国外工作家庭冲突研究态势——基于文献计量的分析［J］.经济管理，2018，40（4）：187–208.

［31］付会斌，潘海燕，孔丹莉，丁元林.二阶验证性因子模型的amos实现［J］.中国卫生统计，2013，30（1）：52–56.

［32］付优，史燕伟，周殿，马红宇，马玉，岳闪闪，等.家庭支持型主管行为与配偶工作

支持：工作—家庭增益的中介作用和夫妻亲密度的调节作用［J］.心理与行为研究，2019，17（5）：683-691.

［33］顾红磊，温忠麟.多维测验分数的报告与解释：基于双因子模型的视角［J］.心理发展与教育，2017（4）：504-512.

［34］玉蓉，吴群琪，桂嘉伟.工作重塑与员工幸福感的关系研究：基于自我决定理论的跨层次模型［J］.现代管理科学，2021（3）：31-41.

［35］黄亮，彭璧玉.工作幸福感对员工创新绩效的影响机制——一个多层次被调节的中介模型［J］.南开管理评论，2015，18（2）：15-29.

［36］江林.知识型员工的特点与管理［J］.经济理论与经济管理，2002（9）：58-62.

［37］姜海，马红宇，谢菊兰，张淑霞.家庭支持型主管行为对员工工作态度的影响：有调节的中介效应分析［J］.心理科学，2015（5）：1194-1200.

［38］姜海.家庭支持型主管对员工工作态度和工作投入的作用机制及干预研究［D］.华中师范大学博士学位论文，2016.

［39］姜荣萍，何亦名，甘春华.真实型领导对员工幸福感的影响研究——自我效能感与工作和家庭真实性的链式中介［J］.中国劳动关系学院学报，2021，35（2）：75-86.

［40］李超平，时勘，罗正学，杨悦，李莉.医护人员工作家庭冲突与工作倦怠的关系［J］.中国心理卫生杂志，2003，17（12）：807-809.

［41］李超平，徐世勇.管理与组织研究常用的60个理论［M］.北京：北京大学出版社，2019.

［42］李贺，袁翠敏，李亚峰.基于文献计量的大数据研究综述［J］.情报科学，2014（6）：150-157.

［43］李怀祖.管理研究方法论（第3版）［M］.西安：西安交通大学出版社，2017.

［44］李晶，张昱城，王丽君.家庭支持型主管行为与员工睡眠质量的关系——工作家庭增益、压力知觉的中介作用［J］.东北大学学报（社会科学版），2020，22（2）：50-57.

［45］李燕萍，徐嘉.基于组织认同中介作用的集体主义对工作幸福感的多层次影响研究［J］.管理学报，2014，11（2）：198.

［46］李永鑫，赵娜.工作—家庭支持的结构与测量及其调节作用［J］.心理学报，2009，41（9）：863-874.

［47］梁彦清，杨俊青，刘伟鹏.领导—成员交换差异对工作幸福感影响的跨层次分析［J］.预测，2019（2）：17-23.

［48］林忠，鞠蕾，陈丽.工作—家庭冲突研究与中国议题：视角、内容和设计［J］.管理世界，2013（9）：154-171.

［49］凌文辁，杨海军，方俐洛.企业员工的组织支持感［J］.心理学报，2006，38（2）：

281–287.

［50］凌文轺，张治灿，方俐洛．中国职工组织承诺的结构模型研究［J］.管理科学学报，
2000（2）：76–82.

［51］凌文轺，张治灿，方俐洛．中国职工组织承诺研究［J］.中国社会科学，2001（2）：
90–102.

［52］刘嫦娥，黄杰，谢玮，刘婷婷．上级无礼行为对员工工作投入的影响机制研究［J］.
管理学报，2019（9）：1344–1352.

［53］刘凤瑜，张金成．员工工作满意度调查问卷的有效性及民营企业员工工作满意度影响
因素研究［J］.南开管理评论，2004（3）：98–104.

［54］刘红云，袁克海，甘凯宇．有中介的调节模型的拓展及其效应量［J］.中国社会科学，
2021，53（3）：322–336.

［55］刘文霞，王楠楠．双元工作要求对员工幸福感的影响研究：工作资源的调节作用［J］.
领导科学，2021（6）：37–40.

［56］刘晓琴．非伦理领导对敌对氛围和职场非伦理行为的影响——员工正念的调节作用
［J］.华东经济管理，2018，32（6）：141–147.

［57］刘杨．匹配视角下服务型企业员工幸福感的构建——以海底捞为案例［J］.中国人力
资源开发，2016（22）：61–64，72.

［58］刘正君．领导宽恕与员工绩效—— 一个被有效调节的曲线模型［J］.领导科学，
2018，721（20）：56–58.

［59］刘志军，罗念，国敏，聂选枝．医务人员职业倦怠、睡眠质量对其主观幸福感的影响
［J］.中国卫生事业管理，2018，35（11）：866–869.

［60］柳士顺，凌文轺．多重中介模型及其应用［J］.心理科学，2009，32（2）：433–435.

［61］龙立荣，陈琇霖．分享型领导对员工感知组织和谐的影响与机制研究［J］.管理学报，
2021，18（2）：213–222.

［62］栾绍娇．家庭支持型主管行为对员工工作绩效的影响研究［D］.青岛大学硕士学位论
文，2020.

［63］马红宇，邱慕梦，唐汉瑛，姜海，谢菊兰．家庭支持型主管行为研究述评与展望［J］.
外国经济与管理，2016，38（10）：89–101.

［64］马红宇，申传刚，杨璟，唐汉瑛，谢菊兰．边界弹性与工作—家庭冲突、增益的关系：
基于人—环境匹配的视角［J］.心理学报，2014，46（4）：540–551.

［65］马丽，马可逸．知识型员工二元工作激情与工作幸福感关系——基于工作—家庭冲突
的视角［J］.华东经济管理，2021，35（1）：119–128.

［66］马玉，谢菊兰，马红宇，张秀平．高校辅导员的边界分割偏好与工作—非工作冲突：
边界分割管理策略的调节作用［J］.心理科学，2017，40（1）：153–159.

［67］麦玉娇，温忠麟.探索性结构方程建模（Esem）：Efa 和 cfa 的整合［J］.心理科学进展，2013，21（5）：934-939.

［68］孟德芳.家庭支持型主管行为对员工工作—家庭增益影响的实证研究［D］.东北财经大学硕士学位论文，2015.

［69］苗元江，冯骥，白苏妤.工作幸福感概观［J］.经济管理，2009，31（10）：179-186.

［70］苗元江.心理学视野中的幸福［D］.南京师范大学博士学位论文，2003.

［71］聂琦，谢煜.家庭支持型主管行为与离职倾向：工作—家庭冲突双向性和工作满意度的多重中介作用［J］.中国人力资源开发，2018，35（1）：48-59.

［72］彭坚，邹艳春，康勇军，张旭.参与型领导对员工幸福感的双重影响：感知同事支持的调节作用［J］.心理科学，2021，44（4）：873-880.

［73］彭怡，陈红.基于整合视角的幸福感内涵研析与重构［J］.心理科学进展，2010，18（7）：1052-1061.

［74］青国霞.家庭支持型上司行为对工作敬业度的影响机制研究［D］.华中科技大学博士学位论文，2017.

［75］邱均平，苏金燕，熊尊妍.基于文献计量的国内外信息资源管理研究比较分析［J］.中国图书馆学报，2008，34（5）：37-45.

［76］仇悦，金戈，张国礼.企业员工社会支持和主观幸福感的关系——情绪调节的中介作用［J］.中国健康心理学杂志，2016（11）：1645-1650.

［77］任红娟，张志强.基于文献计量的科学知识图谱发展研究［J］.情报杂志，2009（12）：90-94.

［78］任华亮，郑莹，张庆垒.工作幸福感对员工创新绩效的影响——工作价值观和工作自主性的双重调节［J］.财经论丛（浙江财经学院学报），2019，244（3）：96-105.

［79］申传刚，杨璟，胡三嫚，何培旭，李小新.辱虐管理的应对及预防：正念的自我调节作用［J］.心理科学进展，2020（2）：220-229.

［80］石姝莉.传媒业知识型员工工作幸福感对创新绩效的影响研究［D］.辽宁大学博士学位论文，2016.

［81］时勘，郭慧丹，刘加艳.企业员工工作幸福感的结构维度与量表开发研究［J］.四川轻化工大学学报（社会科学版），2020，160（2）：7-23.

［82］书同，志刚.致力打造中国特色"幸福民企"——安徽宣酒集团董事长李健谈"幸福观"［J］.决策，2012（5）：110-111.

［83］舒骋.家庭支持型主管行为、家庭和朋友支持对员工满意感的影响［D］.华东师范大学硕士学位论文，2016.

［84］宋佳萌，范会勇.社会支持与主观幸福感关系的元分析［J］.心理科学进展，2013，

21（8）：1357-1370.

［85］宋萌，杨崇耀，唐中君.真诚型领导对员工主观幸福感的影响：基于社会学习理论的解释［J］.中南大学学报（社会科学版），2015（5）：146-153.

［86］宋一晓，陈春花，曹洲涛.家庭支持型主管行为（Fssb）研究进展及述评［J］.软科学，2016，30（12）：72-75.

［87］宋一晓，王甜，曹洲涛.工作需求与家庭支持型主管行为对员工幸福感的双路径影响［J］.企业经济，2019，38（12）：96-102.

［88］宋一晓.工作特征与工作—家庭冲突对员工幸福感的影响研究［D］.华南理工大学博士学位论文，2017.

［89］苏菲.家庭支持型主管行为与出勤主义行为：有调节的中介［D］.华中师范大学硕士学位论文，2017.

［90］苏涛，陈春花，宋一晓，王甜.基于META检验和评估的员工幸福感前因与结果研究［J］.管理学报，2018，15（4）：512-522.

［91］孙健敏，姜铠丰.中国背景下组织认同的结构—— 一项探索性研究［J］.社会学研究，2009，24（1）：184-216.

［92］孙健敏，李秀凤，林丛丛.工作幸福感的概念演进与测量［J］.中国人力资源开发，2016（13）：38-47.

［93］孙柯意，张博坚.悖论式领导对变革支持行为的影响机制——基于员工特质正念的调节作用［J］.技术经济与管理研究，2019（8）：45-50.

［94］孙小舒，陆昌勤.工作超负荷、工作—家庭冲突与员工心理和行为的关系：上司支持的作用［Z］.北京市社会心理学会2009年学术年会，2009.

［95］孙晓军，周宗奎.探索性因子分析及其在应用中存在的主要问题［J］.心理科学，2005（6）：1440-1442.

［96］孙艳.服务型领导对任务绩效与员工幸福感的影响研究［D］.山东大学硕士学位论文，2019.

［97］孙烨棋.人际关系对员工幸福感的影响：自我概念、自我效能的中介作用［D］.北京邮电大学硕士学位论文，2019.

［98］谭贤政，卢家楣，张敏，王忠玲，秦雪联.教师职业活动幸福感的调查研究［J］.心理科学，2009（2）：288-292.

［99］汤丹丹，温忠麟.共同方法偏差检验：问题与建议［J］.心理科学，2020（1）：215-223.

［100］唐春勇，马茂华，赵宜萱.基于目标接纳中介作用的包容性领导对员工幸福感的影响研究［J］.管理学报，2018，15（2）：201-208.

［101］陶厚永，韩玲玲，章娟.何以达到工作旺盛？工作支持与家庭支持的增益作用［J］.

中国人力资源开发，2019，36（3）：117-132.

[102] 王佳艺，胡安安. 主观工作幸福感研究述评 [J]. 外国经济与管理，2006，28（8）：49-55.

[103] 王隽. 感知的组织家庭支持对员工工作—家庭增益影响的实证研究 [D]. 东北财经大学博士学位论文，2015.

[104] 王磊. 变革型领导行为对员工工作幸福感的影响研究—家庭支持的调节作用 [D]. 南京师范大学硕士学位论文，2015.

[105] 王鹏杰. 组织社会化策略对新员工工作幸福感的影响 [D]. 山东大学硕士学位论文，2019.

[106] 王三银，刘洪，林彦梅. 家庭支持型领导如何驱动员工的创新行为——自我概念的链式中介效应 [J]. 科学学与科学技术管理，2019（3）：99-115.

[107] 王三银，刘洪，刘润刚. 类亲情交换关系视角下家庭支持型主管行为对员工帮助行为的影响研究 [J]. 管理学报，2018，15（7）：980-987.

[108] 王笑天，李爱梅，吴伟炯，孙海龙，熊冠星. 工作时间长真的不快乐吗？异质性视角下工作时间对幸福感的影响 [J]. 心理科学进展，2017，25（1）：180-189.

[109] 王学民. 偏度和峰度概念的认识误区 [J]. 统计与决策，2008（12）：145-146.

[110] 王艳子，赵秀秀. 家庭支持型主管行为对员工管家行为的影响 [J]. 外国经济与管理，2020（4）：48-62.

[111] 王雁飞，朱瑜. 组织领导与成员交换理论研究现状与展望 [J]. 外国经济与管理，2006（1）：30-38.

[112] 王永丽，张智宇，何颖. 工作—家庭支持对员工创造力的影响探讨 [J]. 心理学报，2012，44（12）：1651-1662.

[113] 王智宁，刘梦丽，张姝. 家庭支持型主管行为对员工创新行为的跨层影响—— 一个被调节的中介作用模型 [J]. 财经论丛，2020（3）：87-95.

[114] 温忠麟，范息涛，叶宝娟，陈宇帅. 从效应量应有的性质看中介效应量的合理性 [J]. 心理学报，2016，48（4）：435-443.

[115] 温忠麟，侯杰泰，马什赫伯特. 结构方程模型检验：拟合指数与卡方准则 [J]. 心理学报，2004，36（2）：186-194.

[116] 温忠麟，侯杰泰，马什赫伯特. 潜变量交互效应分析方法 [J]. 心理科学进展，2003，11（5）：593-599.

[117] 温忠麟，侯杰泰，张雷. 调节效应与中介效应的比较和应用 [J]. 心理学报，2005，37（2）：268-274.

[118] 温忠麟，黄彬彬，汤丹丹. 问卷数据建模前传 [J]. 心理科学，2018，231（1）：204-210.

［119］温忠麟，刘红云，侯杰泰．调节效应和中介效应分析［M］．北京：教育科学出版社，2012.

［120］温忠麟，叶宝娟．测验信度估计：从 α 系数到内部一致性信度［J］．心理学报，2011，43（7）：821-829.

［121］温忠麟，叶宝娟．有调节的中介模型检验方法：竞争还是替补？［J］．心理学报，2014，46（5）：714-726.

［122］温忠麟，叶宝娟．中介效应分析：方法和模型发展［J］．心理科学进展，2014，22（5）：731-745.

［123］温忠麟，张雷，侯杰泰，刘红云．中介效应检验程序及其应用［J］．心理学报，2004，36（5）：614-620.

［124］温忠麟，张雷，侯杰泰．有中介的调节变量和有调节的中介变量［J］．心理学报，2006，38（3）：448-452.

［125］温忠麟．实证研究中的因果推理与分析［J］．心理科学，2017，40（1）：200-208.

［126］吴洁倩，张译方，王桢．员工非工作时间连通行为会引发工作家庭冲突？心理脱离与组织分割供给的作用［J］．中国人力资源开发，2018，35（12）：45-56.

［127］吴柳．家庭支持型主管行为对员工工作行为与态度的影响：信任的中介作用［D］．华中师范大学硕士学位论文，2019.

［128］伍晓奕．新生代员工的特点与管理对策［J］．中国人力资源开发，2007（2）：46-48.

［129］席猛．雇佣关系模式对员工主观幸福感的影响路径研究［D］．南京大学博士学位论文，2017.

［130］谢菊兰，马红宇，唐汉瑛，姜海．家庭支持型主管行为与双职工夫妻的婚姻满意感：一个积极溢出—交叉模型［J］．心理学报，2017（3）：359-369.

［131］谢菊兰，马红宇，唐汉瑛，申传刚．性别对工作→家庭冲突的影响机制：基于社会角色理论的实证分析［J］．心理科学，2015（1）：193-197.

［132］谢雅萍．外派员工工作—家庭冲突及其干预策略研究［J］．太原理工大学学报（社会科学版），2008，26（2）：13-17.

［133］谢雅萍．外派员工工作——家庭平衡的组织支持研究［J］．华东经济管理，2008，22（7）：96-100.

［134］熊红星，张璟，郑雪．方法影响结果？方法变异的本质、影响及控制［J］．心理学探新，2013，33（3）：195-199.

［135］徐慰，符仲芳，王玉正，王晓明，安媛媛．日常生活中压力对愤怒情绪的动态影响：特质正念的调节作用［J］．中国临床心理学杂志，2017（3）：485-488.

［136］徐向荣，胡恩华，单红梅．双组织承诺对员工幸福感的影响——基于中国情境的实证研究［J］．技术经济与管理研究，2020（4）：12-17.

［137］徐晓锋，车宏生，林绚晖，张继明．组织支持理论及其研究［J］．心理科学，2005（1）：130–132.

［138］许龙，高素英，刘宏波，杨鹏．中国情境下员工幸福感的多层面模型［J］．心理科学进展，2017，25（12）：173–185.

［139］许龙．"混合型"HRM感知对员工建言的影响机理：员工幸福感与人力资本的链式中介效应［D］．河北工业大学博士学位论文，2017.

［140］严标宾，陈雪莹，陶婷．企业家庭友好实践对员工幸福感的影响探析［J］．经济与管理评论，2020，36（2）：67–78.

［141］严标宾，林知，邓珊，张艳．工作—家庭促进对职业女性主观幸福感的影响——基于中国样本的分析［J］．华南师范大学学报（自然科学版），2014（6）：125–131.

［142］严标宾，郑雪，邱林．Swb和pwb：两种幸福感研究取向的分野与整合［J］．心理科学，2004（4）：836–838.

［143］严标宾，郑雪，邱林．主观幸福感研究综述［J］．自然辩证法通讯，2004（2）：96–100.

［144］姚柱，罗瑾琏，张显春，闫佳祺．时间压力一致性与新生代员工创新绩效［J］．研究与发展管理，2020，32（2）：48–62.

［145］姚柱，罗瑾琏．"为己"还是"助人"？工作使命感一致性与员工亲组织非伦理行为？［J］．科学学与科学技术管理，2020，41（9）：105–122.

［146］叶宝娟，温忠麟．有中介的调节模型检验方法：甄别和整合［J］．心理学报，2013，45（9）：1050–1060.

［147］袁凌，王瑶，张磊磊．家庭支持型主管行为对员工创新行为的影响：一个多重调节模型［J］．企业经济，2019（8）：103–110.

［148］张广胜，刘浩杰．员工人力资本的幸福感效应及代际差异［J］．商业研究，2021（1）：96–104.

［149］张进，马月婷．主观幸福感概念、测量及其与工作效能变量的关系［J］．中国软科学，2007（5）：66–74.

［150］张静，宋继文，王悦．工作场所正念：研究述评与展望［J］．外国经济与管理，2017，39（8）：56–70.

［151］张静，宋继文，郑晓明，倪丹．基于调节性中介模型的领导与下属特质正念对工作投入的影响研究［J］．管理学报，2018，15（11）：1629–1637.

［152］张毛龙，胡恩华，单红梅．组织管理研究中资源保存理论的应用述评与展望［J］．管理现代化，2019，226（6）：118–120.

［153］张荣凤．辱虐型管理对员工幸福感及沉默行为的影响［D］．深圳大学硕士学位论文，2019.

［154］张兴贵，郭杨．工作满意度研究的特质取向［J］．心理科学进展，2008（1）：143-153.

［155］张兴贵，罗中正，严标宾．个人—环境（组织）匹配视角的员工幸福感［J］．心理科学进展，2012，20（6）：935-943.

［156］张戎凡，席猛．工会实践对员工工作幸福感的影响：基于工具—情感的双路径视角［J］．心理科学进展，2019，27（8）：1354-1362.

［157］张轶文，甘怡群．中文版utrecht工作投入量表（Uwes）的信效度检验［J］．中国临床心理学杂志，2005，13（3）：268-270.

［158］张银玲，曹宝花，杨群，雷鹤，马金凤．医护人员工作家庭冲突比较研究［J］．中国健康心理学杂志，2010，18（12）：1457-1458.

［159］张银普，骆南峰，石伟．经验取样法——一种收集"真实"数据的新方法［J］．心理科学进展，2016，24（2）：305-316.

［160］张羽，邢占军．社会支持与主观幸福感关系研究综述［J］．心理科学，2007（6）：158-160.

［161］张昱城，张龙．让研究"动"起来：经验取样法在OBHR研究中的应用［J］．中国人力资源开发，2019（1）：6-7.

［162］章凯，林丛丛．员工幸福感的心理目标实现进程说［J］．管理学报，2018，15（6）：818-826.

［163］章雷钢，金婷婷，王志娟，林艳红．工作家庭增益在家庭支持型主管行为与护士职业韧性间的中介作用［J］．中华行为医学与脑科学杂志，2016，25（8）：741-744.

［164］赵红丹，汤先萍．内部人身份认知研究述评［J］．外国经济与管理，2015，37（4）：56-65.

［165］赵蓉英，许丽敏．文献计量学发展演进与研究前沿的知识图谱探析［J］．中国图书馆学报，2010（5）：60-68.

［166］赵世豪．高绩效工作系统与员工幸福感的关系［D］．河南大学硕士学位论文，2020.

［167］赵守盈，石艳梅，郭海辉．正念注意觉知量表irt分析研究［J］．心理与行为研究，2014，12（4）：546-550.

［168］赵铁牛，王泓午，刘桂芬．验证性因子分析及应用［J］．中国卫生统计，2010，27（6）：608-609.

［169］赵阳．基于中国情境的员工家庭组织支持感研究［D］．中国地质大学（北京）硕士学位论文，2015.

［170］赵宜萱．工作特征与新生代员工幸福感关系［D］．南京大学博士学位论文，2016.

［171］郑晓明，刘鑫．互动公平对员工幸福感的影响：心理授权的中介作用与权力距离的调节作用［J］．心理学报，2016（6）：693-709.

［172］郑晓明，王倩倩. 伦理型领导对员工助人行为的影响：员工幸福感与核心自我评价的作用［J］. 科学学与科学技术管理，2016，37（2）：149-160.

［173］郑雅琳，郭云贵. 内部人身份认知研究现状与展望［J］. 合作经济与科技，2020，645（22）：139-141.

［174］中国人民大学课题组. 跨层次实证研究中的理论基础——以三份国际期刊的最新论文为例［J］. 经济管理，2017（5）：195-210.

［175］钟建安，谢萍，陈子光. 领导—成员交换理论的研究及发展趋势［J］. 应用心理学，2003，9（2）：46-50.

［176］周海明，陆欣欣，时勘. 时间压力何时增加工作专注——工作特征的调节作用［J］. 南开管理评论，2018，21（4）：158-168，218.

［177］周浩，龙立荣. 共同方法偏差的统计检验与控制方法［J］. 心理科学进展，2004，12（6）：942-942.

［178］周龙志，杨克俭，罗正学. 服务型领导对下属建言的影响：被调节的中介效应［J］. 人类工效学，2019，107（4）：48-54.

［179］周路路，赵曙明，战冬梅. 工作—家庭增益研究综述［J］. 外国经济与管理，2009，31（7）：51-58.

［180］周殷. 家庭支持型主管行为与配偶工作支持：有调节的中介效应检验［D］. 华中师范大学硕士学位论文，2017.

［181］朱海腾，李川云. 共同方法变异是"致命瘟疫"吗？——论争、新知与应对［J］. 心理科学进展，2019，27（4）：587-599.

［182］朱金强，张丽华. 领导风格对员工绩效的影响：自我监控的调节作用［J］. 现代管理科学，2015，272（11）：97-99.

［183］朱天姝. 体面劳动测量表的修订及应用［D］. 河南大学硕士学位论文，2020.

［184］朱月乔，周祖城. 企业履行社会责任会提高员工幸福感吗？——基于归因理论的视角［J］. 管理评论，2020，32（5）：233-242.

［185］庄翘瑞. 家庭支持型主管行为与员工工作绩效 ——有调节的中介效应检验［D］. 吉林大学硕士学位论文，2019.

［186］邹琼，佐斌，代涛涛. 工作幸福感：概念、测量水平与因果模型［J］. 心理科学进展，2015（4）：135-144.

［187］Allen T D, Henderson T G, Mancini V S, French K A. Mindfulness and Meditation Practice as Moderators of the Relationship between Age and Subjective Wellbeing among Working Adults［J］. Mindfulness, 2017（1）：7-14.

［188］Allen T D. Family-Supportive Work Environments：The Role of Organizational Perceptions［J］. Journal of Vocational Behavior, 2001, 58（3）：414-435.

［189］Altmann S, Kroll C. Understanding Employees' Intention to Take Sabbaticals: Analyzing the Role of Supportive Supervisors ［J］. Personnel Review, 2018, 47（4）: 882-899.

［190］Ammons S K. Work-Family Boundary Strategies: Stability and Alignment between Preferred and Enacted Boundaries ［J］. Journal of Vocational Behavior, 2013, 82（1）: 49-58.

［191］Anderson J C, Gerbing D W. Structural Equation Modeling in Practice ［J］. Psychological Bulletin, 1988, 103（3）: 411-423.

［192］Anna, Koch, Carmen, Binnewies. Setting a Good Example: Supervisors as Work-Life-Friendly Role Models within the Context of Boundary Management ［J］. Journal of Occupational Health Psychology, 2015, 20（1）: 82-92.

［193］Arampatzi E, Burger M. Facility Management Services and Employee Well-Being ［J］. Journal of Facilities Management, 2020（1）: 7-14.

［194］Aryee S, Chu C W L, Kim T Y, Ryu S. Family-Supportive Work Environment and Employee Work Behaviors: An Investigation of Mediating Mechanisms ［J］. Journal of Management, 2013, 39（3）: 792-813.

［195］Avanzi L, Savadori L, Fraccaroli F, Ciampa V, Dick R V. Too-Much-of-a-Good-Thing? The Curvilinear Relation between Identification, Overcommitment, and Employee Well-Being ［J］. Current Psychology（New Brunswick, N.J.）, 2020（1）: 79-92.

［196］Avey J B, Luthans F, Smith R M, Palmer N F. Impact of Positive Psychological Capital on Employee Well-Being over Time ［J］. Journal of Occupational Health Psychology, 2010, 15（1）: 17-28.

［197］Bacon D R, Sauer P L, Young M. Composite Reliability in Structural Equations Modeling［J］. Educational & Psychological Measurement, 1995, 55（3）: 394-406.

［198］Baer R A. Mindfulness Training as a Clinical Intervention: A Conceptual and Empirical Review ［J］. Clinical Psychology: Science and Practice, 2003, 10（2）: 125-143.

［199］Baer A R. Using Self-Report Assessment Methods to Explore Facets of Mindfulness ［J］. Assessment, 2006, 13（1）: 27-45.

［200］Bagger J, Li A. How Does Supervisory Family Support Influence Employees' Attitudes and Behaviors? A Social Exchange Perspective ［J］. Journal of Management, 2014, 40（4）: 1123-1150.

［201］Bagozzi R P. On the Evaluation of Structural Equation Models ［J］. Journal of the Academy of Marketing Science, 1988, 16（1）: 74-94.

［202］Barbara L Taylor, Robert G Delcampo, et al. Work-Family Conflict/Facilitation and the Role of Workplace Supports for U.S. Hispanic Professionals ［J］. Journal of Organizational Behavior, 2009, 30（5）: 643-664.

[203] Baron R M, Kenny D A. The Moderator-Mediator Variable Distinction in Social Psychological Research: Conceptual, Strategic, and Statistical Considerations [J]. Chapman and Hall, 1986, 51 (6): 1173-1182.

[204] Barrick M R, Mount M K. The Big Five Personality Dimensions and Job Performance: A Meta-Analysis [J]. Personnel Psychology, 1991, 44 (1): 1-27.

[205] Bellows G. Workaholism and Affect: The Moderating Role of Mindfulness [D]. Greenville: East Carolina University, 2018.

[206] Berkman L F, Buxton O, Ertel K, Okechukwu C. Managers' Practices Related to Work-Family Balance Predict Employee Cardiovascular Risk and Sleep Duration in Extended Care Settings [J]. Journal of Occupational Health Psychology, 2010, 15 (3): 316-329.

[207] Berkman L F, Liu S Y, Hammer L, Moen P, Buxton O M. Work-Family Conflict, Cardiometabolic Risk, and Sleep Duration in Nursing Employees [J]. Journal of Occupational Health Psychology, 2015, 20 (4): 7-14.

[208] Beutell G. Sources of Conflict between Work and Family Roles [J]. Academy of Management Review, 1985, 10 (1): 76-88.

[209] Bishop J K. Organisational Learning Culture : The Relationship to Employee Well-Being and Employee Resilience [D]. University of Canterbury, 2020.

[210] Boehm J K, Lyubomirsky S. Does Happiness Promote Career Success? [J]. Journal of Career Assessment, 2008, 16 (1): 101-116.

[211] Bosch M J, Heras M L, Russo M, Rofcanin Y, Grau M G I. How Context Matters: The Relationship between Family Supportive Supervisor Behaviours and Motivation to Work Moderated by Gender Inequality [J]. Journal of Business Research, 2018, 82 (1): 46-55.

[212] Brown K W, Ryan R M, Creswell J D. Mindfulness: Theoretical Foundations and Evidence for Its Salutary Effects [J]. Psychological Inquiry, 2007, 18 (4): 211-237.

[213] Brown K W, Ryan R M. The Benefits of Being Present: Mindfulness and Its Role in Psychological Well-Being [J]. J Pers Soc Psychol, 2003, 84 (4): 822-848.

[214] Brulé G, Maggino F. Metrics of Subjective Well-Being: Limits and Improvements [A] // Can Good Life Be Measured? The Dimensions and Measurability of a Life Worth Living. New York: Springer International Press, 2017.

[215] Bryson A, Forth J, Stokes L. Does Employees' Subjective Well-Being Affect Workplace Performance? [J]. Human Relations (New York), 2017, 70 (8): 1017-1037.

[216] Caesens G, Stinglhamber F, Demoulin S, De Wilde M. Perceived Organizational Support and Employees' Well-Being: The Mediating Role of Organizational Dehumanization [J]. European Journal of Work and Organizational Psychology, 2017, 26 (4): 527-540.

［217］Carlson D S，Kacmar K M，Wayne J H，Grzywacz J G. Measuring the Positive Side of the Work‒Family Interface：Development and Validation of a Work‒Family Enrichment Scale ［J］. Journal of Vocational Behavior，2006，68（1）：131-164.

［218］Carvalho V S，Chambel M J. Work-to-Family Enrichment and Employees' Well-Being：High Performance Work System and Job Characteristics［J］. Social Indicators Research，2014，119（1）：373-387.

［219］Chen N Y，Zhang L G. Mediating Role of Meaningful Work and Vocational Identity on the Relationship between Perceived Family Supportive Supervisor Behaviour and Career Satisfaction［J］. Journal of Psychology in Africa，2020，30（4）：295-299.

［220］Cheng K，Zhu Q L，Lin Y H. Family-Supportive Supervisor Behavior，Felt Obligation，and Unethical Pro-Family Behavior：The Moderating Role of Positive Reciprocity Beliefs ［J］. Journal of Business Ethics，2021（2）：1-13.

［221］Cheung，Mike W L. Comparison of Approaches to Constructing Confidence Intervals for Mediating Effects Using Structural Equation Models［J］. Structural Equation Modeling A Multidisciplinary Journal，2007，14（2）：227-246.

［222］Choi J，Kim A，Han K，Ryu S，Park J G，Kwon B. Antecedents and Consequences of Satisfaction with Work-Family Balance：A Moderating Role of Perceived Insider Status ［J］. Journal of Organizational Behavior，2018，39（1）：1-11.

［223］Chughtai A，Byrne M，Flood B. Linking Ethical Leadership to Employee Well-Being：The Role of Trust in Supervisor［J］. Journal of Business Ethics，2015，128（3）：653-663.

［224］Clark S C. Work Cultures and Work/Family Balance［J］. Journal of Vocational Behavior，2001，58（3）：348-365.

［225］Clark C. S. Work/Family Border Theory：A New Theory of Work/Family Balance［J］. Human Relations，2000，53（6）：747-770.

［226］Coefficient P C. Pearson's Correlation Coefficient［J］. New Zealand Medical Journal，1996，109（1015）：38.

［227］Compton W C，Smith M L，Cornish K A，Qualls D L. Factor Structure of Mental Health Measures［J］. Journal of Personality and Social Psychology，1996，71（2）：406-413.

［228］Cooper，Cary L. Conceptualizing and Measuring Wellbeing at Work［M］. John Wiley & Sons，Ltd.，2014.

［229］Crain T L，Stevens S C. Family-Supportive Supervisor Behaviors：A Review and Recommendations for Research and Practice［J］. Journal of Organizational Behavior，2018，39（7）：869-888.

［230］Cronbach L. Coefficient Alpha and the Internal Structure of Tests［J］. Psychometrika，

1951，16（3）：297-334.

［231］Culbertson S S，Mills M J，Fullagar C J. Work Engagement and Work-Family Facilitation：Making Homes Happier through Positive Affective Spillover［J］. Human Relations（New York），2012，65（9）：1155-1177.

［232］Dagenais-Desmarais V，Savoie A. What Is Psychological Well-Being，Really? A Grassroots Approach from the Organizational Sciences［J］. Journal of Happiness Studies，2012，13（4）：659-684.

［233］Dawson，Jeremy F. Moderation in Management Research：What，Why，When，and How［J］. Journal of Business & Psychology，2014，29（1）：1-19.

［234］Depasquale N. Family-Supportive Supervisor Behaviour Positively Affects Work Behaviour and Nonwork Well-Being among Men in Long-Term Care［J］. Journal of Nursing Management，2020，28（7）：1504-1514.

［235］Dickinson L. M. Multilevel Modeling and Practice-Based Research［J］. The Annals of Family Medicine，2005，3（1）：52-60.

［236］Diener E，Emmons R A，Larsen R J，Griffin S. The Satisfaction with Life Scale［J］. Journal of Personality Assessment，1985，49（1）：71-75.

［237］Diener E，Oishi S，Lucas R E. Personality，Culture，and Subjective Well-Being：Emotional and Cognitive Evaluations of Life［J］. Annual Review of Psychology，2003，54（1）：403-425.

［238］Diener E，Suh E M，Lucas R E，Smith H L. Subjective Well-Being：Three Decades of Progress［J］. Psychological Bulletin，1999，125（2）：276-302.

［239］Diener E，Suh S E. Subjective Well-Being Is Essential to Well-Being［J］. Psychological Inquiry，1998，9（1）：33-37.

［240］Diener E. Subjective Well-Being. The Science of Happiness and a Proposal for a National Index［J］. American Psychologist，2000，55（1）：34-43.

［241］Diener，Ed. New Findings and Future Directions for Subjective Well-Being Research［J］. American Psychologist，2012，67（8）：590.

［242］Dimaria C H，Peroni C，Sarracino F. Happiness Matters：Productivity Gains from Subjective Well-Being［J］. Journal of Happiness Studies，2020，21（1）：139-160.

［243］Ding C G，Jane T D. Reexamining the Effectiveness of the Ulmc Technique in Cmv Detection and Correction［J］. Academy of Management Annual Meeting Proceedings，2015（1）：7-14.

［244］Dorien，Am T，Kooij，Maria，Tims. The Influence of Future Time Perspective on Work Engagement and Job Performance：The Role of Job Crafting：European Journal of Work and

Organizational Psychology [J]. European Journal of Work & Organizational Psychology, 2016 (7): 4–15.

[245] Duan J, Wang X, Brinsfield C T, Liu S. How Enhancing Employee Well-Being Can Encourage Voice Behavior: A Desire Fulfillment Perspective [J]. Human Performance, 2020, 33 (3): 1–22.

[246] Edwards J R, Lambert L S. Methods for Integrating Moderation and Mediation: A General Analytical Framework Using Moderated Path Analysis [J]. Psychological Methods, 2007, 12 (1): 1–22.

[247] Einarsen S, Aasland M S, Skogstad A. Destructive Leadership Behaviour: A Definition and Conceptual Model [J]. Leadership Quarterly, 2007, 18 (3): 207–216.

[248] Erin M Eatough, Laurenz L Meier, et al. You Want Me to Do What? Two Daily Diary Studies of Illegitimate Tasks and Employee Well-Being [J]. Journal of Organizational Behavior, 2016, 37 (1): 108–127.

[249] Fabrigar L R, Wegener D T, Maccallum R C, Strahan E J. Evaluating the Use of Exploratory Factor Analysis in Psychological Research [J]. Psychological Methods, 1999, 4 (3): 272–299.

[250] Fisher C D. Happiness at Work [J]. International Journal of Management Reviews, 2010, 12 (4): 384–412.

[251] Fisher R A. The Use of Multiple Measurements in Taxonomic Problems [J]. Annals of Eugenics, 1936, 7 (7): 179–188.

[252] Fornell C, Larcker D F. Structural Equation Models with Unobservable Variables and Measurement Error: Algebra and Statistics [J]. Journal of Marketing Research (JMR), 1981, 18 (1): 39–50.

[253] Gorsuch R L. Factor Analysis [J]. Handbook of Psychology, 1983 (10): 201–236.

[254] Grandey A A, Cropanzano R. The Conservation of Resources Model Applied to Work-Family Conflict and Strain [J]. Journal of Vocational Behavior, 1999, 54 (2): 350–370.

[255] Grawitch M J, Gottschalk M, Munz D. The Path to a Healthy Workplace: A Critical Review Linking Healthy Workplace Practices, Employee Well-Being, and Organizational Improvements [J]. Consulting Psychology Journal Practice & Research, 2006, 58 (3): 129–147.

[256] Greenhaus J H, Powell G N. When Work and Family Are Allies: A Theory of Work-Family Enrichment [J]. The Academy of Management Review, 2006, 31 (1): 72–92.

[257] Greenhaus J H, Ziegert J C, Allen T D. When Family-Supportive Supervision Matters:

Relations between Multiple Sources of Support and Work‐Family Balance [J]. Journal of Vocational Behavior, 2012, 80 (2): 266–275.

[258] Greubel J, Kecklund G. The Impact of Organizational Changes on Work Stress, Sleep, Recovery and Health [J]. Industrial Health, 2011, 49 (3): 353–364.

[259] Gutek B A, Searle S, Klepa L. Rational Versus Gender Role Explanations for Work‐Family Conflict [J]. Journal of Applied Psychology, 1991, 76 (4): 560–568.

[260] Halbesleben J, Neveu J P, Paustian‐Underdahl S C, Westman M. Getting to the "Cor" [J]. Journal of Management, 2014, 40 (5): 1334–1364.

[261] Hammer L B, Ernst Kossek E, Bodner T, Crain T. Measurement Development and Validation of the Family Supportive Supervisor Behavior Short‐Form (Fssb-Sf) [J]. Journal of Occupational Health Psychology, 2013, 18 (3): 285–296.

[262] Hammer L B, Kossek E E, Anger W K, Bodner T, Zimmerman K L. Clarifying Work‐Family Intervention Processes: The Roles of Work‐Family Conflict and Family‐Supportive Supervisor Behaviors [J]. The Journal of Applied Psychology, 2011, 96 (1): 134–150.

[263] Hammer L B, Kossek E E, Yragui N L, Bodner T E, Hanson G C. Development and Validation of a Multidimensional Measure of Family Supportive Supervisor Behaviors (Fssb) [J]. Journal of Management, 2009, 35 (4): 837–856.

[264] Hammer L B, Kossek E E, Zimmerman K, Daniels R. Clarifying the Construct of Family‐Supportive Supervisory Behaviors (Fssb): A Multilevel Perspective [J]. Research in Occupational Stress & Well Being, 2007 (6): 165–204.

[265] Han S J, Mclean G N. Effects of Family‐Supportive Supervisor Behaviors and Organizational Climate on Employees [J]. European Journal of Training and Development, 2020, 44 (6/7): 659–674.

[266] Harman H H. Modern Factor Analysis [J]. Journal of the American Statistical Association, 1960, 56 (294): 444–446.

[267] Harman H H. Modern Factor Analysis [M]. Chicago: The University of Chicago Press, 1976.

[268] Hayat A, Afshari L. Supportive Organizational Climate: A Moderated Mediation Model of Workplace Bullying and Employee Well‐Being [J]. Personnel Review, 2020 (12): 407–426.

[269] Hayes A F. Partial, Conditional, and Moderated Mediation: Quantification, Inference, and Interpretation [J]. Communication Monographs, 2018, 85 (1): 4–40.

[270] Hayes A. Introduction to Mediation, Moderation, and Conditional Process Analysis [J]. Journal of Educational Measurement, 2013, 51 (3): 335–337.

［271］Hayes，Andrew F. Beyond Baron and Kenny：Statistical Mediation Analysis in the New Millennium ［J］. Communication Monographs，2009，76（4）：408-420.

［272］Hendriks M，Burger M，Rijsenbilt A，Pleeging E，Commandeur H. Virtuous Leadership：A Source of Employee Well-Being and Trust ［J］. Management Research Review，2020，43（8）：951-970.

［273］Henry H，Desmette D. Work-Family Enrichment and Well-Being：The Role of Occupational Future Time Perspective ［J］. Career Development International，2018，23（6/7）：542-556.

［274］Henseler J R，Ringle C M，Sarstedt M. A New Criterion for Assessing Discriminant Validity in Variance-Based Structural Equation Modeling ［J］. Journal of the Academy of Marketing Science，2015，43（1）：115-135.

［275］Heras M L，Bosch M J，Raes A. Sequential Mediation among Family Friendly Culture and Outcomes ［J］. Journal of Business Research，2015，68（11）：2366-2373.

［276］Hill R T，Matthews R A，Walsh B M. The Emergence of Family-Specific Support Constructs：Cross-Level Effects of Family-Supportive Supervision and Family-Supportive Organization Perceptions on Individual Outcomes ［J］. Stress and Health，2016，32（5）：472-484.

［277］Hobfoll S E，Shirom A. Conservation of Resources Theory：Applications to Stress and Management in the Workplace ［J］. Public Policy and Administration，2001（87）：57-80.

［278］Hobfoll S E. Conservation of Resource Caravans and Engaged Settings ［J］. Journal of Occupational & Organizational Psychology，2011，84（1）：116-122.

［279］Hobfoll S E. The Influence of Culture，Community，and the Nested Self in the Stress Process：Advancing Conservation of Resources Theory ［J］. Applied Psychology，2001，50（3）：337-421.

［280］Hobfoll，Stevan E. Conservation of Resources. A New Attempt at Conceptualizing Stress ［J］. American Psychologist，1989，44（3）：513-524.

［281］Horn J E，Taris T W，Schaufeli W B，Schreurs P J G. The Structure of Occupational Well-Being：A Study among Dutch Teachers ［J］. Journal of Occupational & Organizational Psychology，2004，77（3）：365-375.

［282］Horváthová P，Kashi K，Tverková H，Mikuová M. Employee Well-Being Evaluation and Proposal of Activities to Increase the Level of Health's Area—the Czech Case ［J］. Administrative Sciences，2021，11（1）：17.

［283］Hu L T，Be Ntler P M. Fit Indices in Covariance Structure Modeling：Sensitivity to Underparameterized Model Misspecification ［J］. Psychol Methods，1998，3（4）：

424–453.

［284］Hu L T, Bentler P M. Cutoff Criteria for Fit Indexes in Covariance Structure Analysis: Conventional Criteria Versus New Alternatives ［J］. Structural Equation Modeling, 1999, 6（1）: 1–55.

［285］Jiayan, Liu, Oi Ling, Siu, Kan, Shi. Transformational Leadership and Employee Well–Being: The Mediating Role of Trust in the Leader and Self–Efficacy ［J］. Applied Psychology, 2009, 59（3）: 454–479.

［286］Joan C Williams, Jennifer L Berdahl, Joseph A, Vandello. Beyond Work–Life "Integration" ［J］. Annual Review of Psychology, 2016, 67（1）: 515–539.

［287］Johnson J V, Hall E M. Job Strain, Work Place Social Support, and Cardiovascular Disease: A Cross–Sectional Study of a Random Sample of the Swedish Working Population ［J］. American Journal of Public Health, 1988, 78（10）: 1336–1342.

［288］Jonge J D, Bosma H, Peter R, Siegrist J. Job Strain, Effort–Reward Imbalance and Employee Well–Being: A Large–Scale Cross–Sectional Study ［J］. Social & Medicine, 2000, 50（9）: 1317–1327.

［289］Judge T A, Thoresen C J, Bono J E, Patton G K. The Job Satisfaction–Job Performance Relationship: A Qualitative and Quantitative Review ［J］. Psychological Bulletin, 2001, 127（3）: 376–407.

［290］Judge T A, Weiss H M, Kammeyer–Mueller J D, Hulin C L. Job Attitudes, Job Satisfaction, and Job Affect: A Century of Continuity and of Change ［J］. Journal of Applied Psychology, 2017, 102（3）: 356–374.

［291］Judge, Timothy A. Does Affective Disposition Moderate the Relationship between Job Satisfaction and Voluntary Turnover? ［J］. Journal of Applied Psychology, 1993, 78（3）: 395–401.

［292］Julie, Holliday, Wayne, Nicholas, Musisca, et al. Considering the Role of Personality in the Work–Family Experience: Relationships of the Big Five to Work–Family Conflict and Facilitation ［J］. Journal of Vocational Behavior, 2004, 64（1）: 108–130.

［293］Kahn W A. Psychological Conditions of Personal Engagement and Disengagement at Work ［J］. The Academy of Management Journal, 1990, 33（4）: 692–724.

［294］Karasek R. Job Decision Latitude, Job Demands and Mental Strain: Implications for Job Redesign ［J］. Administrative Science Quarterly, 1979, 24（2）: 285–306.

［295］Katwyk P V, Fox S, Spector P E, Kelloway E K. Using the Job–Related Affective Well–Being Scale（Jaws）to Investigate Affective Responses to Work Stressors ［J］. Journal of Occupational Health Psychology, 2000, 5（2）: 219–230.

［296］Kausto J，Elo A L，Lipponen J，Elovainio M. Moderating Effects of Job Insecurity in the Relationships between Procedural Justice and Employee Well-Being：Gender Differences ［J］. European Journal of Work & Organizational Psychology，2005，14（4）：431-452.

［297］Kelly E L，Moen P，Oakes J M，Fa N W，Okechukwu C，Davis K D，et al. Changing Work and Work-Family Conflict：Evidence from the Work，Family，and Health Network ［J］. American Sociological Review，2014，79（3）：485-516.

［298］Kenny D A，Judd C M. Estimating the Nonlinear and Interactive Effects of Latent Variables ［J］. Psychological Bulletin，1984，96（1）：201-210.

［299］Keyes C，Shmotkin D，Ryff C D. Optimizing Well-Being：The Empirical Encounter of Two Traditions ［J］. Journal of Personality & Social Psychology，2002，82（6）：1007-1022.

［300］Klein，Katherine J，Kozlowski，Steve W J. From Micro to Meso：Critical Steps in Conceptualizing and Conducting Multilevel Research ［J］. Organizational Research Methods，2000，3（3）：211-236.

［301］Kossek E E，Colquitt J A，Noe R A. Caregiving Decisions，Well-Being，and Performance：The Effects of Place and Provider as a Function of Dependent Type and Work-Family Climates ［J］. Academy of Management Journal，2001，44（1）：29-44.

［302］Kossek E E，Pichler S，Bodner T，Hammer L B. Workplace Social Support and Work-Family Conflict：A Meta-Analysis Clarifying the Influence of General and Work‐Family-Specific Supervisor and Organizational Support ［J］. Personnel Psychology，2011，64（2）：289-313.

［303］Kozlowski S，Klein K J. A Multilevel Approach to Theory and Research in Organizations：Contextual，Temporal，and Emergent Processes ［M］. San Francisco：Jossey-Bass，2012.

［304］Kreiner G E. Consequences of Work-Home Segmentation or Integration：A Person-Environment Fit Perspective ［J］. Journal of Organizational Behavior，2006，27（4）：485-507.

［305］Kuoppala J，Lamminp A，Liira J，Vainio H. Leadership，Job Well-Being，and Health Effects—A Systematic Review and a Meta-Analysis ［J］. Journal of Occupational & Environmental Medicine，2008，50（8）：904-915.

［306］Kuriakose V S S，Jose H R A M，Jose S. Process Conflict and Employee Well-Being：An Application of Activity Reduces Conflict Associated Strain（Arcas）Model ［J］. International Journal of Conflict Management，2019，30（4）：462-489.

［307］Kwan H K. Antecedents and Outcomes of Family-Supportive Supervisor Behaviors ［D］. Philadelphia：Drexel University，2015.

［308］Kwan J，Chan W. Variable System：An Alternative Approach for the Analysis of Mediated

Moderation ［J］. Psychological Methods, 2017, 23（2）: 262-277.

［309］Lam T, Hanqin Z, Baum T. An Investigation of Employees' Job Satisfaction: The Case of Hotels in Hong Kong ［J］. Tourism Management, 2001, 22（2）: 157-165.

［310］Lam T, Zhang H Q, Baum T. An Investigation of Employees' Job Satisfaction: The Case of Hotels in Hong Kong ［J］. Tourism Management, 2001, 22（2）: 157-165.

［311］Lau M A, Bishop S R, Segal Z V, Buis T, Devins G. The Toronto Mindfulness Scale: Development and Validation ［J］. Journal of Clinical Psychology, 2006, 62（12）: 1445-1467.

［312］Lau R S, Cheung G W. Estimating and Comparing Specific Mediation Effects in Complex Latent Variable Models ［J］. Organizational Research Methods, 2012, 15（1）: 3-16.

［313］Leroy H, Anseel F, Dimitrova N G, Sels L. Mindfulness, Authentic Functioning, and Work Engagement: A Growth Modeling Approach ［J］. Journal of Vocational Behavior, 2013, 82（3）: 238-247.

［314］Lewin K. Field Theory in Social Science ［J］. American Catholic Sociological Review, 1951, 12（2）: 103-104.

［315］Li L, Yu J. Guanxi HRM and Employee Well-Being in China ［J］. Employee Relations, 2020, 43（4）: 892-910.

［316］Li X, Lin C. The Influence of High-Commitment Work System on Work Well-Being: The Mediating Role of Psychological Empowerment and the Moderating Role of Leader Trust ［J］. Personnel Review, 2020（1）: 7-14.

［317］Linley P A, Maltby J, Wood A M, Osborne G, Hurling R. Measuring Happiness: The Higher Order Factor Structure of Subjective and Psychological Well-Being Measures ［J］. Personality & Individual Differences, 2009, 47（8）: 878-884.

［318］Liu C, Zhang C, Wang C, Wang H, Chen J. How Daily Fssb and Ethical Leadership Affect Work Stress for Chinese Public Servants ［R］. E3S Web of Conferences Place, 2020.

［319］Lu M, Jin C S. The Influence of Family—Supportive Supervisor Behaviors on Work Engagement: Focused on the Mediator Effect of Lmx and the Moderator Effect of Perceived Boundary Control ［J］. Korean Business Education Review, 2019, 34（2）: 181-208.

［320］Luciano M M, Mathieu J E, Park S, Tannenbaum S I. A Fitting Approach to Construct and Measurement Alignment: The Role of Big Data in Advancing Dynamic Theories ［J］. Organizational Research Methods, 2017, 21（3）: 592-632.

［321］Luu T T. Can Humble Leaders Nurture Employee Well-Being? The Roles of Job Crafting and Public Service Motivation ［J］. Personnel Review, 2020, 50（3）: 789-811.

［322］Machteld V，Demerouti E，Peeters M. The Job Crafting Intervention：Effects on Job Resources，Self-Efficacy，and Affective Well-Being［J］. Journal of Occupational & Organizational Psychology，2015，88（3）：511-532.

［323］Major，Virginia，Smith，Klein，Katherine J，et al. Work Time，Work Interference with Family，and Employee Well-Being［J］. Academy of Management Proceedings & Membership Directory，2000（1）：1-6.

［324］Malinowski P，Lim H J. Mindfulness at Work：Positive Affect，Hope，and Optimism Mediate the Relationship between Dispositional Mindfulness，Work Engagement，and Well-Being［J］.Mindfulness，2015，6（6）：1250-1262.

［325］Marescaux E，Rofcanin Y，Heras M L，Ilies R，Bosch M J. When Employees and Supervisors（Do Not）See Eye to Eye on Family Supportive Supervisor Behaviours：The Role of Segmentation Desire and Work-Family Culture［J］. Journal of Vocational Behavior，2020（121）：16.

［326］Matthews R A，Mills M J，Trout R C，English L. Family-Supportive Supervisor Behaviors，Work Engagement，and Subjective Well-Being：A Contextually Dependent Mediated Process［J］. Journal of Occupational Health Psychology，2014，19（2）：168-181.

［327］Mccloskey D W. Finding Work-Life Balance in a Digital Age：An Exploratory Study of Boundary Flexibility and Permeability［J］. Information Resources Management Journal（IRMJ），2016，29（3）：53-70.

［328］Mchugh M，Farley D，Rivera A S. A Qualitative Exploration of Shift Work and Employee Well-Being in the U.S. Manufacturing Environment［J］. Journal of Occupational and Environmental Medicine，2020（1）：7-14.

［329］Meister，Jeanne C，Willyerd，Karie. The 2020 Workplace：How Innovative Companies Attract，Develop，and Keep Tomorrow's Employees Today［J］. Smart Business Atlanta，2010，135（9）：83-84.

［330］Meyers M C，Adams B G，Sekaja L，Buzea C，Cazan A M，Gotea M，et al. Perceived Organizational Support for the Use of Employees' Strengths and Employee Well Being：A Cross Country Comparison［J］. Journal of Happiness Studies，2019，20（6）：1825-1841.

［331］Michael A Hitt，Paul W Beamish，et al. Building Theoretical and Empirical Bridges across Levels：Multilevel Research in Management［J］. Academy of Management Journal，2007，50（6）：1385-1399.

［332］Myerson J，Ramster G，Thomson A. Workplace & Wellbeing［J］. Journal of Advanced Nursing，2017，61（4）：413-424.

［333］ Nahler, Gerhard. Pearson Correlation Coefficient ［M］. New York: Springer Vienna, 2009.

［334］ Neveu J P, Hobfoll S E, Halbesleben J, Westman M. Conservation of Resources in the Organizational Context : The Reality of Resources and Their Consequences ［J］. Post-Print, 2018:

［335］ Ng J, Chan W, Kwan J, Chen S X. Unpacking Structure-Oriented Cultural Differences through a Mediated Moderation Model: A Tutorial with an Empirical Illustration ［J］. Journal of Cross-Cultural Psychology, 2018 (1): 7–8.

［336］ Nikolaev B. Does Higher Education Increase Hedonic and Eudaimonic Happiness? ［J］. Journal of Happiness Studies, 2018, 19 (2): 483–504.

［337］ Nippert-Eng C E. Home and Work: Negotiating Boundaries through Everyday Life ［M］. Chicago: University of Chicago Press, 1996.

［338］ Odle-Dusseau H N, Britt T W, Greene-Shortridge T M. Organizational Work‐Family Resources as Predictors of Job Performance and Attitudes: The Process of Work‐Family Conflict and Enrichment ［J］. Journal of Occupational Health Psychology, 2011, 17 (1): 28–40.

［339］ Odle-Dusseau H N, Hammer L B, Crain T L, Bodner T E. The Influence of Family-Supportive Supervisor Training on Employee Job Performance and Attitudes: An Organizational Work-Family Intervention ［J］. Occup Health Psychol, 2016, 21 (3): 296–308.

［340］ Osborne J W, Costello A. Best Practices in Exploratory Factor Analysis: Four Recommendations for Getting the Most from Your Analysis ［J］. Practical Assessment Research & Evaluation, 2009, 10 (7): 1–9.

［341］ Oswald A J, Proto E, Sgroi D. Happiness and Productivity ［J］. Journal of Labor Economics, 2015, 33 (4): 789–822.

［342］ Page K M, Vella-Brodrick D A. The "What", "Why" and "How" of Employee Well-Being: A New Model ［J］. Social Indicators Research, 2009, 90 (3): 441–458.

［343］ Pan S Y. Do Workaholic Hotel Supervisors Provide Family Supportive Supervision? A Role Identity Perspective ［J］. International Journal of Hospitality Management, 2018 (68): 59–67.

［344］ Pancheva M G, Ryff C D, Lucchini M. An Integrated Look at Well-Being: Topological Clustering of Combinations and Correlates of Hedonia and Eudaimonia ［J］. Journal of Happiness Studies, 2020, 22 (5): 2275–2297.

［345］ Peter, Boxall, Keith, Macky. High-Involvement Work Processes, Work Intensification and Employee Well-Being ［J］. Work Employment & Society, 2014, 28 (6): 963–984.

［346］Poggi A，Villosio C. Subjective Well-Being at the Workplace ［M］. Basingstroke：Hard Work in New Jobs，2015.

［347］Qing G X，Zhang H T，Wang Z C. How and When Family-Supportive Supervisor Behaviors Foster Work Engagement and Gratitude：A Moderated Mediation Model ［J］. Social Behavior and Personality，2021，49（1）：10-14.

［348］Reb J，Narayanan J，Zhi W H. Mindfulness at Work：Antecedents and Consequences of Employee Awareness and Absent-Mindedness ［J］. Mindfulness，2013，6（1）：111-122.

［349］Reis D，Hoppe A，Arndt C，Lischetzke T. Time Pressure with State Vigour and State Absorption：Are They Non-Linearly Related? ［J］. European Journal of Work and Organizational Psychology，2017，26（1）：94-106.

［350］Rich B L，Lepine J A，Crawford E R. Job Engagement：Antecedents and Effects on Job Performance ［J］. The Academy of Management Journal，2010，53（3）：617-635.

［351］Rofcanin Y，De Jong J P，Heras M L，Kim S. The Moderating Role of Prosocial Motivation on the Association between Family-Supportive Supervisor Behaviours and Employee Outcomes ［J］. Journal of Vocational Behavior，2018（107）：153-167.

［352］Rofcanin Y，Heras M L，Bakker A B. Family Supportive Supervisor Behaviors and Organizational Culture：Effects on Work Engagement and Performance ［J］. Journal of Occupational Health Psychology，2016，22（2）：207-217.

［353］Rofcanin Y，Heras M L，Escribano P I，Stanko T. Fssbs and Elderly Care：Exploring the Role of Organizational Context on Employees' Overall Health and Work-Family Balance Satisfaction ［J］. Journal of Business and Psychology，2020，35（3）：403-419.

［354］Rowold J，Heinitz K. Transformational and Charismatic Leadership：Assessing the Convergent，Divergent and Criterion Validity of the Mlq and the Cks ［J］. Leadership Quarterly，2007，18（2）：121-133.

［355］Russo M，Buonocore F，Carmeli A，Guo L. When Family Supportive Supervisors Meet Employees' Need for Caring：Implications for Work-Family Enrichment and Thriving ［J］. Journal of Management，2018，44（4）：1678-1702.

［356］Rusting C L，Larsen R J. Extraversion，Neuroticism，and Susceptibility to Positive and Negative Affect：A Test of Two Theoretical Models ［J］. Personality & Individual Differences，1997，22（5）：607-612.

［357］Ryan R M，Deci E L. On Happiness and Human Potentials：A Review of Research on Hedonic and Eudaimonic Well-Being ［J］. Annual Review of Psychology，2001，52（1）：141-166.

［358］Ryff C D，Keyes C. The Structure of Psychological Well-Being Revisited ［J］. Journal of

Personality & Social Psychology, 1995, 69（4）: 719–727.

［359］Ryff C D. Happiness Is Everything, or Is It? Explorations on the Meaning of Psychological Well–Being［J］. Journal of Personality & Social Psychology, 1989, 57（6）: 1069–1081.

［360］Schaufeli J W B. Job Characteristics and Employee Well–Being: A Test of Warr's Vitamin Model in Health Care Workers Using Structural Equation Modelling［J］. Journal of Organizational Behavior, 1998, 19（4）: 387–407.

［361］Schaufeli W B, Bakker A B, Salanova M. The Measurement of Work Engagement with a Short Questionnaire – a Cross–National Study［J］. Educational and Psychological Measurement, 2006, 66（4）: 701–716.

［362］Schaufeli W B, Salanova M, González–Romá V, Bakker A B. The Measurement of Engagement and Burnout: A Two Sample Confirmatory Factor Analytic Approach［J］. Journal of Happiness Studies, 2002, 3（1）: 71–92.

［363］Schaufeli W B, Taris T W, Rhenen W V. Workaholism, Burnout, and Work Engagement: Three of a Kind or Three Different Kinds of Employee Well–Being?［J］. Applied Psychology, 2010, 57（2）: 173–203.

［364］Schneider L, Schimmack U. Self–Informant Agreement in Well–Being Ratings: A Meta–Analysis［J］. Social Indicators Research, 2009, 94（3）: 363–376.

［365］Shi Y W, Xie J L, Zhou Z Q E, Tang H Y, Ma H Y, Zhang H, et al. Family–Supportive Supervisor Behaviors and Employees' Life Satisfaction: The Roles of Work–Self Facilitation and Generational Differences［J］. International Journal of Stress Management, 2020, 27（3）: 262–272.

［366］Shi Y W, Xie J L, Zhou Z Q E, Tang H Y, Ma H Y. Family Supportive Supervisor Behaviors and Work Engagement: A Social Information Processing Perspective［J］. Current Psychology, 2019（5）: 1–13.

［367］Shimazu A, Schaufeli W B. Is Workaholism Good or Bad for Employee Well–Being? The Distinctiveness of Workaholism and Work Engagement among Japanese Employees［J］. Industrial Health, 2009, 47（5）: 495–502.

［368］Shirom A. Feeling Vigorous at Work? The Construct of Vigor and the Study of Positive Affect in Organizations［J］. Research in Occupational Stress & Well Being, 2003, 3（6）: 135–164.

［369］Shrout P E, Fleiss J L. Intraclass Correlations: Uses in Assessing Rater Reliability［J］. Psychological Bulletin, 1979, 86（2）: 420–428.

［370］Sianoja M, Crain T L, Hammer L B, Bodner T, Brockwood K J, Lopresti M, et al.

The Relationship between Leadership Support and Employee Sleep [J] . J Occup Health Psychol, 2020, 25（3）: 187-202.

[371] Siltaloppi M, Kinnunen U, Feldt T. Recovery Experiences as Moderators between Psychosocial Work Characteristics and Occupational Well-Being [J] . Work and Stress, 2009, 23（4）: 330-348.

[372] Sinikka, Vanhala, Kaija, Tuomi. Special Issue: The Value of HRM?! Optimising the Architecture of HRM, Company Performance and Employee Well-Being [J] . Management Revue, 2006, 17（3）: 241-255.

[373] Slemp G R, Vella-Brodrick D A. Optimising Employee Mental Health: The Relationship between Intrinsic Need Satisfaction, Job Crafting, and Employee Well-Being [J] . Journal of Happiness Studies, 2014, 15（4）: 957-977.

[374] Sobel M. Asymptotic Confidence Intervals for Indirect Effects in Structural Equation Models [J] . Sociological Methodology, 1982（13）: 290-312.

[375] Spector P E, Bauer J A, Fox S. Measurement Artifacts in the Assessment of Counterproductive Work Behavior and Organizational Citizenship Behavior: Do We Know What We Think We Know? [J] . Journal of Applied Psychology, 2010, 95（4）: 781-790.

[376] Steffens N K, Haslam S A, Schuh S C, Jetten J, Dick R V. A Meta-Analytic Review of Social Identification and Health in Organizational Contexts [J] . Personality and Social Psychology Review, 2016, 21（4）: 305-335.

[377] Straub C, Beham B, Islam G. Crossing Boundaries: Integrative Effects of Supervision, Gender and Boundary Control on Work Engagement and Work-to-Family Positive Spillover [J] . The International Journal of Human Resource Management, 2017, 30（20）: 2831-2854.

[378] Straub C. Antecedents and Organizational Consequences of Family Supportive Supervisor Behavior: A Multilevel Conceptual Framework for Research [J] . Human Resource Management Review, 2012, 22（1）: 15-26.

[379] Tanay G, Bernstein A. State Mindfulness Scale（Sms）: Development and Initial Validation [J] . Psychol Assess, 2013, 25（4）: 1286-1299.

[380] Thierstein S. The Effects of Mindfulness-Based Stress Reduction Interventions on Employee Well-Being: A Meta-Analytic Study [D] . The University of Waikato, 2019.

[381] Thomas L T, Ganster D C. Impact of Family-Supportive Work Variables on Work Family Conflict and Strain – a Control Perspective [J] . Journal of Applied Psychology, 1995, 80（1）: 6-15.

［382］Thompson C A, Beauvais L L, Lyness K S. When Work‐Family Benefits Are Not Enough: The Influence of Work‐Family Culture on Benefit Utilization, Organizational Attachment, and Work‐Family Conflict［J］. Journal of Vocational Behavior, 1999, 54（3）: 392‐415.

［383］Vianen A E M V, Shen C T, Chuang A. Person‐Organization and Person‐Supervisor Fits: Employee Commitments in a Chinese Context［J］. Journal of Organizational Behavior, 2011, 32（6）: 906‐926.

［384］Walach H, Buchheld N, Buttenmüller V, Kleinknecht N, Schmidt S. Measuring Mindfulness—The Freiburg Mindfulness Inventory（Fmi）［J］. Personality & Individual Differences, 2006, 40（8）: 1543‐1555.

［385］Walsh B M, Matthews R A, Toumbeva T H, Kabat‐Farr D, Philbrick J, Pavisic I. Failing to Be Family‐Supportive: Implications for Supervisors［J］. Journal of Management, 2019, 45（7）: 2952‐2977.

［386］Walsh L C, Boehm J K, Lyubomirsky S. Does Happiness Promote Career Success? Revisiting the Evidence［J］. Journal of Career Assessment, 2018, 26（2）: 199‐219.

［387］Wan P, Luo Z X, Wang Z. The Effectiveness of Family‐Supportive Supervisors: The Moderating Role of Employees' Collectivistic Self‐Construal［J］. Journal of Cross‐Cultural Psychology, 2020, 51（6）: 442‐455.

［388］Warr P. A Conceptual‐Framework for the Study of Work and Mental‐Health［J］. Work and Stress, 1994, 8（2）: 84‐97.

［389］Warr P. Work, Unemployment, and Mental Health［M］. Oxford: Clarendon Press, 1987.

［390］Wattoo M A, Zhao S M, Xi M. Perceived Organizational Support and Employee Well‐Being: Testing the Mediatory Role of Work‐Family Facilitation and Work‐Family Conflict［J］. Chinese Management Studies, 2018, 12（2）: 469‐484.

［391］Wayne J H, Grzywacz J G, Carlson D S, Kacmar K M. Work‐Family Facilitation: A Theoretical Explanation and Model of Primary Antecedents and Consequences［J］. Human Resource Management Review, 2007, 17（1）: 63‐76.

［392］Wei S, Zhu F, Chen X. Do Stressors Stifle or Facilitate Employees' Innovative Use of Enterprise Systems: The Moderating Role of It Mindfulness［J］. Information Technology & People, 2020, 34（3）: 955‐977.

［393］Weiss H M. Deconstructing Job Satisfaction: Separating Evaluations, Beliefs and Affective Experiences［J］. Human Resource Management Review, 2003, 12（2）: 173‐194.

［394］White M P，Dolan P. Accounting for the Richness of Daily Activities ［J］. Psychological Science，2009，20（8）：1000–1008.

［395］Wijngaards I，King O C，Burger M J，Exel J V. Worker Well–Being：What It Is，and How It Should Be Measured ［J］. Applied Research in Quality of Life，2021（3）：1871–2584.

［396］Wilcox R R. One–Way Anova ［J］. Applying Contemporary Statistical Techniques，2003，6（1）：285–328.

［397］Williams L J，Hartman N，Cavazotte F. Method Variance and Marker Variables：A Review and Comprehensive Cfa Marker Technique ［J］. Organizational Research Methods，2010，13（3）：477–514.

［398］Wright T A，Bonett D G. Job Satisfaction and Psychological Well–Being as Nonadditive Predictors of Workplace Turnover ［J］. Journal of Management Official Journal of the Southern Management Association，2007，33（2）：141–160.

［399］Wright T A，Cropanzano R. Emotional Exhaustion as a Predictor of Job Performance and Voluntary Turnover ［J］. Journal of Applied Psychology，1998，83（3）：486–493.

［400］Wright T A，Cropanzano R. The Role of Psychological Well–Being in Job Performance ［J］. Organizational Dynamics，2004，33（4）：338–351.

［401］Xanthopoulou D，Bakker A，Ilies R. Everyday Working Life：Explaining within–Person Fluctuations in Employee Well–Being ［J］. Human Relations，2012，65（9）：1051–1069.

［402］Xu S，Zhang Y X，Zhang B R，Qing T，Jin J F. Does Inconsistent Social Support Matter？ The Effects of Social Support on Work Absorption through Relaxation at Work ［J］. Frontiers in Psychology，2020（11）：13–14.

［403］Yucel D，Minnotte K L. Workplace Support and Life Satisfaction：The Mediating Roles of Work–to–Family Conflict and Mental Health ［J］. Applied Research in Quality of Life，2017，12（3）：545–579.

［404］Zhang B J，Yang L F，Cheng X Y，Chen F Y. How Does Employee Green Behavior Impact Employee Well–Being？ An Empirical Analysis ［J］. International Journal of Environmental Research and Public Health，2021，18（4）：19.

［405］Zhang L G，Jin T T，Jiang H B. The Mediating Role of Career Calling in the Relationship between Family–Supportive Supervisor Behaviors and Turnover Intention among Public Hospital Nurses in China ［J］. Asian Nursing Research，2020，14（5）：306–311.

［406］Zhang X，Lin Z，Liu Y，Chen X，Liu D M. How Do Human Resource Management

Practices Affect Employee Well-Being? A Moderated Mediation Model [J]. Employee Relations, 2020, 42 (4): 903-919.

[407] Zheng X, Zhu W, Zhao H, Zhang C. Employee Well-Being in Organizations: Theoretical Model, Scale Development, and Cross-Cultural Validation [J]. Journal of Organizational Behavior, 2015, 36 (5): 621-644.

附录　调查问卷

尊敬的女士/先生:

您好！非常感谢您参与本次问卷调查。本调查的目的是了解员工的工作与家庭状况。感谢您抽出宝贵的时间支持我们的工作，帮助我们完成本次的调查。本调查收集的第一手资料，将用于科学研究，为改善员工的工作与家庭状况提供依据。

本调查将以匿名的形式进行，我们向您郑重承诺，本调查不做个体独立分析，所有原始问卷将被严格保密，请不要有任何顾虑。请认真阅读每一道题目，并根据自身的真实情况或者实际感受选择相应的选项。所有的选项均没有对错之分，优劣之别。答案的真实性将直接影响到研究结论的准确性，希望能得到您的配合和支持。

再次表示感谢！

2020 年 8 月

一、以下是生活、工作、心理状态的描述，请根据自己的实际感受和体会，对自己进行评价和判断。

序号	问题	1 非常不同意	2 不同意	3 有点不同意	4 不好确定	5 有点同意	6 同意	7 非常同意
1-1	我生活中的大多数方面与我的理想很接近							
1-2	我的生活非常有趣							
1-3	大部分的时间，我感到很快乐							
1-4	我对自己的生活感到满意							
1-5	如果有来世，我几乎不会改变目前的生活方式							
1-6	我的生活状况非常好							
1-7	我的工作非常有趣							

序号	问题	1 非常不同意	2 不同意	3 有点不同意	4 不好确定	5 有点同意	6 同意	7 非常同意
1–8	总体来说，我对我从事的工作感到非常满意							
1–9	我总能找到办法来充实我的工作							
1–10	我对我具体的工作内容感到基本满意							
1–11	对于我来说，工作是很有意义的一场经历							
1–12	我对从目前工作中获得的成就感感到基本满意							
1–13	总的来说，我对自己是肯定的，并对自己充满信心							
1–14	我很喜欢与家人或朋友进行深入的沟通，彼此了解							
1–15	我对于日常生活中的许多事务都处理得很好							
1–16	人们认为我肯付出且愿意和他人分享自己的时间							
1–17	我善于灵活安排时间，以便完成所有工作							
1–18	随着时间的流逝，我感到自己成长了很多							

二、以下是对直接上级主管行为的描述，请根据实际情况，针对以下题项所述的行为对您的主管进行评价。

序号	问题	1 非常不同意	2 不同意	3 不好确定	4 同意	5 非常同意
2–1	我的主管让我觉得和他 / 她谈论工作和生活之间的冲突是无须顾虑的					
2–2	我的主管能够帮助员工有效地解决工作和生活之间的冲突					

序号	问题	1 非常不同意	2 不同意	3 不好确定	4 同意	5 非常同意
2-3	我的主管向员工展示了如何做到工作与生活的双赢					
2-4	我的主管有效组织了部门的工作以使员工与组织共同获益					

三、以下是有关工作对家庭影响的陈述，请根据自己的实际情况，选出最符合的选项。

序号	问题	1 非常不同意	2 不同意	3 不好确定	4 同意	5 非常同意
3-1	工作有助于我处理私人和家庭事务					
3-2	工作使我在家变得更有情趣					
3-3	工作上的顺利使我回家后能与家人更好相处					
3-4	工作中的处事技巧在家庭中同样适用					

四、以下是有关家庭对工作影响的陈述，请根据自己的实际情况，选出最符合的选项。

序号	问题	1 非常不同意	2 不同意	3 不好确定	4 同意	5 非常同意
4-1	与家庭成员沟通有助于我解决工作问题					
4-2	为满足家庭需要我工作会更加努力					
4-3	家庭的爱与尊重使我在工作中充满信心					
4-4	家庭生活能使我放松，并为第二天的工作做好准备					

五、以下是有关工作单位对员工工作—家庭管理的陈述，请根据自己的实际感受和体会，选出最符合的选项。

序号	问题	1 非常不同意	2 不同意	3 不好确定	4 同意	5 非常同意
5-1	我的工作单位允许我下班后不管工作的相关事项					

续表

序号	问题	1 非常 不同意	2 不 同意	3 不好 确定	4 同意	5 非常 同意
5-2	我的工作单位使我将工作事务仅维持在上班时间内处理					
5-3	我的工作单位赋予我防止工作事项干扰家庭生活的权利					
5-4	我的工作单位允许我下班后在心理上将工作抛在脑后					

六、以下是有关对工作一家庭关系态度的陈述，请根据自己的实际感受和体会，选出最符合的选项。

序号	问题	1 非常 不同意	2 不 同意	3 不好 确定	4 同意	5 非常 同意
6-1	我不喜欢待在家里时还得想着工作					
6-2	我更喜欢把工作控制在工作时间内，即仅在工作时间内考虑工作事宜					
6-3	我不喜欢工作问题干扰我的家庭生活					
6-4	我希望回家后能放下工作					

七、以下是一系列关于日常生活经验的描述，请根据每一个陈述事件在生活中发生的频繁程度，选出最符合实际经验的选项。

序号	问题	1 从来 没有	2 几乎 没有	3 很 少	4 有时 经常	5 十分 频繁	6 总 是
7-1	我会对正在经历的某些情绪毫无知觉，直到一段时间后才有所感知						
7-2	我会因为粗心大意、注意力不集中或者在想其他的事情而弄坏或洒掉东西						
7-3	我发现自己很难持续地将注意力集中到正在发生的事情上						
7-4	我倾向于快速走到自己要去的地方，而不留意一路上所经历过的事物						

续表

序号	问题	1 从来没有	2 几乎没有	3 很少	4 有时经常	5 十分频繁	6 总是
7-5	我倾向于不去注意身体上的紧张感或不适感，直到它们真正引起了我的注意						
7-6	如果我是第一次得知某人的名字，我几乎马上就会忘记它						
7-7	我不太能意识到自己在做什么，身体似乎在无意识地自动运转						
7-8	我仓促地完成各项活动，但实际上并不用心						
7-9	我会因过于专注于想要达到的目标，而忽略了现在正在为此而做的努力						
7-10	我机械地工作或完成任务，但实际上并不知道自己正在做什么						
7-11	我发现自己在听别人说话的时候并不认真，因为同时我还会做其他事情						
7-12	我会习惯性地开车或去到某个地方，就像"自动导航"一样，然后才会想为什么要去那里						
7-13	我发现自己经常沉浸在对过去的回忆和未来的想象中						
7-14	我发现自己做事情注意力不集中						
7-15	我在吃零食的时候，往往意识不到自己在吃东西						

八、以下是有关工作中的感受的陈述，请仔细阅读，并确定是否曾在工作中有过这样的感觉，选出最符合实际经验的选项。

序号	问题	1 从来没有	2 几乎没有	3 很少	4 有时经常	5 十分频繁	6 总是
8-1	当我工作时，觉得时间总是过得飞快						

续表

序号	问题	1 从来没有	2 几乎没有	3 很少	4 有时经常	5 十分频繁	6 总是
8-2	当我工作时，我忘记了周围的一切事情						
8-3	当工作紧张的时候，我会感到快乐						
8-4	我沉浸于我的工作当中						
8-5	我在工作时会达到忘我的境界						
8-6	我感觉到自己离不开工作						

九、以下是关于个人、家庭、工作的基本信息描述，请依照实际情况作答。

序号	问题	选项
9-1	性别	□ 男性　　□ 女性
9-2	年龄	□ 25 岁及以下　　□ 26 ~ 30 岁　　□ 31 ~ 35 岁　　□ 36 ~ 40 岁　　□ 41 ~ 45 岁　　□ 46 岁及以上
9-3	教育程度	□ 高中（中专）及以下　　□ 大专　　□ 本科　　□ 硕士　　□ 博士
9-4	婚姻状况	□ 未婚　　□ 已婚　　□ 离异或丧偶
9-5	正在照顾 18 岁以下子女数量	□ 0 个　　□ 1 个　　□ 2 个　　□ 3 个及以上
9-6	是否有父母（保姆等）帮助处理家务	□ 是　　□ 否
9-7	是否实行弹性时间办公	□ 是　　□ 否
9-8	上下班单程通勤正常时间	□ 20 分钟及以下　　□ 21 ~ 40 分钟　　□ 41 ~ 60 分钟　　□ 61 ~ 80 分钟　　□ 81 ~ 100 分钟　　□ 101 分钟及以上
9-9	岗位属性	□ 普通员工　　□ 基层管理者　　□ 中层管理者　　□ 高层管理者